激化する紛争への国際関与

仲介の理論と旧ソ連地域の事例からの考察

富樫 耕介 編著

晃洋書房

i

目　　次

略 語 一 覧
本書の対象地域地図

序　章　危機に直面する国際社会と仲介研究の意義 ……………… 1
　　第 1 節　本書の問題意識　　(3)
　　第 2 節　本書の目的とアプローチ　　(4)
　　第 3 節　本書の構成　　(6)

第Ⅰ部　国際関与の理論と思想

第 1 章　仲介の歴史と思想 ……………………………………… 15
　　　　　──18世紀から20世紀半ばまで──
　　は じ め に　　(17)
　　第 1 節　仲介とは何か　　(18)
　　第 2 節　仲介の実践：18世紀から19世紀半ばのヨーロッパ　　(20)
　　第 3 節　仲介の制度的発展：19世紀末から20世紀半ばにかけて　　(24)
　　お わ り に　　(29)

第 2 章　国際社会による平和のための関与 ……………………… 33
　　　　　──平和政策失敗の二類型──
　　は じ め に　　(35)
　　第 1 節　教訓を踏まえた政策の多元化・重層化　　(36)
　　第 2 節　奏功せぬ政策の多元化・重層化　　(40)
　　第 3 節　選択肢過少パターンの再検討　　(44)
　　お わ り に　　(47)

第3章　仲介の理論的蓄積と課題 …………………………………… 49
——紛争の世紀における仲介の展望——

はじめに　（51）

第1節　仲介の限界と課題　（52）

第2節　紛争管理の役割　（56）

第3節　仲介研究の課題　（60）

おわりに　（63）

第4章　被介入主体を組み込んだ仲介の成否モデル ……………… 67
——紛争当事者内部アクターの一体度への注目——

はじめに　（69）

第1節　外部アクターによる介入の形態　（70）

第2節　被介入主体への注目：紛争当事者内部の一体度　（73）

第3節　内部アクターの一体度の測定方法　（76）

第4節　一体度の増加や低下のメカニズム　（79）

第5節　モデルとその説明　（81）

おわりに　（86）

第Ⅱ部　紛争の力学と紛争への国際関与

第5章　ナゴルノ・カラバフ紛争 ……………………………………… 91
——和平交渉停滞と紛争再燃をもたらした内部アクター間関係——

はじめに　（93）

第1節　カラバフ紛争の関係図　（95）

第2節　民族自決と共和国自決の間で：アルメニア　（103）

第3節　内部アクターの変化と権威主義体制下の内部アクター：
　　　　アゼルバイジャン　（110）

おわりに　（114）

第6章　タジキスタン内戦 …………………………………………… 119
——内戦構造とアクターの変化，内外アクター間の関係が与えた影響——

はじめに　（121）

目　　次　iii

第1節　内戦前後のタジキスタン概観　*(123)*

第2節　外部アクター：内部アクターに及ぼす影響力とプレゼンス　*(127)*

第3節　和平プロセス：推移および考察　*(132)*

お わ り に　*(137)*

第7章　沿ドニエストル紛争 ………………………………………… *143*
——紛争解決を困難にする「仲介者」と「当事者」の二面性——

は じ め に　*(145)*

第1節　「仲介者」としての外部アクターの多様性及び多面性　*(147)*

第2節　当事者としての内部アクターの多様性及び多面性　*(153)*

お わ り に　*(161)*

第8章　ロシア・ウクライナ戦争 ……………………………………… *165*
——ミンスク合意とウクライナの脅威認識——

は じ め に　*(167)*

第1節　マイダン政変前のウクライナ軍と脅威認識　*(168)*

第2節　ドンバス紛争　*(170)*

第3節　ロシア・ウクライナ戦争　*(175)*

お わ り に　*(180)*

第9章　チェチェン紛争 ……………………………………………… *183*
——和平交渉プロセスの再検討と受諾・拒否のメカニズム——

は じ め に　*(185)*

第1節　本章で扱う事例と分析範囲　*(187)*

第2節　第一次チェチェン紛争の和平交渉プロセスとその帰結　*(189)*

第3節　第二次チェチェン紛争の和平交渉プロセスとその帰結　*(194)*

第4節　モデルを通した説明と解釈　*(198)*

お わ り に　*(203)*

終　章　事例の比較理解と理論への知見 ……………………………… *207*

第1節　各事例の持つ意味の再検討　*(209)*

第2節　紛争当事者の内部アクターに着目した理解　*(211)*

第3節　仮説モデルの検証　　*(214)*

第4節　理論研究へのフィードバック　　*(218)*

あとがき　　*(221)*

参考文献一覧　　*(223)*

人名索引　　*(239)*

事項索引　　*(240)*

略 語 一 覧

ANM：Armenian National Movement（アルメニア全国民運動）

CIS：Commonwealth of Independent States（独立国家共同体）

CSCE：Conference on Security and Cooperation in Europe（欧州安全保障協力会議）

CSTO：Collective Security Treaty Organization（集団安全保障条約機構）

DDR：Disarmament, Demobilization and Reintegration（武装解除・動員解除・社会再統合）

EU：European Union（欧州連合）

EUBAM：EU Border Assistance Mission to Moldova and Ukraine（EU モルドヴァ・ウクライナ国境監視支援ミッション）

GBAO：Gorno-Badakhshan Autonomous Oblast（ゴルノ・バダフシャン自治州）

ICC：International Criminal Court（国際刑事裁判所）

ICTR：International Criminal Tribunal for Rwanda（ルワンダ国際刑事裁判所）

ICTY：International Criminal Tribunal for the former Yugoslavia（旧ユーゴ国際刑事裁判所）

IRPT：Islamic Renaissance Party of Tajikistan（タジキスタン・イスラーム復興党）

KGB：КГБ＝Комитет Государственной Безопасности（ソ連国家保安委員会）

MENA：Middle East and North Africa（中東・北アフリカ）

NATO：North Atlantic Treaty Organization（北大西洋条約機構）

OSCE：Organization for Security and Co-operation in Europe（欧州安全保障協力機構）

PKO：Peacekeeping Operations（平和維持活動）

PMR：Pridnestrovian Moldavian Republic（沿ドニエストル共和国）

SSR：Security Sector Reform（治安部門改革）

UCDP：Uppsala Conflict Data Program（ウプサラ紛争データプログラム）

UTO：United Tajik Opposition（タジク反対派連合）

YAP：Yeni Azərbaycan Partiyası（新アゼルバイジャン党）

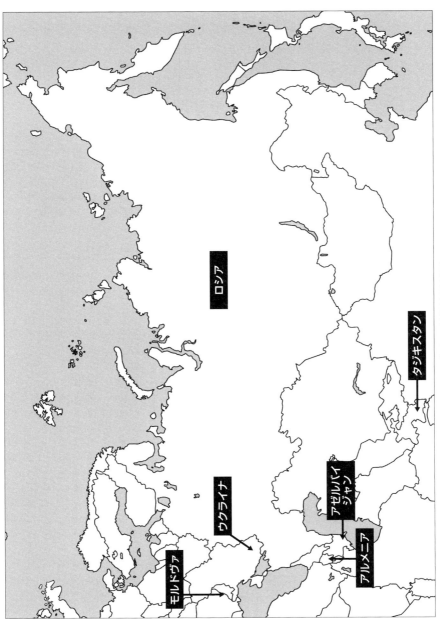

本書の対象地域地図

序　章

危機に直面する国際社会と仲介研究の意義

富樫　耕介

第 1 節　本書の問題意識

　2022年 2 月，ロシアによって開始されたウクライナへの侵攻は，国際社会に大きな衝撃を与えた．冷戦終結後，国家間の戦争に代わり，多発する凄惨な内戦や地域紛争が注目され，研究者の間でも戦争研究や安全保障研究，核抑止論を研究する者は少数派になった．しかし，ロシアという大国が当事者である戦争の発生を見て，国際社会は，あるいはメディアや世論は，そして何より，われわれ研究者も再び国家を中心とする戦争，安全保障，そして核抑止論などに強い関心を持ち始めているように見える．このような反応は何らおかしなことではなく，むしろ正常なものだろう．それだけの衝撃だったのである．

　だが，一度戦争が始まってしまった以上，地域的安全保障機構であれ核兵器であれ，抑止力をめぐる議論は，もはやこの戦争の停止にはほとんど意味を持たない．ウクライナの NATO 加盟については，この戦争の終了後に「将来の侵攻を抑止し，ウクライナの独立を保全するために必要だ」という議論は成り立つが，この戦争を終了させる効果は期待できない．日本を含む西側諸国が交戦主体にならずして，この戦争に対してできることは，ウクライナを支援しつつ，ロシアがウクライナ領内から撤退するよう促すことくらいしかない．そして，紛争当事者が望むとき，交渉が実現するよう仲介を準備することであろう．

　当然，ロシアがウクライナを侵攻している以上，ウクライナからの撤退を条件とした交渉の後押しが望まれるが，戦況によっては，ウクライナが一部地域の奪還を諦めるかもしれない．その場合も，ウクライナ自身が交渉を望むのであれば，国際社会は仲介を提供できる状況になければならない．ウクライナが交渉を望む状況が生じた時に国際社会が全く何の対応も準備もできていなければ，むしろ問題であろう．このような事実を考えると，むしろ仲介研究の意義は，今まさに高まっているのだと言える．

　このことは，非常に逆説的である．国際社会の紛争や国際危機への対応については，主に強度が高く強制力を伴った介入，典型的には武力行使（あるいは平和執行）が注目を集めてきた．「人道的介入」であれ，「保護する責任」であれ，武力を用いて紛争当事者に働きかけることが最も効果的で，ただ交渉に応じるよう説得し，始まった交渉を後押しする仲介は，十分な効果を齎さないものとして理解されてきた．交渉，あるいは仲介は，何度も頓挫し，その度に多

数の人命が失われ，人々は絶望に打ちひしがれる．武力行使は，そうした状況を食い止めるために効果があるという理解である．

しかし，実際には，本書で明らかにするように強度の高い介入にはさまざまな制約があり，全ての紛争に対して実施することは困難である．交渉の仲介が最もハードルが低く，そして最後まで残される関与の手段であるとするならば，どのような条件下で仲介は成功・失敗するのかを考察することは極めて重要なのではないか．以上のような問題意識を持って本書は執筆されている．

第2節　本書の目的とアプローチ

本書は，2020年から2022年に実施された野村財団研究助成「紛争のエスカレーション防止における非軍事的関与の効果に関する学際的研究」および，その後継研究として2022年から2023年にかけて取り組んだ村田学術財団研究助成「激化する紛争を制御するための国際関与の研究」の成果をまとめたものである．直接の研究成果としては後者になるが，共同研究の目的は，紛争の激化防止のために行われる和平交渉の仲介がどのような条件下で成功しやすくなるのかを明らかにすることにある．この目的は，言うまでもなく，どのような状況下で交渉は破綻し，仲介は失敗してきたのかを理解することと裏表の関係にある．

共同研究では，この研究課題に取り組む上で，国際関係論の理論的研究知見と，旧ソ連の事例的研究知見を融合させようと考えた．地域研究と国際関係，あるいは事例と理論の間には紛争を理解する際の手法，理解の前提となる知識，あるいは，明らかにした結論の汎用性などをめぐり意見の相違があり，長く緊張関係にあった．日本でもこうした状況はあり，共同研究でも往々にしてどちらかの研究アプローチに偏りがちであった．他方で，近年，平和構築の分野においては本邦でも地域研究者と国際関係論研究者の協働による学術成果が出ている［落合 2011；伊東 2013；藤重・上杉・古澤 2019］．ただ，これは平和構築に対する考察であり，仲介に焦点を当てた共同研究は，全くない状況である．

本研究においては，強度の高い介入を行うことが困難な紛争事例において仲介の成否を考えることに重要性があるのではないかと考えた．関与の選択肢が過小な状況下においてこそ，仲介の重要性は増すからである．その意味で，大国が影響力を持つために，国際社会による武力介入が困難な紛争地に絞る必要

性があり，旧ソ連地域を対象とすることにした．

　共同研究は，2つのグループに分け，研究を進めることにしたが，国際関係論の視座からは以下のような研究課題を想定した．すなわち，そもそも仲介とは何なのか，国際社会においてそれはどのように理解されてきたのか，国際関係史の観点から振り返る必要性があるのではないかと考えた．同じく，仲介以外に国際社会は紛争に対して，どのような関与が可能であり，そのような中でなぜ仲介を改めて問い直す必要性があるのか，国際政治の理論的視座から考察する必要もあると考えた．特に国際社会が想定する関与は，誰によるどのような関与なのかを考察することが重要である．さらに仲介についての理論的知見とその課題，すなわち仲介はどのような条件下で成功しやすいと言われているのか，またその主張にはいかなる問題，あるいは欠陥があるのかを考察する必要もある．このような国際関係の理論的知見を踏まえた上で，事例を考察するためには仲介の成否のメカニズムを理解する分析枠組みやモデルが必要になる．ここで注意しなければならないのは，仲介の成否を考察する上で，紛争当事者の動向が重要な意味を持つということである．これは，本研究のように国際社会が限定的な関与しかできない地域の紛争に対する仲介の成否を考察するためには（外部アクターによる働きかけが限定的な意味を持たない以上），紛争地の動向，内的力学をより丁寧に観察する必要性が生じるためである．

　以上のような理論的アプローチは，実際の紛争に対していかなる説明力を持ち，あるいは，課題や欠陥を内包しているのだろうか．旧ソ連地域研究の視座からは，以下のような研究課題に取り組む必要性があると考えた．まず紛争事例を仲介など外部からの関与の困難さから分類し，それぞれの紛争がおかれた状況が交渉（あるいは仲介）の成否にいかなる影響を与えるのかを考察することである．具体的には，大国（ロシア）が紛争当事者である紛争，大国が仲介者である紛争の2類型が想定される．現実には，大国が仲介者を装いながらも，紛争当事者になってしまう（あるいは元々当事者であったのに仲介者を装う），第3の類型も想定される．ここでは，国際関係論では恣意的なものとして捉えられる大国による仲介の成否や功罪を考える必要もあるだろう．そして，これらの紛争事例における交渉（あるいは仲介）の帰結と紛争の帰結の関係も考える必要がある．具体的には，ⅰ交渉による解決（和平合意による紛争終結），ⅱ交渉による現状維持（停戦合意に至るも紛争は未解決），ⅲ交渉の破綻（紛争の再発・継続），ⅳ一方の軍事的勝利（交渉なき紛争終結）である．これらのうち，少なくともⅰ

表序-1　旧ソ連地域の紛争事例の分類

	i 交渉による解決	ii 交渉による現状維持	iii 交渉の破綻と再発	iv 一方の軍事的勝利
(1)大国が仲介者	タジキスタン内戦		ナゴルノ・カラバフ紛争	
(2)大国が仲介者を装うも当事者		沿ドニエストル紛争	ロシア・ウクライナ戦争	
(3)大国が当事者	第一次チェチェン紛争			第二次チェチェン紛争

出所：筆者作成.

とii，ivは静的観察（ある状態で変化がない事象の観察）で，iiiは動的観察（ある状態から変化する事象の観察）だといえる．iiiはi・ii・ivに変化する可能性がある．またその逆，i・ii・ivがiiiに至るケースもあり得る．以上のような分類で事例を分けて，**表序-1**にあるように可能な限り該当する事例を広く分析することにした．

　以上の事例を考察するにあたり，特に和平交渉（また仲介）の成否の考察に関しては，単に外部から働きかけるだけではなく，紛争当事者がそれをどう受け取り，受諾・拒否するのかを考察する必要性があるのではないかと考えた．つまり，紛争のダイナミクス（紛争の激化や鎮静化）など紛争当事者の意思決定に影響を与え，規定づけている要素の考察である．以上のような個々の研究課題に上述のようなアプローチを通して取り組むことを共同研究の目的とした．以下では，その成果物としての本書の構成と内容を紹介したい．

第3節　本書の構成

　紛争に対する仲介を論じる時に，われわれは仲介をどのようなものとして捉えているのだろうか．「仲介は中立であるべきである」，あるいは「仲介は国連などの国際機関が行うものである」．このような主張は，われわれが仲介に対して規範的な議論を内外化させていることの1つの表れである．問題は，このような考え方が国際関係の歴史の中で，いつ出てきたのか，あるいは，どれほど一般的な理解であるのかということである．このような疑問に向き合うことなくして，あるべき仲介については本来論じることはできないはずである．

　五十嵐による第1章は，仲介の歴史と思想を再検討し，国際政治における仲

介は，これまで国際社会の秩序を維持する機能を担ってきたことを明らかにする．五十嵐は，仲介の歴史と思想を18世紀まで遡り再検討することで，仲介は決して20世紀に始まったものではなく，はるか以前から実践されてきたことを確認する．18世紀の大北方戦争の事例では，大国による仲介が地域秩序の安定の実現だけでなく，個別の国益の追求が背後にあったこと，だがそれでも仲介は成功し，安定に寄与した側面があったことを明らかにしている．19世紀末から仲介は国際制度化されていったが，それが二度の世界大戦を防ぐことも，終結を早めることもできなかった．それでも国際社会は，仲介を強制的な国際制度とする道を選ばず，外交のなかで仲介を実施する道を歩んできた．紛争に際して完全に中立な第三者のなかで，仲介の動機と影響力を有するアクターを容易に見つけることはできないが，五十嵐は仲介とは歴史的に見れば常にそうしたものだったと指摘する．だからこそ，仲介の成功可能性をいかに高めるかが，現在の課題なのである．

　以上のような仲介をめぐる歴史的事実を確認しつつ，では，国際社会は冷戦終結後30年間，新たに大きな問題として表出してきた国内紛争に対して，どのような対応をとってきたのだろうか．つまり，国際社会の紛争地への対応は，どのような成果，あるいは課題があり，なぜ今，仲介を問い直すことが重要なのであろうか．

　中村による第2章は，冷戦終結後の国際社会による紛争地に対する平和のための関与（平和政策）を分析し，それが政策の多元化・重層化の結果，失敗してきたことを明らかにする．中村は，冷戦終結後，紛争の発生防止・激化防止・再発防止に失敗した事例を教訓として，平和政策のメニューが増加し続けたことを指摘する．それにもかかわらず，個々の政策は，十分に目的を達成できていない．その要因として中村は，政策が多元化・重層化した結果，政策同士が衝突し効果を相殺してしまう「選択肢過剰パターン」（アフリカ地域が典型）と，大国の利害が絡む地域においては実際に採ることのできる政策が限られてしまう「選択肢過少パターン」（旧ソ連地域が典型）の2つを指摘する．特に平和政策が失敗し，国際社会が関与を控えようとする現状においては，結果的に「選択肢過少パターン」が増加しているとする．よって，このような状況下においては，旧ソ連地域のような伝統的に「選択肢過少パターン」に位置付けられる地域での取り組みを考察することの重要性が高まっているとする．

　中村が指摘するように「選択肢過少パターン」の事例について考察すること

は，自ずと仲介のような強度の低い関与を改めて問い直すことの重要性を確認させるが，では仲介はどのような条件下において成功するのか，そして仲介を実施するアクターはどのような働きかけを紛争地に対して行うべきなのだろうか．

中束による第3章は，国際社会による紛争地域への仲介の役割とその効果について，これまでの理論研究の蓄積と残された課題を明らかにしている．中束は，国際関係のトップ・ジャーナルの傾向から，実は効果の薄いと見られがちな仲介は広く研究者の関心を集め，近年，仲介研究は興隆期にあると指摘する．その背景には，第二次大戦の終結後，紛争管理手段として仲介が最も多用されてきたという事実を受けたものだと指摘する．であるならば，仲介は最も効果的なものなのだろうか，それとも単にハードルが低く使い勝手の良いために多用されているのだろうか．中束は，仲介の限界や課題について検討しつつも，仲介者の働きかけ（情報，安全保証，飴と鞭の提供）によって紛争当事者から妥協を引き出すことが可能であると指摘する．しかし，こうした理論的知見には課題もあると中束は指摘する．それは，事例研究を用いた仲介成否の因果メカニズムの解明，紛争当事者の性質に関する理論枠組みの構築，そして，十分に研究されていない地域大国による仲介を検討することをあげた．

中束が指摘するように仲介に対する研究は，今まさに盛んに行われるようになっているが，仲介は果たして外部アクターからの働きかけだけによって成功するものだろうか．当然のことではあるが，紛争地に対する仲介者の働きかけによって交渉が妥結することもあれば，しないこともある．このような事実を確認すると，紛争当事者の動向を組み込んだ仲介の成否のモデルを構築することが求められている．

富樫・毛利による第4章は，被介入主体（すなわち紛争当事者）を分析に組み込んだ仲介における成否のモデルを提示することを目的としている．富樫と毛利は，外部アクター（仲介者）が紛争地に働きかけることで，和平交渉を前進させることができる可能性を既存研究は示唆していると認めながら，以下のような課題が残されていると指摘する．すなわち，紛争当事者自身がどのような状況下で仲介を受け入れるのか（あるいは拒否するのか）が分からないのである．これに対して富樫と毛利は，和平合意の受諾・拒否（あるいは履行・破綻）のメカニズムを紛争当事者の内部アクターに注目することで明らかにしようとする．具体的には，2レベル・ゲーム（紛争当事者間の交渉と，紛争当事者内部における意

見の集約）という観点を用いて，紛争当事者内部の一体度（和平に対する評価の一致度）が重要ではないかという仮説を立てる．この一体度を合意の妥結と履行という2つのフェーズで観察し，4類型を作り，和平合意の受諾／拒否，あるいは履行／破綻しやすい条件を提示する．

　富樫と毛利の議論は，これまでの仲介研究が十分にカバーしていなかった紛争当事者内部のアクターに注目しているが，提示しているモデルは単なる仮説に過ぎず，実際の紛争において本当に紛争当事者の内部アクターが重要な意味を持っているのかは定かではない．そこで，第Ⅱ部の事例では，個々の紛争のダイナミクス（沈静化や激化・再発――すなわち読み替えると交渉の妥結・履行と拒否・破綻）が紛争当事者の一体度（内部アクターが団結しているか否か）と，いかなる関係性があるのかを考察する．

　立花による第5章では，ナゴルノ・カラバフ紛争（以下，カラバフ紛争）の事例を考察し，20年以上にわたる紛争の凍結期間になぜ和平交渉は妥結しなかったのかを紛争当事者の一体度に注目して明らかにしている．立花は，紛争当事者のアルメニアとアゼルバイジャン両国の内部アクターに注目する際にアルメニアについては，「アルメニア共和国」と「カラバフのアルメニア人」の間の一体度について考察する．そして，一体と思われてきたアルメニアとカラバフは，カラバフ紛争の発生当初から認識にずれがあり，それが「共和国自立」か「民族自決」かという路線対立として表面化したと明らかにする．この路線対立は，その後も存在し続け，定期的に表面化してきたが，第一次カラバフ紛争（1988-94年）でのアルメニア側の大勝によってカラバフの現状が維持されてきた．だが，この選択は地域的孤立と対ロシア依存を深めることと引き換えであり，2020年の第二次紛争の発生によって，現状維持政策が破綻したと明らかにしている．一方，アゼルバイジャンの側では，第一次紛争以後に強固な権威主義体制が成立し，国家分裂を回避するために領土問題での譲歩は不可能になった．野党に第一次紛争の責任を負わせ弾圧することで，国内の一体度は高まったが，むしろ急進化した世論への対応に窮している場面も見られることを指摘している（5章の分析対象は，2022年までだが，2023年9月にアゼルバイジャンは軍事作戦を実施し，カラバフを奪還した）．

　齋藤による第6章では，タジキスタン内戦を事例とし，ソ連解体直後に新生独立国の誕生とともに発生した紛争がどのような形で和平合意の妥結に至ったのかを明らかにしている．齋藤は，タジキスタン内戦では，当初から存在した

共和国共産党内部の政治アクター間の対立が深刻化していたところに，在野の反体制派勢力の圧力が強まる中で，地域閥が動員されたことで内戦の激化を招いたと指摘する．内戦の結果，マフィアの跋扈，隣国とのつながりを利用して地方領主化する有力者，ドゥシャンベ市内（首都）で跳梁する民兵などが登場し，紛争当事者のみで和平交渉を進めることも困難になる．ここで齋藤は，タジキスタンがアフガニスタンに近く，反対派がイスラーム過激主義者と理解されたことが外部アクターの仲介を促進したと明らかにする．なかでも大国・ロシアの仲介は，事態の不安定化を懸念し，親ラフモノフ（ラフモン）政権的なものであった．このことが政府や軍部などまとまりを欠くラフモノフ政権がロシアの仲介のもとで和平交渉を進める環境を整備し，和平の受諾へと至ったことを齋藤は明らかにしている．

　佐藤による第 7 章では，沿ドニエストル紛争を事例とし，「仲介者」としての外部アクターの多様性及び多面性，内部アクターの多様性，そして当該アクター同士の紛争交渉に対する見解の近似度の観点から，なぜ現状が維持されてきたのかを明らかにしている．佐藤は，紛争当事者であるモルドヴァと沿ドニエストルは，紛争交渉に対し比較的意見がまとまっているとする．モルドヴァでは紛争に対する関心が低く，一部の政策立案者に政策決定が委ねられていること，沿ドニエストルの側はそもそも和平案を提案する立場にはないが，利益の確保を求める政治家の間で意見は一致しているとする．だが，両者の主張（解決策）は，真逆のため，外交上での交渉の進展は期待できない状態にあるという．外部アクターについては，ロシアは自らの影響力を喪失させるような交渉には積極的になれず，EU とアメリカも同様であるとする．よって外部アクターも現状維持を補強する役割を結果的に担ってきたと佐藤は指摘する．しかし，ロシア・ウクライナ戦争の発生によって，ロシアが30年以上に亘り築き上げてきた「仲介者」としての役割を自ら破壊することになったとも佐藤は述べている．

　松嵜による第 8 章では，ロシア・ウクライナ戦争を事例に，国際社会の仲介によって和平合意が成立したにもかかわらず，紛争当事者の一方の内部アクターの間で形成された脅威認識がなぜ持続したのかを明らかにしている．当然，脅威認識の形成と持続は，紛争当事者の内部アクターの一体度を高めるが，他方の紛争当事者（交戦相手）との間に緊張や不信感を生み出す．松嵜は，2014年以前のウクライナはそもそも非同盟・非核保有国で，明確な国内・対外的な

軍事脅威に直面してこなかったと述べる．しかし，2014年の「マイダン政変」（大衆デモによるヤヌコーヴィチ政権の崩壊）のあと，ロシアがクリミアを併合し，ドンバスでは親ロシア派勢力の戦闘を直接支援した．欧州安全保障協力機構（OSCE）やドイツ，フランスなどの仲介でミンスク議定書やミンスク合意は成立したが，それは履行されなかった．このような中で，ウクライナでは軍事ドクトリンや国家安全保障戦略が改訂され，ロシアを「軍事的な敵対者」と規定づけることになった．つまり，ミンスク合意の事実上の破綻がウクライナの中でロシアに対する強い脅威認識を形成し，これを持続させた．現在，ロシアの侵攻に対してウクライナは，少なくとも表面的には一致団結して抵抗を続けている．このようなウクライナ側の一体度の背景にミンスク合意の破綻とそれによって形成された脅威認識があることを松嵜は示唆しているのである．

　富樫による第9章では，チェチェン紛争を事例とし，同紛争の交渉プロセスを再検証することで，紛争当事者内部のアクターの一体度が和平交渉の受諾・拒否にどのような影響を与えたのかを明らかにしている．その際，富樫は，紛争当事者であるロシアとチェチェン双方の内部アクターに注目し，紛争の継続，あるいは和平の受諾めぐって対立が見られたのかを考察している．そして，このような内部アクターの一体度の高低が紛争当事者の交渉姿勢に与えた影響を観察している．第一次チェチェン紛争では，当初，紛争当事者双方において内部アクターの一体度が低かったため，和平交渉は妥結に至らず，停戦についても違反が繰り返されたとする．しかし，戦況の悪化や犠牲者の増加などから，まずチェチェンから，その後，ロシアでも和平交渉への期待が高まり，国際的な仲介も受け入れられたため，和平に至ったことが説明される．他方で，第二次チェチェン紛争は，ロシア側の内部アクターの一体度は高く，紛争継続という戦略を取り続けたため，和平交渉は実現せず，ロシア軍の一方的勝利で紛争は終結した．富樫は大国の内戦でも仲介が効果を発揮する時もあるが，大国が紛争継続で一致団結している場合，悲観的な結末に向かわざるを得ないことを示した．

　終章では，これまでの議論をまとめ，特に旧ソ連地域の事例考察を4章のモデルに当てはめながら比較に取り組んでいる．まず第II部で検討してきた旧ソ連地域の紛争事例が持つ意味を再度検討し，特に和平交渉の妥結や破綻に紛争当事者内部の動向がどのような影響を与えたのか，各事例から明らかになったことを比較しつつ整理する．その上で，4章で示したモデルを用いて，内部ア

クターの一体度が交渉による解決，交渉による現状維持，交渉の破綻と紛争の再発，一方の軍事的勝利による紛争の終結といかなる関係があるのか，各事例を分類に当てはめ説明を試みている．またこれらの事例を通した検討が理論にどのようなフィードバックを提供しているのかを考察している．

（2024年6月脱稿）

第Ⅰ部

国際関与の理論と思想

第 1 章

仲介の歴史と思想

18世紀から20世紀半ばまで

五十嵐 元道

はじめに

　国際政治における仲介は，これまで国際社会の秩序を維持する機能を担ってきた．本章は，仲介の歴史と思想を再検討し，その性質を明らかにする．

　近年の仲介研究のいくつかは，仲介を平和活動（peace operations）の一部と位置づけ，より実効的な仲介の在り方を検討してきた［de Coning et al. 2022；United Nations 2012；Ramsbotham et al. 2005：邦訳200-4］．平和活動は，国連が中心となって展開してきたもので，内容は停戦監視，選挙支援，治安部門改革など多岐にわたる．冷戦後の平和活動は自由民主主義を規範的な基礎とするため［Paris 2004；Turner and Wählisch 2021］，政策提言型の平和活動の分析には一定の偏りが見られる．まず，国連が登場する以前の仲介の事例が分析対象から外れる傾向にある¹⁾．古典外交の時代にもさまざまな仲介の事例が存在するが，これは平和活動の一環ではなく，自由民主主義に基づく国家建設活動でもない．それゆえ，分析対象と見なされにくい．また，時期を問わず，権威主義的なアクターによる仲介の事例も，あまり分析対象とされない傾向にある．例えば，1966年のソ連によるインド・パキスタン紛争での仲介は貴重な成功事例だが，参照すべき仲介としてはほとんど言及されない．

　しかし，それでは仲介の本質を十分に捉えきれない．仲介は，古くから国際社会で実行されてきた国際秩序維持のための外交実践である．本章は改めて仲介を歴史・思想的な視点から再検討し，その本質に迫る．では，どこまで時代を遡って再検討すべきだろうか．国際政治学の大家ハリー・ヒンズリーは，近代の主権国家システムの起源について次のように述べている．「今日の国家間関係の構造は大国間の構造であり，これはヨーロッパ的国家間システムが18世紀に初めて具現化して以降，綿々と続いてきた構造である」［Hinsley 1963：邦訳229］．そこで本章は，仲介の歴史と思想を18世紀から見直す．そして，そこから20世紀半ばまでの変遷をたどる．

　第1節では，仲介に関する古典的文献を手掛かりに，仲介の概念的特徴を検討する．そのうえで，第2節では，18世紀から19世紀半ばまでのヨーロッパで，仲介がどのように実践されてきたのか分析する．続く第3節では，19世紀末から20世紀半ばまでに，仲介が国際制度としてどのように発展してきたのか分析する．

第1節　仲介とは何か

（1）仲介の概念

　仲介は英語では mediation で，これはラテン語の mediatus（中間に位置すること）に由来する[2]．それが転じて，mediation は A と B の間に入って，その関係を取り持つことを意味するようになった．原理的に言えば，政治体が2つ以上存在する場合，必ず「間」が発生する．政治体の間で紛争が生じると，そこに第三の政治体が介入し，間を取り持とうとする誘因が生まれる．それが仲介なのである．

　それゆえ，人類の歴史において，仲介は古くから行われてきたと推測できる[3]．例えば，紀元前215-205年の第一次マケドニア戦争は，もっとも古い仲介の事例の1つとして知られる．この戦争では，ローマとアイトリア同盟がマケドニアとその同盟国と衝突したが，ギリシャのいくつかの国々がその仲介に入った[Eckstein 2002：268-97；伊藤 2019：85-95]．

（2）外交実践としての仲介

　近代ヨーロッパでは外交が制度として成熟し，それに伴って，仲介も外交実践の1つとして認識されていった．18世紀の国際法学者エメール・ド・ヴァッテルは，仲介について次のように述べている．

> 「仲介（médiation）とは，共通の親しい者が間に入って周旋（bon offices）を行うことであるが，それは対立する者らを近づけ，理解し合い，意見を一致させ，彼らの権利を妥協させ，もしそれが侮辱の場合には，合理的な償いを提案，受容させるように促すうえで，しばしば有効である．」[de Vattel 1758：Tome 1, §328]

　このように，外交上の仲介とは，対立した紛争当事者の間に，信頼を受けた第三者が入り，紛争当事者の対立を治めることである．これは武力ではなく，言葉によって紛争を解決する方法の1つである．次節で見るように，18世紀以降，ヨーロッパ諸国間の外交では仲介が実践され，しばしば紛争の解決に貢献した．

　外交実践としての仲介を詳細に論じたのが，19世紀後半に活躍したイギリス

の外交官アーネスト・サトウである．彼は著書『外交実践の手引き』の第2版で，仲介について次のように説明する．仲介とは，第三者が紛争当事者の間に入り，関係を再構築するために，内容に立ち入って交渉を行うことである．つまり，交渉の方法から合意の内容まで，必要に応じて第三者が口をはさむ．これは周旋（good offices）から発展的に行われることがある．

周旋は，交渉の機会や場所の提供などを通じて，紛争当事者に交渉の開始を働きかける行為である．第三者が直接に交渉を行うことはなく，交渉内容にも立ち入らない．ここが仲介と異なる．また，関与の開始についても，仲介では紛争当事者全員の同意が必要であるが，周旋は一部の同意だけでよい［Satow 1922：Ch. XXXII：Ch. XXXIII］．

この説明は先のヴァッテルの説明とやや異なる．ヴァッテルは仲介と周旋を区別しなかったが，サトウはそれらが第三者の役割において異なることを強調する．次節以降で述べるように，19世紀のヨーロッパでは，周旋，仲介，調停（conciliation），さらに仲裁裁判（arbitration）が概念上，区別された．調停では，中立な国際委員会が当事者の主張の調整をはかり，解決案を提示する．仲裁裁判では，紛争当事者が裁判官を選出し，裁判手続きを行う［杉原ほか 2012：392-401］．これら4つを比べた場合，関与する第三者にもっとも強い権限が付与されるのが仲裁裁判である．

このように，周旋，仲介，調停，仲裁裁判は，介入する第三者の役割や権限の大きさを異にする．しかし，外交実践では，しばしばその境界線は曖昧だった．とりわけ，周旋と仲介は厳密に区別して実施されるわけではなく，状況に応じて第三者の関与が連続的に変化してきた．また，紛争当事者間の交渉を仲介した結果，問題を仲裁裁判にかけることが決まるといった場合もある．

（3）仲介の動機

仲介は，第三者が紛争当事者の間に介入することで始まる．この第三者は，実践上，直接の紛争当事者ではないにせよ，必ずしも中立であるとは限らない．国際法上，中立国は交戦国に軍事的な便宜を与えることが禁じられているほか，いくつかの義務が課される[4]．次節で見るように，仲介の事例では，そうした厳密な意味での中立国が常に仲介の役割を果たしてきたわけではない．あくまで，直接の紛争当事者ではない国が，交戦国に仲介者として受容されれば，仲介は可能である．

では，なぜ第三者がわざわざ仲介に入るのか．第三者の動機は2つに大別できる．1つは第三者の自己利益の追求である［Zartman and Touval 1985：32-33］．例えば，国家が仲介に入る場合，しばしば仲介を通じて自国の領土を維持したり，拡大したりすることがその動機となる．仲介は時に戦争の終結を目指して行われるが，その際に問題となるのが，和平の条件である．第三者は和平を仲介しながら，その条件の形成に関与し，自国に有利なものにしようとすることがある．

もう1つが地域秩序の安定の実現である［Princen 1992a：20］．国家間の紛争が武力衝突に至れば，国土が荒廃し，貿易が停滞し，周辺の国々も巻き込まれる危険性がある．戦争の長期化は誰の得にもならず，地域全体で打開の必要性が高まる．仲介は紛争を早期に解決し，再び地域秩序を安定させるものである．その点で，仲介は地域全体の利益となる．あるいは，純粋に愛他的な規範意識から地域秩序の安定を追求する場合もあるかもしれない．

このように仲介には，① 個別の自己利益の追求と，② 地域秩序の安定の実現，という二種類の動機がある．事例によっては，このいずれかに重きが置かれる場合があるが，仲介者のなかでは，しばしばこれらが混ざり合い，はっきりとした区別がないこともある．しかし，この区別は重要である．というのも，これらの動機は時に相反するからである．仲介者は個別の自己利益のために，意図して戦争の継続を促すことがある．そうなると，地域秩序は混乱し続ける．それゆえ，具体的な仲介の事例の分析では，これら2つが仲介者のなかでどのように位置づけられているのか注意する必要がある．

第2節　仲介の実践：18世紀から19世紀半ばのヨーロッパ

では，主権国家システムが具現化した18世紀の仲介は，どのようなものだったのか．具体的な事例を通じて検討していく．

18世紀から19世紀にかけて，ヨーロッパでは仲介は主に大国によって行われた．中世ヨーロッパでは，キリスト教世界の代表である教皇がしばしば仲介の任を担ったが，それが徐々に世俗の君主および主権国家に取って代わられた［Luard 1992：281-82］（ただし，教皇は決して仲介をやめたわけではなく，20世紀に入ってもなお，さまざまな紛争事例で仲介を試みてきた［Princen 1992b：149-75；McFarlane 2021：167-93]）．

（1）大北方戦争

18世紀にはさまざまな国際紛争で仲介が実施された［Satow 1922：Ch. XXXIII］．ここで最初に取り上げるのが，大北方戦争である．この戦争はアーネスト・サトウも仲介の重要な事例として取り上げている．大北方戦争は1700年から1721年まで行われた戦争で，主な当事国はスウェーデン，ロシア，ポーランド，デンマークだった．この戦争はロシアが大国となるきっかけとなった．いわば，ヒンズリーの言う「大国間の構造」の形成を促した戦争の1つである．

17世紀，ヨーロッパでは三十年戦争が行われ，スウェーデンが勢力を拡大した．スウェーデンは，ロシアからはイングリアとカレリアを奪った．それぞれバルト海および白海につながる領土である．また，ポーランドからはリヴォニア（現在のラトビア東北部からエストニア南部）を，デンマークからはゴットランド島とエーゼル島を奪取し，北ドイツにも領土を持った．その結果，バルト海は「スウェーデンの湖」となった［土肥：1992：64-65］．

ロシア，ポーランド，デンマークはこれに反発し，北方同盟を結んだ．スウェーデンは，わずか15歳のカール12世が君主に即位したばかりで，戦争には不利かと思われたが，整備されたスウェーデン軍に支えられ，ナルヴァの戦いでロシアを破った．そして，そのままポーランドに進軍した．スウェーデンがポーランドに向かっている間に，一度は敗れたロシアが軍隊を立て直し，反撃の準備に着手した．そして，1709年のポルタヴァの戦い（ポルタヴァは現在のウクライナ東部に位置）でスウェーデンを破り，それ以降，優勢を維持した．

この戦争で仲介を行ったのが，イギリスだった．イギリスは，北方圏でロシアが拡大することを恐れていたのである．また，イギリスにとっては，スウェーデンから獲得したブレーメンとヴェルデンという2つの領土を確保することも重要だった［Moulton 2005：38-39］．そのため，戦争末期には，戦争に直接参加しないまでも，財政支援や艦隊派遣を通じて積極的にスウェーデンを支え，外交によってロシアの孤立を画策した．このように決して中立ではないイギリスだったが，スウェーデンの側に付きながら，仲介を通じてロシアとの和平を模索し始める．しかし，結局この試みは失敗に終わった［Moulton 2005：60-77］．

そこで仲介に入ったのがフランスである．17世紀後半，フランスはルイ14世の拡張政策のもとで数多くの戦争を引き起こしていた．その結果，フランスはヨーロッパで孤立するとともに，膨大な出費が重なって財政も逼迫していく．

22　第Ⅰ部　国際関与の理論と思想

こうした状況を変えるべく，1715年にルイ14世が死亡すると，フランスは長年の宿敵だったイギリスと一時的に協力関係を結ぶ．いわゆる，英仏同盟である［Black 1999：32-72］．スペインをめぐる対立で疲弊していたフランスは，北方での戦争の早期終結を望んでいた．そして，イギリスに代わって，スウェーデンとロシアの間に入り，和平交渉の実現に努めたのである．それまでフランスはスウェーデンを支援していたものの，仲介は成功し，スウェーデンとロシアの間で和平が実現した［Moulton 2005：85］．戦争自体はピョートル一世率いるロシアの勝利となり，これをきっかけにロシアは大国の道を歩み始める．

（2）クリミア戦争と1856年のパリ条約

19世紀に入ると，今度はロシアによるオスマン帝国への拡張が紛争の種になった．インドなど，南アジアに広大な植民地を持つイギリスは，この動きに反発し，オスマン帝国を支えながら，ロシアの拡大を抑止しようとした．フランスは，カトリック教会と東方正教会のパレスチナをめぐる対立の激化をきっかけにロシアと対立する．こうして，ロシアと，トルコ，イギリス，フランスの間で戦争が起きた．これがクリミア戦争（1853-1856年）である［Figes 2011］．この戦争では，戦争終結の際に仲介が行われるとともに，和平条約のなかにも仲介に関する規定が盛り込まれた．それゆえに仲介では非常に重要な歴史的事例と言える．

クリミア戦争は激戦となった．なかでも要所となったのが，クリミア半島の南西部に位置するセヴァストーポリである．英仏の連合軍とロシアは，ここで熾烈な塹壕戦を戦った．英仏側の死傷者数も多かったが，軍の組織管理と装備で後れを取っていたロシア側の死傷者数は，連合軍の2倍以上だったと言われる．その数は1855年7月の時点で6万5000人にのぼった［Figes 2011：邦訳151：Wawro 2000：56-57］．フランス軍の猛攻の末，セヴァストーポリは陥落する．これがロシアの敗北を決定づけたはずだった．

ところが，逝去したニコライ1世の跡を継いだばかりの皇帝アレクサンドル2世は，頑なに戦争を継続した．さらに1855年2月にイギリスの首相に就任したばかりのパーマストンも，好戦的な姿勢を崩さなかった．しかし，セヴァストーポリで多くの犠牲を出したフランスは，戦争の終結を望んでいた．威勢の良いイギリスといえども，フランスの協力なしには戦争を継続することはできなかった．

同じように，できるだけ早く戦争を終わらせたいと考えたのが，オーストリアだった．オーストリアは，地域秩序の安定を維持するために，弱体化したオスマン帝国が存続することを望んだ．オスマン帝国内部で民族の蜂起が起きれば，オーストリアにも波及する危険があったのである．他方で，1848年にハンガリーで起きた革命運動を鎮圧する際には，オーストリアはロシアの救援に助けられていた．それゆえ，ロシアとの関係を維持することも重要に思われた．そのため，クリミア戦争が始まって以降，しばらくの間，オーストリアはどちらの側にも付かず，中立的な立場を維持していた．ロシアに依存しすぎるのは好ましくないが，かといってフランスとイギリスも信用できない，そう考えたのである [Schroeder 1972 : 60-61]．それでもセヴァストーポリ陥落後は，いよいよ長引く戦争を終わらせるため，オーストリアはフランスと協力して，ロシアが受け入れ可能な和平案の策定に取りかかった．戦争が長引くことで，オーストリア領内で何らかの蜂起が起きる可能性が危惧されていたのである [Richardson : 1994 : 86-87]．

　ロシアのアレクサンドル 2 世は，当初，和平案の受け入れを拒んだが，オーストリアがロシアとの関係を断絶し，オスマン帝国側に付いて参戦することを示唆すると，遂には和平案を受諾した [Figes 2011 : 邦訳189-93]．このオーストリアの外交は，のちに「武力による仲介（armed mediation）」[Temperley 1932 : 389] と呼ばれた．武力そのものを行使したわけではないが，その可能性を示すことで強制力としたのである．

　クリミア戦争が仲介の歴史にとって重要なのは，オーストリアの仲介が成功したからだけではない．クリミア戦争の和平を定めたパリ条約の第 8 条では，オスマン帝国と他の条約締約国が紛争になった場合，武力行使する前に，仲介に頼って問題の解決にあたることが規定されたのである．これはイギリス代表から出された案で，実はイギリスの平和運動団体の圧力の成果だった [Ceadel 2001 : 54]．この時期，仲介は国際社会で法の支配を強化するための国際制度としての役割を期待されていたのである．

　このように18世紀から19世紀前半にかけて，ヨーロッパ秩序に大きな影響を与えた戦争の一部では，早期の終結を望む国々よって仲介が行われた．仲介国の動機には，地域秩序の安定化の実現に加えて，個別の自己利益が存在した．この時期のヨーロッパでは，紛争に何の利益も関わりもない，完全に中立な国を探すのは非常に難しかった．特に一定の影響力のある大国となれば，いよ

24　第Ⅰ部　国際関与の理論と思想

よ不可能に近い．それでも仲介はその環境下で行われ，時に成功した．さらにクリミア戦争の終結に伴うパリ条約では，仲介の国際制度化の動きが見られた．この国際制度化の動きは，その後，ますます大きくなる．

第3節　仲介の制度的発展：19世紀末から20世紀半ばにかけて

　19世紀末になると，仲介は個別の紛争事例に対応した単発的なものとしてだけでなく，紛争処理のための国際制度として条約に盛り込まれ始めた．ヨーロッパではウィーン体制が崩壊したものの，紛争を平和的に処理するための国際制度を構築する動きが盛んになった．

（1）国際条約での制度化

　こうした国際制度構築の動きの1つが，ベルリン・コンゴ会議（1884-1885年）である．ここでヨーロッパ列強は，懸案事項であったアフリカの領土分割について話し合った．そして，植民地の取得要件などを定めた条約が結ばれる．その第12条には，領土問題などで紛争が発生した場合，当事国は武力行使の前に仲介に頼ることが規定された［Louis 1971］.⁵⁾

　さらに仲介の国際制度化を象徴的に示すのが，1899年に定められた国際紛争平和的処理条約である．この条約は，1899年にオランダのハーグで開かれた平和会議で結ばれた．その第2～8条で，紛争解決の国際制度として仲介が規定された．

　この平和会議の開催を呼びかけたのが，当時のロシア皇帝ニコライ2世である．ニコライ2世が会議開催を望んだ理由には諸説ある．1つは，ニコライが戦争の発生を未然に防ぐことを目指したという見方である．これはニコライの平和主義的動機に注目する．当時のヨーロッパでは，平和運動が盛んで，その多くが国際法の法典化と，仲介および仲裁裁判の制度化による紛争の平和的処理の実現を目標に掲げていた［Wertheim 2012：210-32；Ceadel 2001］．こうした運動がニコライの外交方針に影響を与えた可能性が指摘されている．

　もう1つが，ロシアの財政や軍事状況の劣勢を補うために，平和会議を企図したという見方である［Abbenhuis 2019：32］．この政策方針は，当時のロシアの外務大臣，財務大臣，陸軍大臣の3人の助言に基づくと言われる．要するに，ロシアは他のヨーロッパ列強と戦争を行っても不利である以上，戦争そのもの

を制限する国際制度を構築した方が得と見なした，というわけである．この見方では，ニコライの現実主義的な動機に注目する．

いずれにせよ，平和会議は実現し，戦争に関するいくつかの重要な条約が成立した．会議では軍縮をはじめ，さまざまな論点について話し合われたが，特に仲介や仲裁裁判など，紛争の平和的処理での成果が目立った．これについては平和会議の第3委員会で議論が行われ[6]，最終的に国際紛争平和的処理条約が成立する．

その第3条が仲介について定めている[7]．それによれば，紛争が発生した場合，紛争の当事者ではない国が自らのイニシアティブで，紛争当事国に対して周旋（good offices）や仲介（mediation）を行うことを推奨する．この紛争当事者ではない国には，周旋や仲介を行う権利があるとした．つまり，紛争当事者が周旋や仲介を頼まなくても，第三者がそれによって介入できるとしたのである[8]．非常に積極的な規定であったと言えよう．

これと同じく重要なのが，仲裁裁判（arbitration）に関する条項である．条約の第20〜29条では，仲裁裁判のための常設裁判所の設立が定められた[9]．仲裁裁判は，第三者が紛争の解決にあたる点で仲介と類似するが，仲裁裁判では第三者の決定に法的拘束力がある．すでに19世紀には，欧米の外交実践のなかで，数百の仲裁裁判の事例があった［Zollmann 2020：162］．それを常設の裁判所で実施できるようにした点で，この条約は非常に革新的だった．ただし，紛争を仲裁裁判に付託するかどうかは，あくまで主権国家の判断によるとされた．会議では強制的な仲裁裁判の案も出たが，ドイツが強固に反対するなどしたため，実現には至らなかったのである［Lesaffer 2017：42］．1907年にも第2回の平和会議が開催されたが，この点で大きな進展はなかった．

（2）日露戦争でのアメリカ

第1回のハーグ平和会議が終了した直後の1904年，平和を求めて会議を呼びかけた当のロシアが，今度は中国東北部と朝鮮半島の権益をめぐって日本と武力衝突した．すなわち，日露戦争である．この戦争も，仲介の代表的事例として分析されてきた［Princen 1992a：Ch.7］．ここでの仲介がこれまでのものと異なるのは，関係するアクターがヨーロッパ大陸の外に位置したことである．戦争の相手方は日本であり，仲介国はアメリカだった．

戦争は日本による奇襲攻撃で始まった．激戦の末，日本がロシア軍の旅順要

塞を攻略し，1905年3月には奉天会戦で勝利した．そして，同年5月，日本海海戦でロシアの艦隊を破った．ロシア国内では，1905年1月に労働者によるデモに対して軍が発砲する「血の日曜日事件」が起き，革命的な動きにつながっていく．他方，日本も兵力と物資の限界を迎え，これ以上の戦争継続が困難な状況に直面していた［横手 2005：160-62］．

　この状況で仲介役を買って出たのが，アメリカだった．アメリカ大統領セオドア・ルーズベルトは，1905年の初頭から日露の和平の仲介を模索し始めた［Saul 2005：489］．なぜアメリカは仲介を試みたのか．19世紀末，アメリカはハワイを併合し，米西戦争でスペインを破り，アジア太平洋地域の大国としての地位を築いた．そのため，東アジアの覇権を争う日露戦争は，地政学的観点から見て，早期に決着するべき問題だった［Tovy and Halevi 2007：138］．さらに，東アジアでの自由貿易を求めるアメリカにとっては，中国の市場が開かれることが重要だった．アメリカは，中国の市場を開くことに消極的なロシアを脅威と見なし，日本の勝利が好ましいと判断した．また，アメリカの世論は，帝政ロシアの抑圧的体制にも批判的で，それが反ロシアの外交姿勢につながった．しかし，アメリカは日本がアジア太平洋地域の覇権を握るのを望んでいたわけではなく，あくまでロシアと日本の間で，適切な勢力の均衡が生まれることを期待した［Jacob 2018：93］．このように，アメリカは日露戦争の趨勢が国益に関わると見なしたのである．

　こうしてルーズベルトは，日露の仲介に動いた．しかし，日本もロシアもなかなか和平交渉に入ろうとしなかった．ようやく両国に変化の兆しが現れたのは，1905年5月の日本海海戦の後である．ロシア国内では，戦争の継続が日本のさらなる拡大につながることや，国内情勢への対応の必要性が認識され，和平交渉を支持する意見が強まっていた．6月，駐露アメリカ大使のジョージ・マイヤーがニコライ2世に謁見すると，ロシアは和平交渉に入ることに合意した［Saul 2005：493-95］．他方，日本の側では，和平交渉に入る前にできるだけ状況を有利にするべく，樺太での軍事作戦を遂行し，8月1日までに全土を占領した［横手 2005：179-81］．

　その後，ルーズベルトが場所と日時の選定を進め，アメリカ北東部のポーツマスで和平会議が始まった．そこでもっとも争点になったのが，樺太と賠償金の問題だった．この問題をめぐって会議は暗礁に乗り上げた．ロシアは，これら2つの条件で一切妥協する気がなかったのである．他方，日本は戦後の経済

復興のためにも，とりわけ賠償金を欲した．ルーズベルトは，会議の開始前から，日本に対して賠償金の主張は和平交渉を破綻に追いやる危険があると警告していた．そして，この会議でも賠償金の主張には慎重になるよう助言した［Esthus 1988：111］．

　和平交渉が頓挫しかけると，ルーズベルトは仲介者として日露それぞれに妥協案を提示した．それは，ロシアが樺太南部を日本に譲り，北部は日本から返還してもらう．その代わり，返還の代金をロシアが日本に支払うという案だった．日本はこの案を受け入れたが，ロシアは拒否した．

　いよいよ交渉が破綻の危機に直面するなか，アメリカ大使のマイヤーがニコライと再び謁見し，説得を試みた．その結果，ニコライは樺太南部を譲ることには同意したものの，賠償金に関しては一切の支払いを拒否した．ただし，和平会議の継続には同意し，戦争の再開だけは回避することができた［Esthus 1988：132-43］．

　アメリカが仲介の努力を継続するなか，遂には日本側が折れた．日本は戦争の再開を望まず，賠償金の要求を取り下げたのである．ロシアはこの和平案を受諾し，和平交渉は何とかまとまった．のちにルーズベルトはこの仲介を評価され，1906年にノーベル平和賞を受賞する．

　このように，仲介者だったアメリカは，国益の観点から仲介に動いた．仲介では，紛争当事者との公式，非公式の接触を重ね，会議の破綻を回避しようとした．そして，具体的な妥協案を提示するなど，積極的に合意の成立を図った．アメリカは経済的利益や勢力均衡の観点からロシアの勝利を望まず，日本側に肩入れしたものの，両国から仲介者として信頼され，仲介は成功した．

（3）第一次世界大戦から国際連盟，そして国際連合へ

　しかし，仲介をはじめとする外交実践は，第一次世界大戦を防ぐことはできなかった．1914年6月，オーストリア帝国の皇位継承者夫妻がサラエボで暗殺される事件をきっかけに，オーストリア・ハンガリーとセルビアが戦争に突入した．それに伴い，ロシア，ドイツ，イギリス，フランスなど，世界中の国々が参戦し，世界大戦に発展する．ハーグ平和会議で法典化された仲介も仲裁裁判も，この戦争の終結を早めることはなかったのである．

　1919年1月，パリで戦勝国を中心に和平会議が開かれ，そこで国際連盟の設立が決定した．やはり，ハーグ平和会議がそうだったように，パリ会議でも国

際的な法の支配の実現を求める声が強かった．具体的には，強制的な仲裁裁判の制度化が訴えられた．すなわち，あらゆる国際紛争を仲裁裁判に付託する義務を国家が負うというシステムである．

しかし，仲介の方はあまり重視されなかった．仲介は仲裁裁判に比べて第三者の権限が弱く，法の支配の徹底には不十分と見なされたのであろう．1919年に調印された国際連盟規約には「仲介」という言葉が登場しない（ただし，第11条の 'any action' に，それが含まれると解釈できる）．

その代り，仲裁裁判についての規定が複数盛り込まれた．それでも，仲裁裁判が義務化されることはなく，国際連盟が強制力を持って法の支配を徹底する制度は実現しなかったのであった［Wertheim 2012 : 223-28］．フランスなどの国々は，こうした強制力のある国際組織を望んだが，ウッドロー・ウィルソン率いるアメリカやイギリスは，そうした国際組織案を拒否し，国際法よりも各国家の政治的判断に依拠する制度設計を推し進めた．

そのような体制下でも，戦間期，国際連盟の初代事務総長エリック・ドラモンドが仲介を含む，予防的な外交に取り組んだことは特筆に値する．連盟規約第11条ならびに第15条では，限定的ながら，事務総長に紛争解決のための政治的役割を与えていた．国際法学者のアーサー・W. ロヴィンは，「国際連盟の場，書簡，ドラモンドが訪問したさまざまな首都での政府代表者との仲介と交渉こそ，ドラモンド体制の事務局の顕著な政治的機能だった」［Rovine 1970 : 29］と述べている．具体的な事例としては，オーランド諸島をめぐるスウェーデンとフィンランドの争いでの仲介的な役割が挙げられる．

しかし，国際連盟体制の構築にもかかわらず，国際社会は二度目の世界大戦を防ぐことができなかった．戦後，戦勝国を中心に，もう一度，国際組織をつくり直すことになる．こうして成立したのが国際連合である．その基礎となる国連憲章の第33条には，改めて仲介の規定が置かれた．

第33条

いかなる紛争でもその継続が国際の平和及び安全の維持を危くする虞
のあるものについては，その当事者は，まず第一に，交渉，審査，仲介，
調停，仲裁裁判，司法的解決，地域的機関又は地域的取極の利用その他当
事者が選ぶ平和的手段による解決を求めなければならない．

安全保障理事会は，必要と認めるときは，当事者に対して，その紛争を

前記の手段によって解決するように要請する[10].

　国連は，実際に事務総長などのアクターがさまざまな紛争で仲介役を担い，その早期解決を促してきた［Skjelsbæk 1991：99-115］．例えば，イラン・イラク戦争（1980-1988年）では，ハビエル・ペレス・デ・クエヤル事務総長が仲介の任を担った［Ferretti 1990：197-252］．デ・クエヤルは，イラク軍が化学兵器を使用したとするイラン側からの訴えに応えつつ，停戦実現のため，精力的に外交での働きかけを行ったのである．

　他方，国連などの国際組織だけでなく，18世紀以来続いている大国による仲介も，やはり重要な機能を果たしてきた．第二次世界大戦後，統計データ上，国家は国際組織と並んで主要な仲介者であり続けた［Greig and Diehl 2012：63］．例えば，1966年には，ソ連がインドとパキスタンの紛争で仲介を行い，両軍の撤退が実現した［Zartman and Touval 1985：28-29：木下 2021：231-36］．パレスチナ問題では，アメリカが重要な仲介役として何度も登場している［Princen 1992a：Ch. 6］．1978年には，アメリカのカーター大統領の仲介で，エジプトのサダト大統領とイスラエルのベギン首相の間で和平交渉が行われ，合意が成立したことが知られている．

　ソ連もアメリカも完全に中立な第三者ではなく，何らかの偏向があった．ソ連はインドに兵器を提供していたし，アメリカはイスラエルを支援していた．それでも紛争当事者は仲介国としてソ連やアメリカを受け入れ，時に合意が成立した．このように第二次世界大戦後も，大国による仲介は国際社会の秩序維持にとって重要なシステムの一部となってきたのである．

お わ り に

　本章は，仲介の歴史と思想を18世紀まで遡り，再検討した．仲介は決して20世紀に始まったものではなく，はるか以前から実践されてきた．仲介はその原理上，2つ以上の政治体が存在する場合，発生しうるものであることが確認された．

　そのうえで，本章は18世紀の大北方戦争の事例から分析を始めた．基本的に仲介は大国によって担われ，その動機には地域秩序の安定の実現だけでなく，個別の国益の追求が見え隠れした．この時期のヨーロッパでは，紛争に何の利

30 第Ⅰ部 国際関与の理論と思想

益も関わりも持たない完全な中立国を探すのが非常に難しい．特に一定の影響力のある大国となれば，いよいよ不可能に近かったが，それでも仲介はそうした環境下で行われ，時に成功した．

19世紀末からは，いよいよ仲介がいくつかの条約を通じて国際制度化していったが，それが二度の世界大戦を防ぐことも，終結を早めることもできなかった．それでも，戦争を予防し，終結を早める数少ない手段として，仲介は国連憲章にも盛り込まれた．そして，外交実践として今なお継続している．

国際社会は，仲介を強制的な国際制度とする道を選ばなかった．その代わり，外交のなかで仲介を実施する道を歩んできた．これは古典外交の時代から現在まで連続した国際社会の営みである．そうだとするならば，大国や国際組織による仲介は，これからも国際社会の秩序維持のために必要不可欠な制度であり続けるだろう．

残念ながら，紛争に際して完全な中立（あるいは不偏性）を維持する第三者で，かつ仲介の動機と一定の影響力を有するアクターを容易に見つけることはできない[11]．まして，自由民主主義の規範に沿った行動をとるアクターとなれば，いよいよ難しい．しかし，仲介とは歴史的に見れば，常にそうしたものだった．そのなかでも仲介の成功可能性をいかに高めるかが，現在の課題である．そのために，次章以降で見るような，仲介の学術的な分析がますます重要なのである．

注

1）貴重な例外として Zollmann［2020］があるが，これは分析において仲介よりも仲裁裁判に重きを置いている．

2）Oxford University Press, *Oxford Dictionary of English, Second Edition*（Oxford: Oxford University Press, 2003）.

3）mediation は『新約聖書』でも重要な概念である．「テモテへの手紙」の第2章の5には，「神は唯一であり，神と人との仲介者も唯一であって，それは人であるキリスト・イエスです」とある（『聖書：聖書協会共同訳』（日本聖書協会，2018年））．

4）18世紀末から20世紀初頭にかけての中立制度については［和仁 2005］を参照．

5）'General Act of the Conference of Berlin Concerning the Congo,' *The American Journal of International Law,* 3(1), Supplement: Official Documents（January, 1909）, pp. 14-15.

6）*The Proceedings of the Hague Peace Conferences ; Translation of the Official Texts*（New York: Oxford University Press, 1920）, pp. 581-686.

7）'Convention for the Pacific Settlement of International Disputes,' *The Advocate of*

Peace, 81(12)（December, 1919）, p. 363.

8) この点についての第 3 委員会の議論は，*The Proceedings of the Hague Peace Conferences,* pp. 587-588 を参照.

9) 'Convention for the Pacific Settlement of International Disputes,' pp. 364-65.

10) https://www.unic.or.jp/info/un/charter/text_japanese/

11) 偏向のある仲介者の紛争解決における優位性の有無については本書第 3 章を参照.

第2章

国際社会による平和のための関与

平和政策失敗の二類型

中村　長史

は じ め に

　本章の目的は，冷戦終結後30年間の国内紛争に対する国際社会の関与を概観し，以下の３点を確認することで，今こそ旧ソ連地域を対象として相対的にコスト・リスクが低い政策に着目した分析を行う必要性が高いのではないかと問題提起することにある．なお，本章では，仲介のみならず，紛争の発生防止策・激化防止策・再発防止策の全般を論じるため，平和政策という言葉を用いる．

　第一に，冷戦終結後に真に変化したのは，国内紛争に対する国際社会の関与の質である．しばしば誤解されているが，国内紛争は，冷戦終結後になって突如として増えたわけではない［Fearon and Laitin 2004：9-10］．国家が少なくとも一方の主体となる武力紛争において，国内紛争が占める割合は，冷戦期を通じて国家間戦争のそれよりも大きかった．にもかかわらず，誤解が生じるのは，大国間戦争の脅威が遠いた冷戦終結後になって，国内紛争に対する国際社会の関心が高まったからだろう．実際，冷戦終結後の国際社会の関与には，紛争の発生防止・激化防止・再発防止という「３局面への多元化」と「各局面における重層化」がみられるようになった．詳細は後述するが，平和政策のメニューが増加したわけである．国際社会は，冷戦終結後に，国内紛争に関与する事例を積み重ねたが，それは紛争の発生防止・激化防止・再発防止に「失敗」した教訓の積み重ねでもあった．こうした教訓を踏まえて新たな政策が生みだされ続けた結果，政策が多元化・重層化したのであるが，冷戦構造の崩壊に伴う「力の集中」と「人権・人道規範の高まり」が，それを可能にしたといえる．

　第二に，このような政策の多元化・重層化にもかかわらず，必ずしも所期の目的を達成できない原因を検討する必要がある．本書全体の関心からいえば，特に激化防止に失敗する原因を検討しなければならない．本章では，その原因として，多元化・重層化ゆえに政策同士が衝突し効果を相殺してしまう「選択肢過剰パターン」と，大国の利害が絡む地域においては実際に採ることのできる政策が限られる「選択肢過少パターン」の２つを挙げる．前者はアフリカ地域，後者は旧ソ連地域に典型的にみられてきた．

　第三に，「選択肢過剰パターン」による失敗が重なることで国際社会全体に

36　第Ⅰ部　国際関与の理論と思想

「平和政策疲れ」がみられることを背景として，近年では，事実上の「選択肢過少パターン」が地域を問わずにみられるようになっている．それに伴い，平和政策論は一時の勢いを失っている．元々典型的な「選択肢過少パターン」である旧ソ連地域を対象として，コスト・リスクの相対的に低い政策に着目して論じる本書の意味は，ここにある．平和政策論の再活性化へ向けた一里塚であるといえる．

　以下，本章では，以上の3点について，それぞれ第1節から第3節までを充てて説明する．最後に，それらの議論をまとめ，今後の課題や含意に触れながら結論を述べて結びとしたい．

第1節　教訓を踏まえた政策の多元化・重層化

　本節では，なぜ多元化・重層化するほどに平和政策がなされるようになったのかを検討する．まず，多元化・重層化した政策の内容を確認する（第1項）．次いで，多元化・重層化の経緯について，発生防止・激化防止・再発防止に「失敗」した教訓の積み重ねに着目して論じる（第2項）．そして，多元化・重層化を可能にした，冷戦構造の崩壊に伴う「力の集中」と「人権・人道規範の高まり」という背景に目を向ける（第3項）．

（1）政策の多元化・重層化

　冷戦終結後の平和政策には，過去の事案の教訓を踏まえた「政策の多元化・重層化」がみられる［中村 2014：112-15］．まず，具体的な取り組みについて，紛争の発生防止・激化防止・再発防止の三段階に分けて確認していこう．

　発生防止のためになされるのが予防外交や予防行動である．紛争は突発的に起こるというよりは，予兆のあることが多いため，事実調査・早期警報などの予防外交，予防展開・非軍事地帯設置などの予防行動が重要になる．また，先例における国際社会の関与，とりわけ軍事介入の実施は，将来の地域紛争の発生を抑止することになる．国連事務総長であったアナンは，この「抑止力としての人道的介入」（Humanitarian Intervention as a deterrent）ともいうべき役割に着目し，軍事介入のガイドラインをあらかじめ整備しておく必要性を提言した［UN. Doc. A/54/1 para69 31 August, 1999；SG/SM/7136 GA/959620 September, 1999］．そして，この呼びかけに応じる形で，「保護する責任（Responsibility to Protect：

第2章　国際社会による平和のための関与　*37*

表2-1　3局面への多元化と各局面での重層化

発生防止策	予防外交，予防行動，軍事介入のガイドライン整備
激化防止策	調停，仲介，軍事介入
再発防止策	国際刑事裁判，和解，国家建設

出所：筆者作成.

R2P）」のような軍事介入を含む人道目的の介入の基準が提案された.

　激化防止のためになされるのが，調停や仲介による停戦合意遵守の確保である．これは，特使の派遣や，国連安保理決議を通じた平和維持部隊や人道支援部隊の受入れ要請という形をとることが多い．要請が受け入れられれば，平和維持部隊や人道支援部隊が当該国内で展開することになる．そして，このような要請が受け入れられなかったり，これら部隊が派遣されても奏功しなかったりする場合には，当該国の同意なき軍事介入が行われることがある.

　さらに，再発防止のために求められるのが紛争責任者の処罰（国際刑事裁判の形をとることもある）や和解，国家建設である．紛争を引き起こした当事者の訴追による不処罰文化蔓延の防止，紛争当事者間の和解，武装解除や中央政府の統治能力向上等なくしては，程なくして紛争再発ということになりかねない.

　このように，冷戦終結後の世界では，国内平和の定着を目指す活動の拡大が見られた（表2-1）．本章では，これを「政策の多元化・重層化」と呼ぶ．すなわち，発生防止・激化防止・再発防止という3つの局面へ順次あるいは同時に関与することになり，その各局面において重層的な取り組みが行われるようになったのである.

（2）多元化・重層化の経緯

　では，なぜ，このような多元化・重層化に至ったのだろうか．その経緯について，簡潔に確認していこう．まず，1991年1月からの湾岸戦争に着目したい．前年8月に起きたイラクのクウェート侵攻・併合に対して，国連安保理決議678号による許可を得た多国籍軍による軍事的制裁がなされ，ごく短期間でのクウェート解放に成功した．米ソの対立で国連安保理が集団安全保障機能を十分に果たせなかった冷戦期には考えられない成果であり，冷戦終結を改めて強く印象付けるものであった．ただし，局地紛争に大規模な軍事力を投下し「戦勝」したことで，軍事介入による平和維持に対する過度の期待と，その後の事

38 第Ⅰ部 国際関与の理論と思想

例で軍事介入をしないことへの反発を生み出すこととともなった［藤原 2000：110
-11］．

　次に，その湾岸戦争末期の1991年3月に起きたイラク北部の人道危機をとり
あげたい．クルド人に対するイラク中央政府の抑圧は1930年代より度々なされ
てきたが，国際社会の対応は従来とは異なるものであった．イギリスからの介
入協力要請を受けたアメリカを中心に多国籍軍が結成されたのである［Power
2002：240］．この軍事介入は，冷戦終結後の「人道的介入」の第一の事例とさ
れ，クルド難民の帰還を促進したという点で相対的に高い評価を得ている
［Kaldor 2007：21；Seybolt 2007：272］．

　同時に課題も残った．第一に，国連安保理決議における脅威認定が不明確で
あった．国連安保理決議688号では，国内における文民抑圧それ自体ではなく，
「国境を越えた難民の大量流出と越境襲撃」が国際の平和と安全に対する脅威
を構成すると認定されていたのである．内政不干渉原則の例外を許容できるか
という論点に関する苦心の跡がみられるが，曖昧な認定であるとの批判は免れ
なかった．第二に，国連安保理決議における軍事行動の許可がなかった．国際
法の解釈として，武力不行使原則の例外として自衛と国連安保理決議の許可を
得た場合のみが認められている以上，少なからぬ批判を惹起した．第三に，人
道危機当事者の刑事責任が追及されることはなかった．当時，ドイツのゲン
シャー外相はサダム・フセイン大統領訴追の可能性を積極的に模索したが，実
現しなかったのである［Power 2002：481, 490］．この点に関しても，不処罰文化
が蔓延するとの批判を免れなかった．

　これらの課題を教訓として，国連加盟国は，新たな取り組みをするように
なった．第一の脅威認定の問題に関しては，1992年の国連安保理決議794号に
おいて「ソマリアの紛争によって生じ，人道支援の分配の際に起こる妨害に
よって一層悪化した人間の悲劇（human tragedy）の規模の甚大さ」自体を国際
の平和と安全に対する脅威と認定した[1]．第二の多国籍軍への軍事行動の許可に
関しては，国連安保理決議による明確な許可がなされるようになった．国連安
保理をバイパスして行われた1999年のコソボ介入，2003年のイラク戦争の印象
が強いが，軍事行動への国連安保理による許可がなされる事案の方が遥かに多
いのである．そして，第三の国際刑事裁判に関しては，1993年の旧ユーゴ国際
刑事裁判所（ICTY）・1994年のルワンダ国際刑事裁判所（ICTR）といった地域
と期間の限定された国際刑事裁判機関の設立を経て，1998年には常設の国際刑

事裁判所（ICC）の設立が決定される.

　さらには，アルーシャ和平協定の翌年に起こったルワンダの人道危機のように五年以内に国内紛争が再発する確率が約44%［World Bank 2003：76］という現実を教訓として，再発を防ぐための平和構築が検討されるようになった. 中央政府の統治能力を向上させるために選挙支援にとどまらず，武装解除・動員解除・元兵士の社会再統合（DDR），治安部門改革（SSR），司法改革などの活動がこれにあたる［UN. Doc. A/63/881-S/2009/304 11 June, 2009］. このような平和構築機能は PKO にもマンデートとして与えられるようになり，1999年に東ティモールに派遣された UNTAET は選挙支援に加え行政支援も行った.

　21世紀の幕開け前から，ルワンダでの不作為やコソボへの軍事介入での国連の不在を受けて，「人道的介入」のありかたが再び問われるようになっていた. この軍事介入基準の模索のなかで登場したのが，「保護する責任（R2P）」という概念である［ICISS 2001］. 個人の生命や安全を保護する責任は第一義的に当該国にあるが，その保護する能力や意思が欠如している場合には国際社会に責任が移るというこの考えは，主権概念の再検討を迫るものとして注目された. ただし，介入主体については，当初は個別国家による軍事介入の可能性が排除されていなかったが，2005年に国連総会で開かれた世界サミットの成果文書では，国連安保理の許可がある場合に限ると理解されるようになった［UN Document, A/RES/60/1 24 October, 2005］. ここでは明確な許可のないままなされたイラク戦争が想起されたことは想像に難くない［Bellamy 2005］.

（3）多元化・重層化の背景

　このように，紛争の発生防止・激化防止・再発防止に失敗した教訓を踏まえて新たな政策が生まれ続けた結果，多元化・重層化がみられるようになった. では，こうした多元化・重層化はなぜ可能になったのだろうか. 第2節以降の議論に備えて，多元化・重層化の背景についても検討しておこう.

　まず，確認しておく必要があるのは，多元化・重層化という現象が冷戦終結を境としてみられるようになったことである. このタイミングでの変化については，米ソ対立の終了により地域紛争が代理戦争である時代が過ぎ去り，一方的抑止が可能な環境下で警察力を投入するように介入ができる条件が生まれたためだというように，力に着目した分析ができる. また，冷戦期以前の介入に比べて目的が人権・人道の要素が強いものとなると同時に，形態が多国間主義

的なものになったためだというように，規範に着目して分析することもできる．先行研究には，前者に力点を置くもの［Haass 1999：5-6］，後者に力点を置くもの［Finnemore 2003：78-83, 97-98］，そして両者をバランスよく捉えるもの［藤原 2000：112-13］があるが，いずれの点にも異論は少ないだろう．

それゆえ，本章の問題関心からすると，次のような疑問が生まれる．政策の多元化・重層化が可能な環境が整い，実際に多元化・重層化したにもかかわらず，必ずしも紛争の発生・激化・再発防止が奏功しないのは，なぜか．節を改めて検討しよう．

第2節　奏功せぬ政策の多元化・重層化

本節では，政策の多元化・重層化にもかかわらず，激化防止に失敗する原因を検討する．先行研究の議論を3つのタイプに整理して振り返ったうえで（第1項），多元化・重層化ゆえ政策同士が衝突し効果を相殺してしまう「選択肢過剰パターン」（第2項），大国の利害が絡む地域においては実際に採ることのできる政策が限られる「選択肢過少パターン」（第3項）の2つを提示する．

（1）先行研究の三類型

なぜ，紛争の発生防止・激化防止・再発防止が必ずしも奏功しないのか．この点に関する既存の議論は，3つのタイプに整理することができる．

第一に，「行動の不足」に着目するものがある．政策が多元化・重層化しているとはいえ，国際社会には人道危機対処への意思がまだ十分ではなく，人道価値に基づく行動が不足しているという主張である［Power 2002］．このような説明は，たしかに，ルワンダのような事案には馴染みやすい．また，ジンバブエの事案について，当時のイギリス首相トニー・ブレアが「ムガベ大統領を追放したかったが，自分には一向に理解できない理由で周辺のアフリカ諸国がムガベ政権を支持し続けたため，現実的な政策ではなかった」［Blair 2010：229］と振り返るなど政策決定者にも一定程度共有されている発想だといえる．しかし，あらゆる事案について人道状況が改善しない原因を意思や行動の不足のみに求めることは難しい．むしろ，介入国の世論に平和政策のコストへの不満が生じる程度には行動を起こしている例が少なくない．

そこで，第二のタイプとして，「方法の誤謬」に着目する議論をみていこう．

例えば，再発防止策について，紛争直後の社会において早急に民主化や自由化を進めると紛争再発を助長しかねないため，選挙や市場経済の導入のタイミングに注意すべきだという議論がある［Paris 2004：7］．一般的に介入側は被介入側よりも強い立場にあるものの，外部アクターである介入者の思い描くように現地の人々が動くわけでは必ずしもない．それゆえ，外部アクターには力のみならず正当性が必要だという観点からの分析や［Higashi 2015：Lake 2016］，外部アクターと現地アクターとの相互作用に着目した分析が進んでいる［Tsing 2004］．被介入側にも目配りをする点で，有効だといえよう．ただし，人道状況改善への十分な意思を持って行動し，方法を誤らないように注意を払いさえすれば，平和政策が奏功するかには疑問が残る．時々の介入者の意思や能力によらない，より構造的な要因も検討する必要がないだろうか．

　そこで，第三のタイプである「世界の構造」に着目する議論に目を転じたい．フィアロンは，現行の国連体制の下では紛争対処の政策効果が徐々に低下してきており，これは一過性のものではなく構造的な問題であるため，国際社会は高望みをせず人道支援に集中すべきだと主張する．フィアロンは，特に，たとえ国連安保理で一致して行動を起こせたとしても，いかなる外国軍の駐留も「ジハード」を誘発してしまう点を問題視する［Fearon 2017：18, 29-30］．たしか[2]に，アナン国連事務総長がイラクにおける米軍駐留継続は治安悪化につながると懸念すると同時に米軍撤退もまた治安悪化につながるとの苦悩を2006年時点で既ににじませていたように，重要な問題である［UN Secretary General's Off-the-cuff Archives 21 Nov. 2006］．また，構造的要因に着目しようとする姿勢には学ぶところが多い．しかし，フィアロンが関心を寄せる再発防止策以外の局面や中東・北アフリカ（MENA）以外の地域にも分析対象を広げれば，実態はもう少し多様である．以下では，２つのパターンに分けて構造的要因を検討していこう．

（２）選択肢過剰パターン

　まず，政策の多元化・重層化ゆえ政策同士が衝突し効果を相殺してしまう「選択肢過剰パターン」を確認しよう．「国際刑事裁判のディレンマ」として知られる議論は，この文脈で理解することが可能である．国際刑事裁判制度が整備されてきた現在では，恩赦により人道危機を引き起こした者の地位を保障することがしづらく責任を追及せざるをえない．とりわけ，ICC 設立後の国連事

務局は，不処罰を容認する和平案は支持しないという方針を繰り返し明確にしている［UN Document, S/2004/61623 August, 2004；S/2011/63412 October, 2011］．その結果，訴追に対する当事者の不安を払拭できず譲歩への誘因が失われるため，停戦合意や和平合意を通じた人道状況改善への同意確保が困難になると考えられる．だからといって，訴追を断念して不処罰文化の蔓延を招くわけにもいかないが，国際刑事裁判が当事者の妥協を阻みかねないのである［Goldsmith and Krasner 2003；Snyder and Vinjamuri 2004］．

　例えば，2011年2月に生じたリビアにおける紛争では，2月26日に採択された国連安保理決議1970号によって事態がICCに付託された．カダフィ政権からすれば，訴追対象となりかねない行為を既に行っており，またICCが「過去を水に流す」ことはしない方針を示している以上，停戦合意や和平合意後の訴追を恐れるあまり，紛争を継続する誘因が高まるのである．

　これを人道危機における「強者」の妥協を困難にするものだとすれば，次に紹介する「人道的介入のモラルハザード」論は，「弱者」の妥協を困難にするものを指摘しているといえる．冷戦終結後の「人道的介入」の頻発により，反政府勢力が国際社会の自陣営側に好意的な形での介入への期待を抱き，政府との停戦交渉や和平交渉において妥協がなされず合意が困難になるという論理である［Rowlands and Carment 1998；Kuperman 2008］．換言すれば，あらかじめ軍事介入の基準を設定することで人道危機の発生を予防しようとするR2Pのような枠組み整備が進むあまり，当事者の妥協を阻みかねないのである[3]．

　再びリビアを例にすれば，2011年3月8日に反政府勢力の国民評議会は，カダフィ政権側が持ちかけた交渉の場に出ることを拒否した．国民評議会側が強硬姿勢を続ければカダフィ政権が武力弾圧を続けることは容易に予想がつき，国民評議会側がカダフィ政権側を軍事的に圧倒していたわけでもないため，国際社会の自陣営側に好意的な形での介入を期待していたと推測できる．

　このように，冷戦終結後の政策の多元化・重層化は，「強者」からも「弱者」からも妥協の誘因を奪うものとなった．「国際刑事裁判のディレンマ」は停戦合意・和平合意の促進という激化防止策と国際刑事裁判という再発防止策の衝突といえるし，「人道的介入のモラルハザード」は軍事介入の基準設定という発生防止策と停戦合意・和平合意の促進という激化防止策の衝突といえる．つまり，政策の多元化・重層化が政策同士の衝突を招き，かえって人道状況改善を阻害しかねないと整理できるのである［中村 2022b：167-68］．

たしかに，冷戦終結後の単極構造においては，米ソ対立の終了により地域紛争が代理戦争である時代が過ぎ去り，米英仏などの域外大国があたかも警察機能を行使するかのように介入できるほどに力が集中していた［藤原 2000：112-13］．そもそも，平和活動からの出口戦略の難しさが語られるのも，介入の時期を選ぶように撤退の時期を選べるからである［中村 2021：253］．しかし，妥協なしで所期の目的を達成できるほどの力を有してはいないのである．つまり，自国の利害が直接は関わらない人道危機に対処する余裕はありながらも，それを完全に収束させる力までは持っていないという「中途半端な力」を有する状態ゆえに起こる問題といえる．介入に際しては，道義のみならず，力の裏付け・吟味が必要であり，慎慮のうえでの「責任をもった介入」を模索すべきだろう．中途半端な策（half measures）は，無策（no measures）より悪いからである［Ignatieff 1997：96, 101］[4]．

ここで，「選択肢過剰パターン」と先行研究の第2のタイプである「方法の誤謬」との違いを確認しておこう．「選択肢過剰パターン」は，方法を誤らないように注意を払ったところで解消される問題ではない．「国際刑事裁判のディレンマ」にせよ「人道的介入のモラルハザード」にせよ，ある政策が実施されることで別の政策の目標達成が阻害されかねないことを指摘したものである．たとえ個別の政策が首尾よく実施されたとしても，政策同士の衝突を招くことになる．つまり，部分最適を積み重ねても全体最適になるわけではないという点が，ここでのポイントである．

（3）選択肢過少パターン

「選択肢過剰パターン」とは対照的に，大国の利害が絡むような地域においては，大国間戦争に拡大するリスクを避ける必要から，実際に採ることのできる政策が限られる「選択肢過少パターン」がみられる．例えば，激化防止策については，強制的な軍事介入が選択肢にのぼることはほとんどない．それゆえ，発生防止策として，「抑止力としての人道的介入」に期待することもできない．また，再発防止策については，国際刑事裁判が選択肢にのぼることはほとんどない．したがって，前項でみたような，発生防止策・激化防止策間の衝突や激化防止策・再発防止策間の衝突はまず起こり得ず，むしろ先行研究の第1のタイプの「意思の不足」でも説明がつくような事案である．

その典型例は，旧ソ連地域の紛争である．当該地域に大きな影響力を持つロ

シアが軍事介入をするような場合，欧米諸国といえども徹底した対応はとりづらい．ロシア領域内のチェチェンはもちろんのこと，1990年代のタジキスタン（CIS平和維持軍派遣という形）や2000年代のジョージア（グルジア），2010年代のウクライナ等のロシアが軍事介入をする紛争において，欧米諸国は，経済制裁等の間接的な手段こそあれ，現地の情勢を動かす直接的な手段を持たなかった．

　ただし，ロシアが常に旧ソ連圏の紛争に軍事介入をしているわけではない［Orchard and Rae 2020：180］．2010年4月にキルギスで騒乱が発生した際には政権側よりロシアへの介入要請があったにもかかわらず，ロシアは不介入の方針を貫き，人道支援のみを行った［Kuhrt 2015：105；湯浅 2015：162］．2020年7月にアゼルバイジャンとアルメニアの北部国境地域で武力衝突が発生した際には，アルメニアはロシアの主導する集団安全保障条約機構（CSTO）の加盟国であるにもかかわらず，ロシアは，アゼルバイジャンからアルメニア本国への攻撃[5]に抑制的な対応をとり続けた［富樫 2021：339］．また，ロシアが介入した場合であっても，常にロシアの思い通りに事態を動かせているわけでもない．

　にもかかわらず，欧米諸国は現地の情勢を動かすような直接的な手段を持たなかった．実際のロシアの介入度や，その目的達成度に限らず，欧米諸国の選択肢はコスト・リスクが相対的に低いものに限られていたということが，ここでのポイントとなる．

　このような「選択肢過少パターン」では，「選択肢過剰パターン」のような政策同士の衝突といった「贅沢な悩み」をそもそも持てない．これまでの平和政策論が旧ソ連地域に必ずしも十分な関心を払わなかった理由としては，欧米で主に展開してきた平和政策論においてロシアが当該地域で行っている活動は平和政策の名に値しないとの評価が主流であったことに加え，政策の選択肢がごく限られていたこともまた挙げられるだろう．

第3節　選択肢過少パターンの再検討

　本節では，まず，国際社会に「平和政策疲れ」がみられる現状は，平和政策論にとっても危機的状況であることを確認する（第1項）．次いで，「選択肢過少パターン」の分析を深めることが，平和政策論の再活性化へ向けた一里塚となると主張する（第2項）．

（1）後景に退く平和政策

前節では，旧ソ連地域を「選択肢過少パターン」の典型例としたが，2010年代半ば頃より，世界規模で事実上の「選択肢過少パターン」が増えている．大国間戦争へ拡大するリスクを直ちに恐れなくてもよい地域であっても，平和政策にかかるコストへの懸念から紛争への積極的な対処がみられなくなってきている．

この背景には，国際社会の「平和政策疲れ」がある．例えば，発生防止策・激化防止策間の衝突例である「人道的介入のモラルハザード」に関わる R2P については，その「死」について云々する「R2P 死滅説」ともいうべき議論が展開されるに至っている［Rieff 2011；Powers 2015；土佐 2017］．2000年代のダルフール，2010年代のシリアと「今世紀最悪の人道危機」が更新され続ける状況を前にして，R2P の無力を咎める声が大きくなった．そして，R2P がもはや意味を失っているのではないかとする議論が，元々 R2P 推進に消極的であった論者のみならず，積極的であった論者からも提起されている．「R2P 死滅説」の妥当性については慎重な検討が必要なものの［Chandler 2015；中村 2022a］，こうした議論が出ること自体が，政策志向性の高い平和政策論が勢いを失っていることを示している．

それでいえば，激化防止策・再発防止策間の衝突例である「国際刑事裁判のディレンマ」に関わる ICC に対しても失望する声が少なくない．2016年には，訴追対象がアフリカに偏っていることに不満を持つ南アフリカ，ブルンジ，ガンビアが脱退を宣言し，アフリカ連合（AU）は脱退を奨励する決議を採択した．その後，ブルンジは実際に脱退したものの，南アフリカやガンビアは宣言を撤回するなど，アフリカ諸国が連鎖的に脱退するといった事態には至っていない．ただし，ここで重要なのは，アフリカ諸国が個別具体的な訴追に対してのみならず，ICC が反アフリカ的性格を持っているとして，ICC 自体の公平性に不満を表明していることである［篠田 2017：27］．ICC による訴追がアフリカに偏っていることが直ちに ICC の反アフリカ的性格を意味するかについては慎重な検討が必要なように思われるが，ICC への根本的な批判が展開されていること自体が[6]，「R2P 死滅説」同様，平和政策論が危機にあることを示している．

平和政策論は，2010年代半ば頃まで，理想主義的言説の行き過ぎを懸念して動機と帰結の乖離に注意を促すタイプの現実主義者や，理想主義的言説にも特

殊利益が潜むことを暴くタイプの批判理論家から，しばしば批判の対象とされてきた［Goldsmith and Krasner 2003；土佐 2003；Kennedy 2004；石田 2011；中村 2014；五十嵐 2016］．裏を返せば，両者がそろって論難しようとするに足るだけの影響力を平和政策論が持っていたということだろう．しかし，今や，平和政策論は，その足元がぐらついている．

（2）平和政策論の再活性化へ向けて

こうした変化は，いわゆる「リベラル国際秩序の動揺」という，より広い文脈でも理解できる．「リベラル国際秩序」をめぐっては，動揺しているとする見解もあれば［Mead 2014］，動揺しているとはいえないとする見解もある［Ikenberry 2014］．納家政嗣が指摘するように，「力の分布の変化」と「単極国の多国間主義への回帰」とは慎重に区別して論じられるべきであり［納家 2013：6］，[7]オバマ政権以降のアメリカで国際秩序維持のための費用分担を他国に求める姿勢が強まっていることが，直ちにアメリカの力の低下を意味するわけではない．中国の台頭に伴い，現行秩序の形成国であるアメリカの力が相対的に低下することは否めないにしても，「リベラル国際秩序」の構成要素のうちの何についての動揺なのかを明確にして議論するべきだろう．

ここで，リベラリズムの起源を踏まえれば，リベラリズムには「多元主義的で介入に抑制的なリベラリズム」と「普遍主義的で介入に積極的なリベラリズム」という2つの立場が元々ある［Simpson 2001：537-43］．近年の「リベラル国際秩序」論争においても，前者のリベラリズムの観点から，国際社会の多元性を重視して他国の政治秩序の変更を求めるべきでないとする議論が展開されている［Allison 2018］．一方，平和政策論を支えてきたのは，後者のリベラリズムである．2つのリベラリズムのせめぎ合いが現行秩序の下でも続いてきたなかで，「普遍主義的で介入に積極的なリベラリズム」優勢の国際秩序が動揺していると理解するのが妥当だろう．

以上の議論を踏まえれば，平和政策論が一時の勢いを失っている今こそ「選択肢過少パターン」の旧ソ連地域を対象とした分析を深める必要がある．好むと好まざるとにかかわらずコスト・リスクの相対的に低い政策を採らざるを得なかった事例に着目することで，世界規模で事実上の「選択肢過少パターン」が増えている現状でもなお可能な工夫について何かしら教訓を得られる可能性がある．

従来の平和政策論は，第1節で示したように，紛争の発生防止・激化防止・再発防止に「失敗」した教訓を踏まえて新たな政策メニューを用意する形で発展してきた．その結果，多元化・重層化に至ったわけであるが，今度は選択肢が限定された状況から敢えて教訓を引き出してみるわけである．それは，平和政策論の再活性化へ向けた一里塚となるだろう．

おわりに

本章では，「多元化・重層化するほどに平和政策がなされるようになったのはなぜか」，「多元化・重層化にもかかわらず必ずしも所期の目的を達成できないのはなぜか」，そして，「一時の勢いを失っている平和政策論の再活性化のために，どのような取り組みが必要か」といった問いに答えてきた．その結論と含意，なお残されている課題を確認して結びとしたい．

冷戦終結後，紛争の発生防止・激化防止・再発防止に「失敗」した事例を教訓として，平和政策のメニューは増加し続けた．にもかかわらず，必ずしも所期の目的を達成できない要因としては，多元化・重層化ゆえ政策同士が衝突し効果を相殺してしまう「選択肢過剰パターン」（アフリカ地域が典型）と，大国の利害が絡む地域においては実際に採ることのできる政策が限られる「選択肢過少パターン」（旧ソ連地域が典型）の2つがある．「平和政策疲れ」がみられる今日の世界では，紛争が生じている地域を問わず，事実上の「選択肢過少パターン」を余儀なくされるケースが増えている．こうした状況下で平和政策論を再構築していくには，元々「選択肢過少パターン」であった地域での取り組みから，選択肢が限られているなかでできる工夫等について知見を得る必要がある．

ただし，本章では，紙幅の制約もあり，「選択肢過剰パターン」にせよ「選択肢過少パターン」にせよ，具体例を挙げるにとどまっており，平和政策の「成功」例を含めた体系的な検証には至っていない．また，欧米諸国や国連による平和政策に議論が限られており，地域機構による取り組みについても今後検討を加える必要がある．

以上のような一般化への留保は加えつつも，本章の分析を踏まえれば，今こそ旧ソ連地域を対象として仲介のような低コスト・低リスクの政策に着目した分析を行う必要性が高いといえるだろう．本書の後続論文が検討するのは，まさしく，その点である．

注

1 ）もっとも，その後の国連安保理決議では，明らかに時機を逸していたルワンダ介入において「ルワンダにおける人道危機の規模の甚大さ」（国連安保理決議929号）が脅威認定されたほかは，「東ティモールの状況」（国連安保理決議1264号）などのように抽象的な形での脅威認定にとどまっている．とはいえ，国内の状況を十分に含む表現であり，「国境を越えた」としていた国連安保理決議688号のような曖昧さはない．

2 ）この点につき，Kilcullen［2009/2017］は「偶発的なゲリラ（accidental guerrilla」という概念で説明を与える．相手（現地の反乱勢力）は当方（介入国）を侵害しようとして戦っているのではなく，当方が相手のスペースに介入してきているために戦っているのである［Kilcullen 2009/2017：xiv, 35］．

3 ）ただし，この議論に対しては，反政府側が軍事介入への期待を持つのと同様に政府は軍事介入への不安を抱くはずであるのにもかかわらず，なぜ政府側が譲歩をしないのかという的確な批判がある［Kydd 2010：109-10］．また，ボスニアやコソボ，ダルフールなどの事例において政府側や反政府勢力側が実際にそのような合理的計算をしていた点を実証できていないとの批判もある［Bellamy and Williams 2012：551-56］．とりわけ，前者の批判については今後分析を深めていく必要がある．

4 ）イグナティエフは，後に2003年のイラク戦争を支持したことから，「リベラルなタカ派」の代表例のように捉えられる．その理解は誤りではないものの，上記のような慎慮や責任についても強調するイグナティエフの重層的な主張を「リベラルなタカ派」というカテゴリーに押し込めるだけでよいのかは，再考の余地があるように思われる．

5 ）CSTO は，「集団安全保障」を冠しているものの，その実態は集団防衛（集団的自衛）を志向したものだといえる［湯浅 2015：139］．

6 ）ICC に関しては，2016年の AU による脱退奨励決議以前より，国連安保理による検察官への事態の付託が選択的に行われているのではないかといった懸念が示されていた．例えば，2012年１月の国連安保理での公開討論においては，先進国も含めて ICC の国際刑事司法制度としての信頼性への疑問が呈されている［UN Doc. S/PV. 6705（Resumption）19 January 2012］．

7 ）同様の問題意識から，極（一極か多極か）と手段（単独行動主義か多国間協調主義か）を軸に２×２のマトリックスを作って論じる試みがあるが，周到な整理だといえよう［Oudenaren 2004：63-74］．

第 3 章

仲介の理論的蓄積と課題

紛争の世紀における仲介の展望

中束 友幸

はじめに

　和平交渉の仲介は，国家間戦争や内戦などの武力紛争に対処するために，頻繁に用いられる紛争管理手段である．本章は，国際社会が取りうる平和政策のうち，紛争の激化防止や和平合意の達成のための政策を紛争管理手段と呼び，そのうちの１つである仲介の役割や効果について検討する．以上を通して，先行研究の理論的蓄積とその課題を明らかにすることが，本章の目的である[1]．

　第１章で見たように，実践としての仲介の歴史は紀元前にまで遡ることができる．現代に入ると，1940年代以降，仲介の実践は徐々に増加傾向にあったが，1990年代には大幅な増加を見せた．その要因は第２章で見たように，第二次世界大戦終結以降，内戦の発生件数が右肩上がりに増加していること，そして，冷戦の終結後，内戦に対する国際社会の関心が高まったことである．

　仲介の増加に比例して，仲介研究も現在興隆期を迎えている．仲介研究の歴史を概観すると，政治学・国際関係論系のトップ・ジャーナル[2]における仲介研究の萌芽期は1950〜60年代であった．当時の研究関心は，国連によるイスラエル・パレスチナ紛争の仲介［Hurewitz 1953］，同じく国連によるインド・パキスタンのカシミール紛争の仲介［Korbel 1953］，そしてルーズベルト米大統領による日露戦争の仲介［White 1969］であった．1970〜80年代は，国家間紛争，中東紛争，そして植民地紛争などが研究対象とされ，20年間で11本の論文が発表された．

　その後，1990年から1999年の10年間だけで43本，2000年代には94本の論文が発表され，内戦に関する研究が半数近くを占めた．この頃には，伝統的な分析手法であった事例研究に加え，計量研究が加わることで，仲介の成否に関する理論の一般化が大きく進展した．1990年代と2000年代は，仲介の理論研究を大きく支えた仲介研究の発展期といえる．そして，2010年代の論文数は124本とさらに増加し，仲介研究は今まさに興隆期を迎えている（図3-1）．

　このように，仲介に対する研究は現在活発に行われている一方で，課題も少なくない．第一に，仲介の成否の因果メカニズムに関しては，依然として不明な部分が多い．第二に，仲介研究は専ら仲介者の性質に焦点をあてているが，紛争当事者の性質にはあまり注目していない．第三に，大国による「仲介」に十分注目が集まっていない地域・事例がある．したがって，仲介研究は，これ

52　第Ⅰ部　国際関与の理論と思想

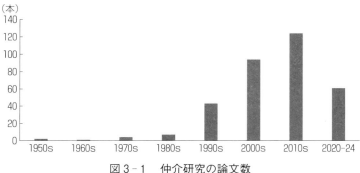

図 3-1　仲介研究の論文数
出所：筆者作成.

らの研究課題に取り組んでいく必要がある.

以下，第1節では，実践としての仲介が抱える限界や課題について見ていく．第2節では，仲介には限界や課題がありながらも，一定程度，紛争管理のために果たせる役割があることを確認し，先行研究を概観する．第3節では，それまでの議論を踏まえた上で，仲介研究の課題や不足点について指摘する．最終節はこれらの議論をまとめ，結びとする．

第1節　仲介の限界と課題

仲介は，紛争管理にどの程度効果的なのだろうか．この疑問に答える前に，まず，仲介がどの程度実践されているのかを見ていきたい．図3-2は1946年から2004年までの内戦の仲介件数であるが，仲介の実践が増加傾向であることがわかる．また，図3-3は1946年から2010年における「国際-国内紛争」[3]に対する紛争管理の件数であるが，仲介はさまざまな紛争管理手段の中で，最も実施された選択肢だったことがわかる．

では，再び冒頭の疑問に戻る．仲介の実践が増加していること，そして，仲介がほかの紛争管理手段と比較して最も頻繁に利用されていることは，仲介が紛争管理に効果的であるからなのだろうか．

こうした問題を提起する理由はいくつかある．まず，武力を伴う介入はその正当性が問題となるため，実行のハードルは高い．次に，国連による平和維持活動は，紛争当事国の受け入れの同意および国連安保理の決議が必要となるため，やはり実行のハードルは高い．また，仲裁裁判の場合，紛争当事国双方の

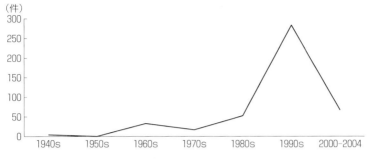

図3-2　内戦の仲介（1946-2004年）
出所：DeRouen, Bercovitch and Pospieszna [2011] より筆者作成.

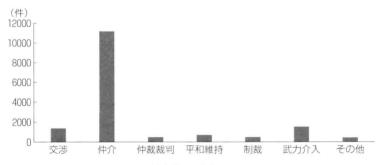

図3-3　紛争管理手段（1946-2010年）
出所：Diefl, Owsiak and Goertz [2021] より筆者作成.

合意を必要とし，さらに，判決には法的拘束力を伴う．一方，仲介の場合，仲介の申し出，受け入れ，そして仲介プロセスからの離脱は，すべての当事者に委ねられている．したがって，直感的には仮に仲介によって合意が結ばれたとしても，その有効性は疑わしい．つまり，仲介は紛争管理に効果的ではないかもしれないが，その実行のハードルがほかの紛争管理手段に比べて低いために，使い勝手の良い紛争管理手段として利用されているだけではないだろうか．

以上のような懐疑的な見方に対し，仲介の紛争管理での有効性を主張する研究は多いが，その効果には限界や課題があることを指摘する研究も少なくない．以下では，仲介の限界や課題について指摘する研究を見ていく．

（1）「仲介のディレンマ」

仲介の効果は短期的にしか継続しないとする研究がある．例えば，Gurses,

Rost and McLeod［2008］は，1945年から1995年の内戦の仲介を分析し，交渉による合意から紛争再発までの期間，つまり，平和が持続する期間は，仲介による合意の方が仲介のない合意よりも短いと指摘する．Gartner and Bercovitch［2006］によると，国際的な紛争管理のデータセット（1945年から2003年における国家間紛争，内戦，そして，武力衝突には至らないが武力行使の威嚇を含む紛争の仲介に関するデータ）を分析したところ，交渉による合意は8週間しか持たない可能性が高いという．

　仲介を試みなければ紛争は継続し，激化する可能性さえもある．しかし，仲介は短期的な平和を達成できても，その後，紛争は再発しやすくなる．これをBeardsley［2011］は「仲介のディレンマ」と呼ぶ．なぜ仲介の効果は短期的なのだろうか．

　第一に，Beardsley［2008］は，紛争当事者に対する仲介者の影響力は，和平締結後，徐々に弱まると指摘する．平和を長期的に保つには，ある程度継続的な資源の投入や影響力が必要である．しかし，仲介者が持つ資源や能力には限りがある．また，和平締結後，仲介者は，ほかの未解決の紛争に関心や資源を移す可能性もある．したがって，時間が経つにつれ，紛争が再発する可能性が高まることが指摘されている．

　第二に，仲介者はしばしば，援助の増加，あるいは停止といった手段を用いて妥協を引き出そうとすることがある．しかし，このような手段を用いた早急な和平の妥結は，紛争の根本原因に対処し，双方がある程度納得した形で紛争を解決した状況を作り出しているわけではない．したがって，このような仲介による合意は，短期的に終わる可能性がある［Beardsley 2011；Gurses, Rost and McLeod 2008］．

　第三に，仲介は解決が困難な，いわゆる「ハード・ケース」で起きるために，仲介の効果は短期的であるとされる［Gartner and Bercovitch 2006］．すなわち，仲介が必要とされる紛争は，紛争当事者のみでは解決に至らない事例である．したがって，仲介が起きるということは，解決がそもそも困難な紛争である可能性が高く，仮に合意に至っても，その合意は長期的に継続する可能性は低いとされる．

（2）「過剰な仲介と過小な仲介」

　仲介の限界や課題の二点目は，第二章で指摘した平和政策の問題とも関連す

る．仲介は頻繁に用いられる紛争管理手段であるが，必ずしも無作為に起きる
わけではない［Greig 2005；Gartner and Bercovitch 2006］．したがって，武力紛争
の数に対し，比較的多く仲介が実践された「過剰な仲介」地域・紛争もあれば，
武力紛争の数の割には，仲介が少ない「過小な仲介」地域・紛争も存在する
［Greig and Diefl 2012］．

　まず，仲介者は紛争を選ばず関与するわけではない．例えば，国連やNGOs
などは，紛争管理や解決を存在理由としている以上，人道的な動機に基づきあ
らゆる紛争に関与する可能性が高い．一方で国家は，同盟国，隣国，旧植民地，
そして，経済的利害のある地域での紛争に関与する可能性が高い［Greig 2005；
Melin and Svensson 2009］．

　次に，紛争当事者も無作為に仲介を受け入れるわけではない．実際，大国が
紛争当事者である紛争では，仲介は起こりにくい［Greig 2005］．なぜなら，大
国に対してレバレッジ[5]を行使できるような仲介者はほとんどいないからである．
また，大国は第三者によって干渉されたり，紛争解決を自国のみで目指すこと
を制限されたりすることで，大国としての面子を失うことを嫌うからである．

　ほかにも，アジア地域や中南米地域は，ヨーロッパ，アフリカ，そして，中
東地域と比べると，武力紛争の数のわりに仲介の実践が比較的少ない［Greig
and Diehl 2012：41-47］．この理由は，仲介の提供側と受け入れ側の双方の観点
から説明できる．

　第一に，紛争予防，紛争管理，そして，平和構築などの平和政策を実施する
ことができる国際組織や地域機構は，ヨーロッパに多い．また，中東やアフリ
カの地域機構の憲章には，紛争管理についての規定が明記されている場合も多
い．

　第二に，特に東南アジア地域に代表されるように，内政不干渉の考えが比較
的強いとされる地域は，外部による干渉を好まない傾向にある．また，このよ
うな地域には，紛争管理を担うような地域機構が存在しない場合もある．

（3）「邪な目的」

　仲介は，使い勝手の良い紛争管理手段である可能性が指摘されているが，実
際に紛争当事者は，紛争管理以外の動機で仲介を受け入れたり，要請したりす
ることがある．Richmond［1998］はこれを「邪な目的（devious objective）」と呼
ぶ．例えば，紛争当事者は，仲介を受け入れる真の目的が軍隊の再軍備や再編

成であるにもかかわらず，表面上は和平へのアピールを強調するなど，仲介を戦術的な時間稼ぎとして利用するかもしれない．あるいは，国際的，または国内的正当性の確保のために仲介を利用するかもしれない．

例えば，スリランカ内戦では，国内の不満や批判をかわすために，スリランカ政府はノルウェーに仲介を要請したといわれている．具体的には，多くの死傷者やインフラの破壊，紛争による経済の低迷，さらには内戦の平和的解決を目指す野党の議会選挙での勝利などが仲介要請の背景にあったとされる．他方，反政府組織側のタミル・イーラム解放のトラ（Liberation Tigers of Tamil Eelam）がノルウェーの仲介を受け入れた理由は，国内のタミール人を代表する唯一の組織であるという正当性の獲得，ならびにタミール・ディアスポラによる支援の拡大が狙いであったとされる［Beardsley 2009］．

また，仲介者の関与の目的が人道的動機だけに基づくとは限らない．第1章で述べたように，国家による仲介者の目的の1つは，自己利益の追求であり，それは政治的・経済的利害に関連している．それゆえに，国家による仲介者は，合意が自国の利害関心に不利になるような状況では，合意の締結に消極的になり，紛争を長引かせる可能性さえもある［RazaeeDaryakenari and Thies 2018］．

第2節　紛争管理の役割

仲介には限界や課題がある．特に仲介による合意は，長期的な平和には貢献しない可能性があるという指摘は根強い．しかし，これらを踏まえても，なぜ仲介の実践が増加しているのか，そして，なぜほかの紛争管理手段に比べて頻繁に利用されているのか，上記の研究は十分に答えていない．実際，仲介による平和が長期にわたって継続している事例も少なくない．

これらの疑問へのシンプルな答えは，やはり仲介は，紛争管理に効果的な役割を果たすことができると考えられているから，というものである．では，具体的にどのような役割を仲介者は果たすことができるのであろうか．紛争を解決するためには，紛争当事者の双方が多かれ少なかれ妥協をしなければならない．しかし，妥協に至るまでに多くの障害に直面する．仲介者はこの妥協の障害を取り払う，あるいは緩和することで，双方から妥協を引き出す役割を担うことができるとされている．

以下では，紛争当事者の妥協を困難にする状況と，そこでの仲介者の役割を

見ていく.

（1）情報提供

第一に，妥協を困難にする障害の1つが「情報の不確実性」である［Walter 2009］.これは，紛争当事者が戦闘や交渉で有利に立つために，実力や戦闘（継続）への意志といった情報を誇張したり，操作したりするインセンティブを持つがゆえに，お互いに相手の情報を信用することができないという問題である.

このような状況下では，仲介者は情報伝達を行うことによって，和平合意を促進する役割を担うことができる.具体的には，実際の軍事力や戦闘の意志を双方に伝えることで，紛争当事者が持つ紛争勝利への期待と現実とのギャップを明確化したり，それによって，極端な要求を緩和させ，双方が妥協可能な範囲を明らかにしたりするなどして，交渉を促進する役割を担う.あるいは，シャトル外交のように，双方の陣営を行き来しつつ，紛争当事者によって送られた情報を，片方が誤解しないようコミュニケーション・チャンネルの役割を担うこともある.さらに，紛争の状況や解決策に関して，双方が異なる見解を持っている場合に，セカンド・オピニオン的な役割を担うこともある.

では，どのような仲介者が情報提供の役割に適任なのだろうか.この問題は，中立な仲介者とバイアスのある仲介者のどちらが紛争管理に効果的かという問題に直結する.この仲介者の中立／バイアスの問題は，すでに1980年代から議論がなされており，仲介研究の中で最も論争的かつ，長らく議論されてきたテーマである［Touval and Zartman 1985］.現在では，どちらか一方の紛争当事者にバイアスのある仲介者の方が，中立な仲介者よりも効果的であるとする議論が活発に行われている.

情報提供の役割に関して，Kydd［2003］はゲーム理論を用いて，中立な仲介者は相手の戦闘の意志や能力といった情報について嘘の情報を伝えるインセンティブがあると論じる.一方で，バイアスのかかった仲介者は，自らの側に対しては本当の情報を伝えるとして後者の優位性を指摘する.しかし，そもそも紛争当事者も仲介者に対して嘘をつくインセンティブがあるという指摘もしばしばなされる.そのため，仲介者の中立性やバイアスに関わらず，情報提供の役割には，交渉による合意を促進する効果はないとする研究もある［Smith and Stam 2003］.この点に関し，Savun［2008］は国家による仲介に焦点をしぼり，同盟関係や経済的関係を持つ仲介者，あるいは独自に紛争に関する情報を入手

58   第Ⅰ部　国際関与の理論と思想

できるインテリジェンスや技術を持つ仲介者が情報提供の役割を担った場合，交渉による合意を高めるという結果を計量分析によって示している．

（2）第三者による安全の保証

　第二に，コミットメント問題も紛争当事者の妥協を困難にする［Walter 2009］．紛争当事者は，たとえ紛争より交渉による合意を好んでいたとしても，合意した内容を将来反故にしたり，あるいは自分の側に有利なように利用したりしないということを，信憑性を持ってコミットできない．そのために，合意形成が困難になるという問題である．この問題は，和平合意後，相対的に得るものが多いと予想される側にとって，特に深刻化しやすい．

　このような状況下では，仲介者が合意プロセスを監視したり，履行が不十分な場合に圧力をかけたりすることを約束することで，問題に対処することができる．なお，実際の合意プロセスの監視は，仲介後の紛争管理手段となるため，ここはあくまで監視や圧力の約束のみである．一方で，コミットメント問題が顕在化するのは交渉中のフェーズであり，仲介者はこの問題に対処する必要がある．

　具体的には，紛争当事者は動員解除や武装解除後，脆弱な状況に身を置かれる．そこで，双方の安全が保証されるように，国連が平和維持部隊を展開し停戦を監視したり，あるいは，多国籍軍が武装解除の監視業務を行ったりする．これらによって，紛争当事者が合意を履行しなかったり，あるいは，合意を反故にしたりする際のコストを引き上げ，合意締結の可能性を高めようとする．例えば，Walter［2002］は，上記に例示したような「第三者による安全の保証」が，内戦での交渉による合意の可能性を高めるという研究結果を示す．

　では，「第三者による安全の保証」は，どのような仲介者が実施する場合に効果的なのだろうか．ここでも再び中立／バイアスが論点となる．しかし，この役割に関しては，バイアスのある仲介者と中立な仲介者の双方とも効果的であるとする研究がある．

　Svensson［2007］はまず，内戦において政府側に武器の支援や経済支援をしたことのある仲介者は，交渉による合意を高めると指摘する．これは合意によって政府が失うものよりも，反政府側が得るものの方が大きいことによる．反政府側は，組織としての正当性が国内外から認められ，選挙や権力分掌によって統治機構に参加できるようになり，よって，政府が持つ政治的，経済的

リソースに公式にアクセスできるようになる．このようにして，政府が持つ権威は合意前よりも相対的に低下する．このような状況下では，反政府組織が合意を履行しなかったり，反故にしたりするのではないかという懸念を政府側は抱く．したがって，政府はこの懸念に対処するために，政府側にバイアスのある仲介者を要請し，これが合意の可能性を高めるとされる．

さらに Svensson［2009］は，中立な仲介者も和平合意の可能性を上げる点を指摘する．例えば，国連などの仲介者は，「第三者による安全の保証」を約束したのにもかかわらず，それを実施しない，あるいは実施が不十分であった場合，紛争管理アクターとしての評判を著しく損ない，その後の平和活動に大きな支障をきたす可能性がある．したがって，中立な仲介者による「第三者による安全の保証」は，政府側にバイアスのある仲介者同様に，その約束の実行可能性は高いとされる．

（3）飴と鞭（賞罰）の提供

妥協への障害の3つ目の要因は，紛争当事者が争っている資源，あるいは争点を分割することができないという問題である［Walter 2009］．それは領土に関わるものであれ，政治，文化，あるいはアイデンティティーに関わるものであれ，双方が望むものは片方が全てを諦めることなくして，もう一方が得ることができない，ゼロサム的な状況である．

イスラエルとパレスチナ紛争におけるエルサレムをめぐる問題は，ゼロサム的な紛争の典型例として挙げられる．このようなとき，仲介者は飴と鞭（賞罰）を用いて妥協を引き出すことができる．例えば，経済援助や軍事支援などについて，増やす，減らす，一時的に停止する，あるいはそれらの脅しを用いて，紛争当事者双方に対して妥協案を受け入れさせようとしたり，要求を諦めさせたりすることがある．具体的に，アメリカやロシアなどの大国，紛争当事者と経済協定や軍事同盟を結んでいる国，そして，旧宗主国や地域大国も，紛争当事者とのつながりが強いために，レバレッジを行使できる可能性がある．このようにして，仲介者は鞭により紛争継続のコストを，飴によって妥協することの利益を上げる役割を担う．

この役割は，紛争当事者に圧力をかけ，合意を半ば強制する点で上記の2つの役割とは性質が異なる．ではこのような「力」を用いる仲介は，どの程度，あるいはどのような場合に効果的なのだろうか．例えば Gartner［2014］は，

60 第Ⅰ部 国際関与の理論と思想

「力」による仲介が「ハード・ケース」で起きる傾向にあることを考慮すると，国際的な紛争管理のデータセットを元にした計量分析によって，完全な合意の可能性が高まることを示す．Sisk［2009］はまた，ゲーム理論に基づく交渉理論を用いて，半ば強制的な仲介は，和平プロセスを妨害するスポイラー的な行動をとる紛争当事者や勢力に対処する点で優れていると主張する．具体的に，南アフリカ，リベリア，ブルンジ，スリランカ，ならびにカシミール紛争の比較事例分析を用いて，「力」による仲介の有効性のメカニズムを，スポイラー管理の観点から明らかにしている[7]．

第3節　仲介研究の課題

　冷戦の終結以降，仲介研究の量は飛躍的に拡大し，現在ではその興隆期を迎えていることは冒頭で触れたとおりである．当初は，国家間紛争の仲介に関する研究から始まった仲介研究であるが，近年では仲介における AI の役割［Hirblinger 2022］，サーベイ実験を用いた世論の和平合意案への支持［Loizides et al. 2022］，仲介者とジェンダー［Kreutz and Cárdenas 2024］，そして，仲介における市民社会アクターの包摂［Pring 2023］に関する研究など，研究関心や分析手法は広がりを見せている．

　その一方で，軍事介入，平和維持，経済制裁，そして開発援助といったほかの外交政策ツールと比較して，仲介は依然として研究が不十分な領域であることも指摘されている［Wallensteen and Svensson 2014 : 315-16］．確かに，これまでに見てきた研究成果は，仲介の政策的有効性を検討し評価する上で重要である．一方で，仲介理論は依然発展途上であり，仲介の実践と仲介理論の間には未だ小さくないギャップが存在する．

　以下では，仲介研究が抱える研究課題のうち，分析手法，理論，そして，地域的課題について本書全体に関わる点を見ていく．

（1）仲介の成否のメカニズムと事例研究

　仲介は交渉による合意を導く可能性がある一方で，仲介による合意は長続きしないことが指摘されている．それはなぜなのだろうか．

　先行研究では，計量研究を中心として，あくまで統計的にそのような傾向が見出されることを示してはいるが，なぜ，そして，どのようにして仲介による

合意が短命に終わるのか，その因果メカニズムに関しては十分に明らかにされていない．仲介理論を発展させ，より効果的な仲介の実践につなげていくためには，仲介の成否に関する因果メカニズムの解明が求められる．この点に関し，事例研究は有効な分析手法の1つである．

確かに計量研究は，ラージNデータを用いて，説明変数と非説明変数との間の関係性を明確化し，理論の一般化を志向することで，仲介理論の発展に貢献してきた．実際，本章で取り上げた先行研究のほとんどが，仲介研究の発展期および興隆期における計量研究である．一方で，これらの研究結果には留保が必要である．なぜなら計量研究は，分析対象，分析スパン，統計モデル，変数の測定方法，そして成功の定義などがそれぞれ異なることがあり，それゆえに，全く異なった分析結果を導き出してしまうこともある．

これに対して事例研究では，単一，あるいは少数の事例について，固有の事情や背景を考慮に入れつつ，交渉による合意が締結される（あるいは拒否される），または，締結された合意が継続する（あるいは破られる）といったプロセスを詳細に描くことが可能である．したがって，どのような因果メカニズムで仲介は失敗するのか，あるいは成功するのかを検証し，ほかの分析手法を用いて導かれた理論の妥当性を評価する上で事例研究は有効な分析手法である．

（2）紛争当事者の性質

理論的な課題としては，紛争当事者の性質への注目が十分でない点が挙げられる．先行研究は，バイアス，戦略，「力」／レバレッジなど，仲介者の性質には注目しているが，被仲介者である紛争当事者への性質には十分な注意を払っていない．

なお武力紛争の半数近くで，複数の仲介者が関与していることから［Greig and Diehl 2012：73］，仲介者間の協力や協調などに焦点をおいた研究は少なくない［例えばCrocker, Hampson and Aall 1999］．これらの研究が示唆する点は，仲介者が一枚岩ではないことが多々あるように，紛争当事者も一枚岩とは限らないということである．

例えば内戦の場合，武装勢力の形態として，政治部門と軍事部門が別々に存在する場合が多い．また，武装勢力はしばしば分裂したり同盟を組んだりすることもある．一方政府側には，与党，野党，議会，軍部，そして宗教勢力などさまざまな利害関係を持ったアクターが存在する．また，政治的指導者は，選

挙，あるいは，内部抗争などによって交代することもある．そして，これらの
紛争当事者の内部アクター間のまとまりや相互作用が，紛争の激化や沈静化に
大きく影響することは容易に想像できる．

　しかし，紛争当事者の性質に焦点を当てた仲介研究はほとんどない．確かに，
紛争当事者内部のまとまりや相互作用に関して，仲介者が影響力を行使するこ
とは容易ではない．一方，仲介者の戦略などは，仲介者側がある程度コント
ロールできる要素である．

　だからといって，仲介者は紛争当事者内部のダイナミクスに無関心，あるい
は，非関与な態度をとってきたわけではない．例えば，中東紛争の和平交渉で
は，中東および欧米諸国が，分裂するパレスチナ内部アクター間の融和を促進
してきた［Qarmout 2024］．この背景にはやはり，当該紛争の仲介の成否に，紛
争当事者内部の動向が大きく影響するという認識があるからにほかならない．

　さらに，紛争当事者の内部アクター間のダイナミクスから，先に触れた「邪
な目的」に基づく仲介の要請，あるいは受け入れを説明することも可能であろ
う．これらを踏まえ，仲介理論の発展のために，紛争当事者の性質に注目した
研究の進展が望まれる．

（3）大国による「仲介」

　国連とならんで，第二次世界大戦後以降の伝統的な仲介者は大国である．し
かし，大国が関与した仲介の中でも，仲介者としての役割が軽視されている地
域・紛争がある．

　旧ソ連地域の紛争はその代表例である．ロシアの関与は国際社会を代表して
というよりも，地域大国による恣意的な関与であり，非自由主義的な性格を
持っている．そのため，ほかの地域や事例に比べて，仲介研究が十分になされ
ていない地域や紛争がある[8]．それに加え，第1章でも触れたように，大国によ
る「仲介」は中立的な関与とは程遠く，ときに軍事介入によって紛争当事者に
なることも辞さない「武力による仲介」であることも少なくない．そのため，
非抑圧的手段によって平和を達成するという，仲介者本来の役割が軽視される
傾向にある．アメリカによるアフガニスタンやイラクへの関与も「武力による
仲介」の側面を持つ例として挙げられるだろう．

　しかし，これらの地域や事例に注目することは，仲介研究，あるいは仲介政
策の観点からも重要である．まず，「第三者による安全の保証」で触れたよう

に，仲介はほかの紛争管理手段とも密接に関わる．したがって，仲介の有効性を議論する上で，武力行使を選択肢として持つ大国による仲介と，ほかの紛争管理手段との棲み分け，あるいは連続性を分析することは重要である．例えば，仲介と平和維持は，平和の達成において相殺効果を持つとする研究［Greig and Diehl 2005］もあれば，特定の条件では相乗効果を持つという研究［Clayton and Dorussen 2022］もある．

　次に，仲介者の飴と鞭の役割に関連する点である．ロシアやアメリカのような大国は，しばしば飴と鞭を用いた仲介を用いることが多いが，大国による内戦の仲介は，短期的な平和しか達成できないとする研究もある［Gurses, Rost and McLeod 2008］．これは大国による「力」による仲介が，「仲介のディレンマ」をより深刻化させている可能性を示唆している．

　このように，仲介の役割が比較的見過ごされている地域・紛争における，大国の「仲介」に焦点を当てることは，仲介の成否や長期的平和との関係，さらには，大国が関与する紛争では仲介が起こりにくかったり，申し出が拒否されたりする可能性が高いという「過小な仲介」の問題を考察する上でも重要である．

おわりに

　本章では，まず，仲介がほかの紛争管理手段に比べ最も利用されていること，また，仲介研究が現在興隆期を迎えていることを確認した．その上で仲介には，「仲介のディレンマ」，「過剰な仲介と過小な仲介」，そして「邪な目的」といった限界や課題がある一方で，情報，安全保証，そして飴と鞭を提供することで，仲介者は紛争当事者から妥協を引き出すことが可能である点を指摘した．さらに，これらの役割に関する研究の理論的蓄積を概観した．最後に，事例研究を用いた仲介の成否の因果メカニズムの解明，紛争当事者の性質に関する理論枠組みの構築，そして，大国による「仲介」に十分注目が集まっていない地域・事例の研究の重要性を研究課題として指摘した．

　仲介は，軍事介入や経済制裁といった抑圧的な手段に訴える前に，紛争予防から紛争の激化防止，そして交渉による合意の締結までをもたらしうる，平和的政策手段の1つである．例えば，ルワンダ，アゼルバイジャン（ナゴルノ・カラバフ），ソマリア，スリランカ，スーダン（ダルフール），シリア，そしてイエ

メンなどでは、国際社会が期待したような成果を仲介は上げることができなかったが、ニカラグア、モザンビーク、ボスニア、北アイルランド、タジキスタン、インドネシア（アチェ）、スーダン（南スーダン）、ケニア、フィリピン（ミンダナオ）、そしてコロンビアなどでは成果を上げている。また、後者の事例に関しても、失敗した（無数の）仲介の上に和平合意の締結や永続的な平和の達成がある。

このように見てみると、仲介による合意は、短期的にしか継続しない場合もあれば、長期的な平和につながる場合もある。それはなぜだろうか。あるいは、仲介者はそもそも、自己拘束的（self-enforcing）な合意[9]を促進することができるのだろうか。仲介は、今後も重要かつ、頻繁に用いられる紛争管理手段である可能性が高い。したがって、武力紛争の発生件数が第二次世界大戦以降最悪のペースで推移し、いわば紛争の世紀といえる今日（第2章参照）、紛争の激化を防止し、長期的な平和を根付かせるために、この難問に取り組んでいくことが仲介研究の最も重要な課題である。

注
1）本章は紙幅の都合上、仲介の有効性の議論のみを基本的な考察対象としている。しかし、2010年代以降、仲介の発生に関する議論も活発になされるようになった。後者の研究に関するレビューは、例えばHellman［2012］を参照。
2）無論、政治学・国際関係論系のトップ・ジャーナルが仲介研究の全てを網羅しているわけではない。ジャーナルによっては対象地域や分析手法について偏りもある。例えば、地域研究系のジャーナルであれば、仲介に関する事例分析が多く載っているだろう。このような限界はあるものの、ここでの目的は、仲介研究の中心的な学問分野である政治学や国際関係論のジャーナルを追うことで、仲介研究のトレンドを大まかに捉えるというものである。なおジャーナル選定基準としては、政治学・国際関係論系のジャーナルで、インパクト・ファクターが概ね100位以内のものに加え、専ら武力紛争の交渉や仲介に関する研究に特化したジャーナルとしている。
3）例えばイエメン内戦では、一方をサウジアラビア、もう一方をイランが支援しているといった具合に、国家間の対立構造が反映されている内戦も多い。このような紛争は「国際的国内武力紛争」や「国際化された内戦」と呼ばれる。
4）交渉による合意には、停戦合意（軍事行動の停止）と和平合意（紛争の争点に対処）が含まれる。また後者は、紛争解決のためのプロセスを開始することに合意する「和平プロセス合意」、紛争の争点の一部を解決することに合意した「部分的合意」、紛争の争点の解決を合意した「完全な合意」の3つに分類可能である［Kreutz 2010；Högbladh 2022］。
5）ここでのレバレッジとは、飴と鞭（賞罰）の提供、あるいは、規範などに訴えること

で，仲介者が紛争当事者に影響を及ぼし，交渉による合意に近づける力を意味する．

6）注4を参照のこと．

7）本章で挙げた3つの役割のほかにも，仲介者が果たせる役割はある．例えば，国内の政治的制約が紛争当事者の妥協を困難にしているとき，仲介者は政治的隠れ蓑として仲介を提供することで，政治指導者の面子を保つことができる．交渉で政治指導者が譲歩の姿勢を見せたり，当初の約束を取り消したりすることには，野党からの批判，選挙での敗北，軍部の離反，そして政治指導者の暗殺など，多くのリスクを伴う．特に，政治指導者が，より好戦的な立場をとることで，民衆，軍部，あるいは政治的エリートといった権力支持基盤と繋がり，権力的な立場にとどまろうとしている場合，現状維持からの離脱（妥協）は制裁を受ける可能性を高める．この役割に関し，Bearsley［2010］は，妥協が国民からの支持率に悪影響を及ぼしそうな場合，仲介が起きる可能性が高くなるとする．ただし，この役割は，仲介の発生の議論に関するものである．したがって，本論で触れた仲介の有効性に関する3つの役割とは，観点が異なることに注意が必要である．

8）なお，タジキスタン内戦，ウクライナ紛争（2014年），そしてナゴルノ・カラバフ紛争に関する仲介研究は比較的多い．これらの事例では，ロシア以外に国連や欧州連合，あるいは，欧州安全保障協力機構（OSCE，あるいはその前身の欧州安全保障協力会議：CSCE）も仲介者として関与した．一方で，ロシアが「仲介者」とも「紛争当事者」とも判断し難い事例，あるいは，ロシア以外のアクターの紛争管理の役割が，ロシアによってかなり制限されている事例では，仲介研究はあまり注目しない傾向にある．

9）第三者によって強制されるのではなく，紛争当事者自ら進んで合意を遵守することである．

第 4 章

被介入主体を組み込んだ仲介の成否モデル

紛争当事者内部アクターの一体度への注目

富樫 耕介・毛利 裕昭

はじめに

　第3章で考察したように仲介に関する研究は非常に増えている．しかし，これらの研究は，主に介入主体（外部アクター）側に注目し，被介入主体，すなわち紛争当事者側の特徴が仲介の成否にいかなる影響を与えるのか，十分に示すことができていない．そこで本章では被介入主体を分析に組み込んだ仲介における成否のモデルを提示することを目的とする．

　ここで本章が述べる仲介の成功とは，2つの段階から構成される．フェーズ1では，停戦合意や和平合意に妥結することが求められ（合意形成段階），フェーズ2では同合意が履行されることが求められる（合意履行段階）[1]．仲介の成功とは，フェーズ1の合意形成のみならず，フェーズ2の合意履行に至らなければならない．以上のことから，仲介の成否のメカニズムを考える際には，フェーズ1とフェーズ2，それぞれの段階においてどのようにして合意が妥結（もしくは頓挫）し，また履行される（もしくは破綻する）のかというメカニズムを考察する必要がある．以上が本章の主要な課題となる．

　以下では，この課題に取り組むために，まず既存の仲介研究がどのような条件下で仲介が成功しやすいと述べているのか，3章の議論を踏まえてまとめる．本章は，外部アクター（仲介者）が紛争地に働きかけることで，和平交渉を前進させることができる可能性を既存研究は示唆していると認めつつも，紛争当事者に注目した研究が少ないという課題が残っていることを確認する．このため，紛争当事者自身がどのような状況下で仲介を受け入れ，和平合意が妥結し，履行されるのかという点には疑問が残っていることを確認する．これに対して本章は，2レベル・ゲーム（紛争当事者間の交渉と，紛争当事者内部における意見の集約）という観点に注目し，特に紛争当事者内部の一体度が重要ではないかという仮説を立てる．

　一体度とは，理論的には以下のように捉えることができる．各アクターを特徴づける複数の相互独立な政策を選び[2]，各々の政策についての評価が当事者間でどれほど一致しているのかを計算した上で，各政策の重要度に応じて重みを付け，和をとったものとする[3]．特定（単一）の政策に関する一体度は，当事者の当該政策に関する評価関数の重なり度合い（後述）から算出できるものと仮定する．そして，特定の一体度の増減は，紛争のコストと利得によって影響づ

けられると仮定する.

　以上のように理論的に測定可能な紛争当事者内部の一体度を合意形成段階・合意履行段階の2つのフェーズに分け，二分法で示し類型化する．ここでは「紛争を継続しない」（和平）という政策に対する評価で一体度を測定する．以上の結果，4つの仮説モデルを提示する.

　すなわち，合意形成段階の一体度が高く，合意履行段階の一体度も高い「タイプⅠ」，前者は高く後者は低い「タイプⅡ」，前者は低く後者は高い「タイプⅢ」，最後に前者も後者も低い「タイプⅣ」である．「タイプⅠ」は合意が妥結し履行される可能性が高く，「タイプⅡ」は合意が妥結するも破綻する可能性が高い．「タイプⅢ」は，合意を主導した指導者の政治基盤が盤石であれば合意履行の可能性を残し，「タイプⅣ」は合意妥結も履行もされない可能性が高いと本章のモデルは提示する.

　以上に基づき紛争当事者間の一体度を組み合わせ，和平合意の妥結と履行の可能性を示す．すなわち双方ともに「タイプⅠ」が合意の妥結と履行を齎し，いずれか一方が「タイプⅣ」の場合は，妥結も履行もされない．いずれかが「タイプⅠ」で，他方が「タイプⅢ」の場合は，一方において合意の妥結が困難になる．またいずれかが「タイプⅠ」で，他方が「タイプⅡ」の場合は，一方において合意の履行が困難になる．本章は，これらのケースにおいて国際社会の支援（仲介）が重要な意味を持つと示唆する.

第1節　外部アクターによる介入の形態

　ここでは，仲介がいかなる条件下において成功しやすいと指摘されているのかをまずまとめたい．なお，前もって述べれば，これらの研究では，紛争地に対して外部アクターがどのような形で介入を行えば，仲介は成功しやすくなるのかという点を論じている．従って，外部アクター側からの働きかけ，あるいは外部アクター側が整備するべき条件に主たる関心がある.

（1）紛争の発生メカニズム

　一般的に合理主義者は，紛争の発生を以下のように捉える．すなわち，紛争当事者が分割できないと考える価値を巡って対立し（価値の不可分性），相手側に対する十分な情報がないため相手側の予測ができず（情報の不確実性），これ

が相手側に対する不信感を生み，仮に交渉をしたとしても相手側が合意を履行するという保証が得られないため（コミットメント問題），武力紛争を不可避にしていると考える［Fearon 1995；Walter 2009］.

　従って，紛争を生み出しているこうした問題に対処することができれば理論的には紛争は終結することになる．また紛争のコストが増加し，戦況が悪化すると（勝利の見込みの低下），和平を受け入れる利得（あるいは拒否することで生じるコスト）が増加し，これらが紛争に勝利した結果得られる利得を上回れば，和平交渉を受け入れる可能性は高まる.

　仲介研究は，どのように仲介すれば，このような環境を外部から整備することができるのかを明らかにしようとしている.

（2）仲介によって整備すべき要素

　第3章の議論を振り返り，介入主体が仲介に際して整備する必要のある要素は表4‐1のようにまとめられる．但し，以下の要素は，同じ重みを持つわけではない．例えば，③の合意を保証する枠組みが構築されなければ，紛争当事者間に情報が提供され，中立的な交渉と解決策が提示されても合意の実現可能性は不透明に残るままである.[4]　また合意を保証する枠組みを機能させるのが，パワーを保持した仲介者による賞罰（飴と鞭）の提供である．従って③と⑤は，外部アクターによる仲介において，まずもって注目するべき要素であるといえよう．特に⑤は仲介研究も最も重視している要素である．⑤について一点付言すると，紛争当事者が大国である場合，外部からの賞罰の提供，特に圧力の行使は困難になることも踏まえる必要がある.[5]

　これに対して，①，②は実際の紛争事例において観察し，測定することがどれほど可能なのかについて議論が分かれる部分もあるだろう．事実，仲介者がどのような情報を紛争当事者に提供しているのかについては対外的に明らかにされることが珍しい．また仲介者が紛争に対してどのような利害関係者であるのかは，当該外部アクターを取り巻く環境から推測可能だが，問題点も残っている.

　具体的には，紛争当事者が仲介者の関与をどの程度，政府寄り・反乱勢力寄り，あるいは中立だと認識しているのかは不透明な部分が残るということである．従って，政府寄りだが許容できるレベルか，それとも全くに信頼に値しないと認識しているのかを外部から判断するのは慎重にならざるを得ない．さら

72　第Ⅰ部　国際関与の理論と思想

表4-1　介入主体側が仲介に際して整備する必要のある要素

項　　目	説　　明
①情報提供	紛争の原因は，非対称な情報にあるため，十分なコミュニケーションができない紛争当事者双方に情報を提供することで問題の改善を模索する．定期的・常設の交渉チャンネルに加え，シャトル外交などによる情報提供が考えられる．
②交渉の中立性	一方を軍事的に支援，または紛争当事者になっている仲介者には中立性がなく，紛争当事者から信頼性を得ることができない．中立性が①の情報の信頼性にも結びつく．他方，内戦の場合，仲介を受け入れるか否かは政府が決定するため，「領土的一体性の担保」など政府寄りの態度を表明することによる懸念払拭は必要である．
③第三者による安全の保証 （合意保証の枠組み構築）	介入主体側が紛争の仲介に対してどれほど関与し，保証することができるのかを明示し，紛争当事者のコミットメント問題を回避しようす．交渉主体を認め，交渉枠組みを制度化，共同議長国体制を作るなどし，仲介者の関与を強化，あるいは定期的・常設の交渉チャンネルを整備するなどが考えられる．
④解決策の準備	紛争の争点に対する明確な解決策でなくとも，交渉に対する提案，紛争の結果生じた被害などに対する対応策などもここに含まれる．交渉プロセスであれ，紛争の争点に対するものであれ，解決策を提示されることで，紛争当事者は自らや相手側が争点に対して有している選好，あるいは妥協の可能性を認知する．
⑤賞罰（飴と鞭）の提供	賞罰をよって紛争をめぐる利得に変化を生み出し，当事者の妥協を促す．介入主体と被介入主体（紛争当事者）の権力関係が重要な意味を持つ．仲介者側に十分なパワーと優位性がなければ飴（経済支援）と鞭（経済制裁）を駆使できないので，パワーのある外部アクターに紛争への関与を依頼する必要も生じる．

出所：筆者作成．

に言えば，仲介者が一方を直接支援することで，事実上，紛争当事者になってしまっているケースでは，このような仲介者を差し置いて交渉できないという逆説的な状況も生じうる．このケースでは，交渉の中立性は著しく損なわれるが，それでも紛争を解決するためには，このような仲介者の交渉への関与を認めざる得ないケースが起こりうる．交渉の中立性は，仲介研究でも指摘されているように，仲介の成功のために絶対不可欠な要素とまでは言い難いだろう．

（3）仲介の類型

　解決策の準備については，そもそも仲介は，その段階ごとに到達目的が異なっているとも指摘される．例えば，仲介には手続き的仲介，コミュニケーション的仲介，指示的仲介がある［Wallensteen and Svensson 2014：319］．手続き

的仲介は，争点の確認や話し合いの手続きなどの策定を行う仲介であり，コミュニケーション的仲介は，交渉チャンネルを確保し，継続的な話し合いをファシリテートする仲介である．それに対して指示的仲介は，紛争当事者が特定の解決策へと至るように促す仲介とされる．つまり，準備される解決策やそのためのロードマップも「どの段階でのいかなる仲介か」で変化することになる．

　これについては旧ユーゴ紛争（1989-2000年）を事例に計量分析した結果，手続き的仲介や指示的仲介の方が短命化しにくかったという研究もある［Gartner 2006］．同様に1993-2007年までのアフリカの紛争について計量分析した研究［Ruhe 2020］によれば，紛争の争点についての議論を含む仲介は，即座に紛争の強度を 9 ％減少させ，2 - 3 年というスパンで見ると，その減少幅は20-70％にもなるという．これは手続き的仲介や指示的仲介のような紛争の争点についての解決策を議論する仲介の方が失敗しにくいことを示唆している．

第 2 節　被介入主体への注目：紛争当事者内部の一体度

　仲介研究では，介入を受ける紛争地，あるいはそのアクターがいかなる状況であれば，仲介が受け入れられるのかについては，実際のところあまり研究されていない．

（1）研究状況と残された課題
　これらについては，どのような紛争当事者であれば仲介を受け入れやすいのか，あるいは和平が成立しやすいのかを明らかにしようと試みた計量研究がある．例えば，政府が民主主義的であれば，和平プロセスにプラスになり，政府が反乱勢力よりも優位なパワーを有していれば，反乱勢力の軍事的な排除に傾きやすい——よって交渉は困難になる［Bapat 2005］[6]．

　また紛争当事国が多民族国家なのかが仲介の成否と関係しているとの研究［Keels and Greig 2019］もある．これは，ある民族集団（反乱勢力）と交渉で妥結すると，将来，他の民族からの挑戦を受けるリスクを招く．逆に言えば，多民族集団を内包し，彼らを弾圧している政府は，そもそも妥協による合意形成そのものが困難だとされる．

　以上のような紛争当事者の特徴が指摘されているものの，紛争当事者が仲介

を受け入れる条件については，以下のように一般化されることが多い．すなわち，紛争が膠着状態に陥った際，つまり紛争が長期化し，紛争の強度（intensity）が高まり，紛争のコストを背負うことができなくなった段階で仲介は受け入れられると考えられる［Duursma 2014：83-84］．

　しかし，実際には，紛争が泥沼化しても和平が受け入れられないケースも存在するし，合意妥結に至ったものの履行されないケース，一度目は合意が破綻したものの二度目は遵守されたケースも存在する．つまり単純にコストや利得の増減に注目するだけでは，紛争当事者が和平を合意・拒否するメカニズムは分からないのである．

　これは，より具体的に言えば，紛争当事者は，合意の形成段階においてなぜ時にそれを受諾し，時に逆に拒否するのか，また合意の履行段階でなぜ時に十分に遵守し，時に即座に違反するのかという疑問である．本章では，紛争当事者内部における和平合意の受諾・拒否の決定のメカニズムを明らかにしようとする．これと上述した仲介研究の知見を組み合わせれば，仲介の成否モデルが提供可能だと考える．

（2）2レベル・ゲームの導入

　紛争において相手側が合意を履行するかという点についての疑問が生じるのは，紛争当事者内部から和平の妨害者（スポイラー）が現れるためだと指摘されてきた．スポイラーとは，和平合意について紛争当事者内部で異論を唱える勢力であり，彼らが実力を行使してでも合意を破綻させようとすることを意味する［Stedman 1997］．つまり，紛争当事者が交渉において一枚岩になれなければ，合意は妥結，もしくは履行困難になる．よって，できるだけ多くの勢力を和平プロセスに参加させ，合意を形成することの重要性はたびたび指摘されてきた．反乱勢力が和平プロセスや紛争後の政治プロセスに参加することで計量的にも和平は持続可能になると言われている［Marshall and Ishiyama 2016］．

　コミットメント問題の存在を指摘した Fearon［1998］は，多数派や少数派，政府や分離主義地域など対立するアクターを一枚岩として捉えていたが，実際には相手側が一枚岩ではないから，コミットメント問題は生じるのである［富樫・毛利 2018］．

　交渉の妥結に紛争当事者内部の一体度が果たす役割がなぜ重要なのかは，2レベル・ゲームを用いれば理解できる（図4-1参照）．2レベル・ゲームとは，

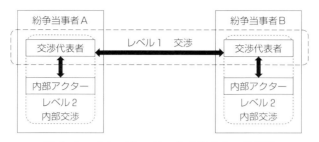

図 4-1　2 レベル・ゲームで見る 2 つの交渉
出所：富樫・毛利［2018］を本章に合わせて修正．

　国際ゲーム（交渉者同士）と国内ゲーム（交渉者と国内利益集団）の相互作用の中でアクターの採る戦略（行動の決定）やそこで得られる利益を考察しようと試みる分析枠組みである．Putnam［1988］によって外交交渉と国内政治を結びつけ考察する方法として提唱された．多くの場合，仲介研究では，被介入主体側に注目しても，それは紛争当事者間のやりとりに留まる（図 4-1 のレベル 1）．

　確かに，紛争当事者を政府と反乱勢力という二者間だけではなく，政府に対抗する複数の軍閥や反乱勢力を想定する研究も少なくない（この場合，紛争当事者 C や D が挿入される）．具体的には，複数いる反乱勢力に政府がいかなる戦略をとることが和平合意や紛争締結に意味があるのか［Johnston 2007］や，和平合意に参加しないアクターがいることで合意したアクター間の和平が破綻するのか［Nilsson 2008］，あるいは複数の反乱勢力のうち政府に協力する勢力が現れるメカニズムは何なのか［Dristoll 2012］を考察した研究がある．しかし，これらはいずれも複数の紛争当事者を想定しているとはいえ，レベル 1 の分析に留まるか，レベル 2 については反乱勢力側の内部アクターに注目が留まっていた．

　しかし，政府も反乱勢力も政治勢力や組織としては分裂していなくとも，その内部に多様な意見を内包している．よって，交渉においてどの程度まで妥協することができるのかについては，内部において意見を集約する必要がある（同レベル 2）．逆に言えば，この集約に失敗したときに，アクターの分裂が起きると言える．

　つまり，図 4-1 における紛争当事者同士の交渉（レベル 1）の妥結とは，紛争当事者内部（レベル 2）における承認や受諾を前提として調整されるものである．なぜならば，レベル 2 で受け入れられない合意をレベル 1 で形成しても，

76　第Ⅰ部　国際関与の理論と思想

内部からの反発や抵抗を受けてしまい，結果的に合意は承認も履行もされない
からである．当然，このような事態になれば，コミットメント問題——すなわ
ち仮にレベル１の交渉で紛争当事者Ｂが妥協しても，紛争当事者Ａは，同Ｂ
がその合意を受け入れ遵守するのか確信を持つことができないという状態——
が生じるのである．よって，このような内部アクターの一体度が低い状態での
和平交渉は，妥結に至る可能性も遵守される可能性も低いと考えられる．

　本章では，以上のように一体度を「ある政策を採ることに対する個々のアク
ターの評価がどれほど重なっているのか」を捉える概念として提示する．個々
の紛争事例の研究において，紛争当事者内部の意見（採るべき政策への評価）の
相違が，合意からの離脱者や妨害者（スポイラー）を生み出し，和平を破綻させ
てきたことは明らかにされてきた．しかし紛争当事者内部の意見の相違を理論
的に捉えようとする試みは決して十分に行われてこなかった[7]．

第３節　内部アクターの一体度の測定方法

　では，内部アクターの一体度とは，どのようにして測定可能なのだろうか．
本章では，まず，注目する政策は１つのみの場合を例示的に考える．アクター
の一体度を，特定の政策（この場合，紛争の継続，あるいは合意形成）を採る事に対
する個々のアクターの評価から読み取ろうとする．

（１）評価関数の導入
　理論的な測定方法としては，個々のアクターのある政策に対する評価を関数
で示し，その重なり合いの面積を測る．そして，重なりが大きいほどアクター
の一体度は高いと見なす．
　具体的には，あるアクター i が相手アクターを考慮せずに x 軸上にある政策
を実数値 x で表現できるとした時，政策 x に対する評価を y 軸上で $f_i(x)$ とい
う関数値で示すものとする（図４-２参照）[8]．ここでは，アクターＡとアクター
Ｂが存在するとして，各々の評価関数は $f_A(x)$，$f_B(x)$ とする．
　一体度は，それぞれ上記のような形で算出した評価関数のグラフの面積の重
なり合いによって算出する．一体度の定義については，図４-２を参照し「一
体度＝積集合の面積（斜線部の面積）÷和集合の面積（ドット点部の面積）」と定義
づけられる．

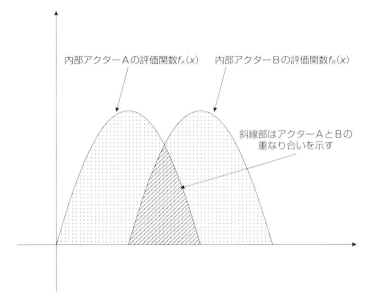

図4-2 2つの内部アクターの評価関数とその重なり合い
出所：筆者作成．

図4-2では，理解を容易にするために意図的に$f_A(x)$，$f_B(x)$を同じ形状にしている．もし，アクターAの評価関数$f_A(x)$を固定した状態でアクターBの評価関数$f_B(x)$が少し右側にシフトすれば，斜線部の面積は減少する．一方，少し左側にシフトすれば，斜線部の面積が増加することがわかるであろう．図4-2では理解が容易な形状の$f_A(x)$，$f_B(x)$を使っているが，どのような形状の関数でも構わない[9]．ただ，ドット点部の面積や斜線部の面積が計算できることだけが必要である．当然ながら，斜線部の面積が存在しないこともありうる．

面積の重なり合いが多い場合，特定の政策をとることに対する評価が一致する部分が多いため，そのアクターが当該政策を継続的にとることができることを意味する．これを一体度が高い状態と評価する．上記の一体度は，2つの評価関数が一致するとき「ドッド点部の面積＝斜線部の面積」となり，その時にのみ「一体度＝1」となる．このように紛争当事者の内部アクターの評価が完全に重なっている状態は，彼らの間に見解の相違がないため，特定の政策が採用され遵守される可能性は極めて高くなる．

しかし，ここで注意しなければならないのは，特定の政策とは，和平の妥結

や履行の場合もあれば，紛争の継続や再開の場合もあるということである．従って，一体度が高いことが和平の妥結に直結するわけではなく，あくまでも「和平の妥結という決定」についての（評価の）一体度が高い必要がある．逆に言えば，紛争の継続に対して紛争当事者一方の内部において強い支持や賛同があった場合（つまり一体度が高い場合），むしろ和平は破綻し，紛争は継続・再開されるのである．

（2）内部アクターと一体度

では，合意形成段階と合意履行段階では，いかなる内部アクター（誰と誰）の一体度が問題になるのであろうか．合意の妥結段階では，紛争当事者内部における交渉の担い手と，交渉を承認する政治勢力の間の一体度が高くなければ，交渉の妥結は困難である．通常では，ここには政府と議会がアクターとして想定されるが，紛争下においては国家が破綻し，政府や議会の機能が有名無実化しているケースや，そもそも紛争当事者内部において，このような政治的代表性に関わる制度が構築されていないケース，あるいはコンセンサスがないケースも想定される．しかし，それでも重要なことは，交渉の担い手が自分たちの内部におり無視できない影響力を保持している政治勢力，あるいは指導者から，交渉の妥結に関する賛同を獲得できる状況にあるのかということである．

次に交渉の履行段階では，合意の遵守が問題になるため，実力手段を有する軍事機構や武装勢力と，合意を妥結し遵守を対外的に約束した政治指導者，あるいは政府の間の一体度が問題になる．政府，あるいは政治指導者が軍や武装勢力を統率できていなければ，仮に政治勢力間の一体度が高く（よって合意の妥結に至っても），合意が履行されない状況が生まれる．一体度については，他にもいくつか注意を要する点がある．

第一に，時間の経過に伴うアクターの変容と分裂である．合意形成段階にせよ，履行段階にせよ，時間の経過とともに各紛争当事者内部のアクターの方向性や構成員が変化する可能性がある．紛争は変容していくが，そこには当然，アクターの変容も含まれている［Ramsbotham Woodhouse, Miall 2016］．実際に和平合意の履行において，指導者が変化し，これまでの指導者との連続性が低いと和平は破綻しやすいとも指摘されている［Chakma 2023］．だが，各内部アクターは個々人から構成されるグループであり，グループは2つとは限らない．そして，グループの数が多くなるほど一体度の低下は免れないことも明らかで

ある．無論，だからといって全ての内部アクターを拾い上げ，時間的変化を考察する必要はない．スポイラーになり得るのは，合意に軍事的に対抗できるパワーを有したアクターであるためである．

第二に，合意形成段階における一体度を迂回，もしくは無視できる可能性がある．具体的には，政治指導者と軍や武装勢力が一枚岩であれば，仮に野党や反対派指導者が和平に反対しても，合意の遵守の可能性は高まる．紛争下においては，平時の立法や承認プロセスが無効化されているケースも少なくないが，このようなケースでは，政治指導者と武装勢力の一体度が高ければ，交渉者と承認者の一体度を無視して合意を妥結し，履行することも可能になる．ただし，このようなケースでは，野党や反対派指導者が軍事力を保持しないこと，つまり合意に反対するために停戦に違反し，戦闘を継続するという実力を行使できないことが条件になる．

第三に，合意履行段階における一体度は，政治指導者と武装勢力のみならず，武装勢力内部の一体度が問題になる．例えば，政治指導者と軍や武装勢力の司令官は，和平交渉に積極的であったとしても，軍や武装勢力内部にこのような姿勢に強く反発し，和平の破綻を目指す勢力がいた場合，停戦違反や攻撃の一方的再開などが生じ得る．従って，単に政治指導者が軍を統制できているのかだけではなく，軍や武装勢力の司令部が個々の部隊や司令官を統率できているのかも問題になるのである．とりわけ軍や武装勢力内部にさまざまなグループ（正規軍，準軍事組織，軍閥など）が存在する場合，これは顕著な問題になる．例えば，近年，政府側が民兵組織を使い，戦闘をしているケースが多いが，このようなケースは計量的にも紛争を長期化させると示されている［Aliev 2020］．

第4節　一体度の増加や低下のメカニズム

和平の妥結や履行（ひいては仲介の受け入れ）に影響を与える紛争当事者内部の一体度であるが，どのような時にこれは強まったり，弱まったりするのであろうか．ここでは，一体度の増減と紛争のダイナミクスの関係について説明する．

（1）和平を促す状態

一般的には，紛争継続のコストの増加と，紛争に勝利すると得られる利得及び紛争に勝利する可能性の低下という条件が課されれば，紛争当事者は和平へ

と歩を進めると考えられてきた．コストは膨らみ利得は減るものの，紛争の勝利の可能性も不透明な状態，つまり「膠着状態」に陥ることである．

Zartman［2001：9-10］は，紛争の犠牲者や物理的コストが増加し，「双方にとって致命傷の膠着状態」に陥ることが交渉のためには必要だと捉えた．アフリカの紛争事例から反乱勢力は膠着状態に陥った場合，和平に積極的になると計量的に明らかにした研究［Pechenkina and Thomas 2020］もあるが，これは決定的な成果が得られる見込みのない紛争を継続することが，結果的に敗北のリスクを大きくするからだと理解している．

このように紛争当事者の想定するコストと利得が彼らの態度に影響を与えると考えられてきたが，これは紛争継続と和平妥結というプロセスにおいて紛争当事者の内部アクターの一体度といかなる関係があり，どのように影響を与えるのだろうか．

まず一体度は，特定の政策に対する紛争当事者内部の評価が接近していれば，高いということを意味している．従って，「紛争を継続しない」（＝和平交渉を受け入れる）という戦略に対する一体度が高まる状態は，紛争継続のコストや紛争の結果得られる利得に対して紛争当事者のアクター内部で一定の共通の見解があるか，異論が小さいことが前提とされる．逆にこれらに対する共通の見解がなく，意見が対立している場合は，一体度は低くなる．

（2）共通理解の消失

では，どのような時に紛争継続のコストや紛争の結果得られる利得に対して共通の理解がなくなるのであろうか．

それは紛争の泥沼化と戦況の悪化であろう．この際の一体度の変化とそれが交渉に与える影響は以下のように考えられる．すなわち，紛争の泥沼化と戦況の悪化で，紛争の継続コストが膨らみ，紛争の結果得られる利得も低下することで，紛争当事者内部で紛争継続に対する異論が生まれ，一体度が低下する．一体度の低下は，紛争継続に際して分裂した当該アクターを（団結して対峙できないという意味において）紛争相手に対して不利にする上，交渉の実現可能性をも低下させてしまう．よって，ここで更なる状況の悪化を食い止めるために，当該アクター内部から交渉に傾く勢力が出現する．

交渉に傾く指導者や勢力が当該アクター内部で多数派になれば，交渉や和平が推進され，受諾される．逆に交渉に傾く指導者が他の指導者や勢力（特に軍

部や武力勢力）を制御できないと，スポイラーが発生し，交渉や和平が破綻する（仮に合意が締結されても遵守されない）状態に陥る．そして，一体度の著しい低下は，内部アクターから異なる政策を志向する別の集団を生み出す可能性もある．

（3）コストと利得

本章が想定する紛争のコストは，紛争の犠牲者（軍人，民間人），紛争継続のために投入した人員・資源・予算，さらに紛争に対する世論の悪化などを想定している．利得は，紛争に勝利することによって得られる物質的な利得に加え，国内的な支持の獲得などが想定されるが，上記コストが膨らめば膨らむほど相殺されてしまう．加えてコストは時間の経過と共に膨らみ続ける．

当然のことながら，コストと利得は，戦況（紛争当事者のいずれが紛争を優位に進めているのか）から影響を受ける．よって，多大なコストを払っていても，戦況が優位，あるいはまだ挽回可能であると当事者が見なせば，紛争継続の戦略がとられる可能性はある．また紛争の泥沼化によって，これまで支払ったコストを少しでも回収しようとし，むしろアクターが紛争の継続に固執することもあり得る．ただ，これは破局的な結末，和平交渉を拒否し，一方の軍事的勝利で紛争が終結することに繋がるだろう．

第5節　モデルとその説明

以上の内容を整理すると，以下のように紛争当事者内部のアクターの一体度に目を向ければ，和平合意が妥結・履行されるケース，あるいは和平合意は妥結するが，十分に履行されないケース，そもそも妥結も履行もされないケースなどのモデルを想定することが可能になる．

（1）内部アクターの一体度の組み合わせ

図4-3は，紛争当事者の一方が和平合意を締結する際，そして和平合意を履行する際に内部アクターの一体度の高さ・低さが合意の実現可能性にいかなる影響を与えるのかを分類したものである．当然，紛争当事者の双方（便宜的にA，B）に対して，あるいは三者以上いる場合も，それぞれ一体度の組み合わせをはかり，分類することが可能である．

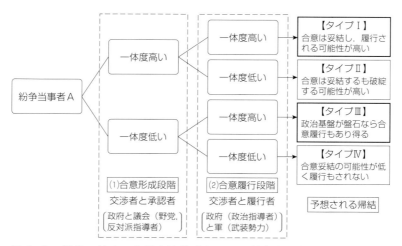

図4-3　紛争の停止・和平交渉戦略をめぐる紛争当事者内部アクターの一体度の組み合わせ
出所：筆者作成．

（2）合意形成段階

まず合意形成段階では，紛争当事者内部において交渉者と承認者が紛争の停止，和平交渉の妥結に対する一体度が高いか，低いかが問題になる．ただ，紛争当事者が擬似的な国家機能を有している場合には，これは紛争当事者内部における交渉の法的承認プロセスを意味する．

政府側，あるいは擬似的な国家機能を保持する反乱勢力（例えば分離主義地域）の場合は，政府と議会が具体的な内部アクターとして想定される．反乱勢力が制度的な基盤を有さないケースでは，合意形成に影響力を行使することが可能な有力指導者や政治集団に注目し，彼らの和平合意に対する一体度をはかることになる．有力な指導者や政治集団の基準は，合意形成時に無視できない政治的影響力を保持しているということであり，これは一定の支持基盤があり，動員力を保持している勢力を指す．

以上のように具体的に想定されるアクターは異なるが，合意形成時に一体度が高いか低いかの2類型がまず想定される．

（3）合意履行段階

次に合意履行段階では，紛争当事者内部において交渉を推進したアクターと，

合意履行の実際上の役割を担うアクターの一体度が問題になる．ここでも，紛争の停止，和平合意の履行に対する一体度が高いか，低いかが問題になる．

紛争当事者が制度面で国家的機能を有している場合には，交渉者には政府，合意の履行の責任を担うのは軍が想定される．反乱勢力など，制度的な基盤が必ずしも構築されていない場合には，合意を締結した政治指導者と，合意を履行する役割を担う武装勢力の司令官が想定される．

実際上は，国家でも反乱勢力でも政治指導者が軍事的な最高司令官を兼ねることは良くあることだが，ここでいう一体度は，最高司令官のみを想定したものではない．具体的には，政府（あるいは政治指導者）の軍（あるいは武装勢力）への統制（統率力）を問うものである．従って，交渉者の合意履行に対する評価が，軍や武装勢力の末端まで共有されているのかが問われる．よって政治指導者と軍（武装勢力）の司令部の間の一体度だけではなく，軍（武装勢力）内部の一体度も注目する必要がある．これは，軍（武装勢力）内部における指導部の対立の有無，あるいは司令部と前線部隊の対立などから観察できる．

紛争当事者の一方が，一元的な軍事機構を保持せず，個々の軍閥や野戦軍部隊などといった非合法武装勢力の寄せ集めである場合には，指揮系統も不明瞭で意思疎通や意見集約も困難な状態が生じ得る．このような場合には，紛争の停止，和平合意の履行に対する評価が複数の武装勢力の間で接近すること（一体度が高くなる）のは困難になる．このように軍内部に内紛を抱えている場合は，交渉の履行における一体度も低下し，紛争の終結は困難になるだけではなく，紛争相手に対して一致団結して対峙することも困難になるので，戦況も不利になる可能性が高い．

以上のように和平交渉の履行段階の一体度は，① 政治指導者と軍や武装勢力の一体度，② 軍や武装勢力内部の一体度に分類可能で，これらを総合し判断するべきである．図4−3では，①，② いずれも高い場合に一体度は高いとし，いずれか一方でも低い場合は，低いと分類している．ただし，② については武装勢力のグループが複数いる場合，大小全てのグループの一体度を測る必要はなく，合意に軍事的に対抗可能なアクターに限定可能なのは既述の通りである．

（4）4つの類型
以上の2つの段階における一体度の組み合わせから4つの類型（仮説モデル）

が提示可能である.

第一に，交渉者と承認者（政治指導者間），交渉者と合意履行者（政治指導者と軍や武装勢力）のいずれも一体度が高い「タイプⅠ」では，合意は妥結し，履行される可能性が高い.

第二に，交渉者と承認者の一体度は高いものの，交渉者と合意履行者の一体度が低い「タイプⅡ」では，合意は妥結するものの履行されない可能性が低い.

第三に，交渉者と承認者の一体度は低いものの，交渉者と合意履行者の一体度が高い「タイプⅢ」では，交渉者の政治基盤が盤石であれば，たとえ交渉の承認段階で反対されても，妥結した合意そのものは履行される可能性が高い.紛争当事者が政府であれば，野党が反対する議会を迂回し，トップダウンで合意を締結し，それを軍との一体度の高さから遵守・履行するという解決策が考えられる. このような法的承認を迂回した交渉の妥結は，擬似的な国家機能を有さない反乱勢力側でも生じ得る. そもそも法的承認プロセスを保持しない反乱勢力のケースでは，軍との一体度が高ければ，合意形成段階の一体度が低くても，これが問題にならない状態も生じ得る.

最後に，交渉者と承認者，交渉者と合意履行者のいずれの段階においても一体度が低い「タイプⅣ」では，合意の妥結も履行も困難になることが想定される.

以上の４つの類型では，「タイプⅠ」と「タイプⅢ」が和平交渉の妥結と履行の可能性がある. 逆に「タイプⅡ」と「タイプⅣ」は，和平の妥結と履行の可能性は低い.

（5）一体度と合意の妥結・履行

ここまでは，紛争当事者一方の一体度を問題にした説明だが，双方の一体度を組み合わせると**表４‐２**のような類型が可能である. これを見ると，双方が「タイプⅠ」に該当するケースのみ，合意は妥結し履行する可能性が高くなる.

紛争当事者のいずれかが「タイプⅡ」に属する場合，双方，あるいは一方の側が合意を履行できない. 「タイプⅣ」は，双方ともに妥結も履行もできない.これらのタイプの場合は，仲介者がかなり強い賞罰を提供しても状況を改善することは困難であると見られる.

これに対して，いずれかが「タイプⅠ」，他方が「タイプⅢ」に属すケースか，双方共に「タイプⅢ」に属すケースは，紛争当事者の一方，あるいは双方

表4-2　紛争当事者間の一体度の組み合わせと合意の妥結・履行

| | | 紛争当事者B | | | | | | | |
| | | タイプI | | タイプII | | タイプIII | | タイプIV | |
		妥結	履行	妥結	履行	妥結	履行	妥結	履行
紛争当事者A	タイプI	○	○	○	B×	B△	○	×	×
	タイプII	○	A×	○	×	B△	A×	×	×
	タイプIII	A△	○	A△	B×	AB△	○	×	×
	タイプIV	×	×	×	×	×	×	×	×

出所：筆者作成.

が合意妥結に困難を抱える．また，いずれかが「タイプI」，他方が「タイプII」に属するケースは，紛争当事者の一方が合意の履行に困難を抱える．

（6）政策上の示唆

　以上のような紛争当事者内部のアクターの一体度のメカニズムを提示することは，外部から見れば，和平合意が締結されるような状況があるにもかかわらず，合意が妥結・履行に至らない理由は何なのかを明らかにすることに繋がる．すなわち，仮に交渉者が和平に積極的であり，仲介者がそれを支援したとしても（つまり外部から見れば和平合意が締結されるような状況に見えるにもかかわらず），和平が破綻するのはアクター内部の一体度に問題があるからなのである．

　本章の被介入主体を組み込んだ仲介のモデルは，仮に仲介者が仲介研究で指摘されている仲介が成功しやすくなる条件を満たしていても，紛争当事者内部のアクターの一体度が低ければ，和平の妥結や履行は困難であることを示している．

　しかし，逆に言えば，このような紛争当事者の内部アクターの動向を注視し，交渉者と承認者，交渉者と合意履行者の一体度が高まる支援を行うことが十分にできれば，和平の実現可能性が高まることも意味する．

　特にこれは，一方が「タイプI」，他方が「タイプIII」，あるいは一方が「タイプI」で，他方が「タイプII」，あるいは双方が「タイプIII」の時に求められる．一方が「タイプI」，他方が「タイプIII」，もしくは双方が「タイプIII」のケースは，紛争当事者内部の交渉者と承認者の一体度を高めるか，あるいはそれが困難でも交渉者の政治基盤を支援によって下支えすることができれば，合意が妥結する可能性がある．これは，もともと「タイプIII」では，交渉者

（政治指導者）と合意履行者（軍・武装勢力）の一体度は高いので，合意は妥結すれば履行される可能性が高いためである．一方が「タイプⅠ」，他方が「タイプⅡ」のケースは，「タイプⅡ」の合意履行者に国際社会が賞罰を提出し，強く働きかけることで，合意の履行へと向かう可能性がある．

お わ り に

　本章は，武力紛争に対する仲介が受け入れられ，合意が妥結し，履行されるような状況はどのようにして生まれるのかという研究上の問いに取り組んだ．既存の仲介研究では，往々にして外部アクターによる紛争への関与の形態を問題にし，仲介を通して和平が受け入れられる条件を整備することを研究してきた．しかし，これらの研究では被介入主体，すなわち紛争当事者の動向に十分な注意を払わず，特に彼らがどのようにして和平を受け入れ遵守するのかというメカニズムに関する考察が不足していた．本章では，これは紛争当事者内部のアクターの一体度に注目することで，合意妥結と頓挫，また合意履行と破綻のメカニズムを理論的な仮説モデルとして提示しようと試みた．

　本章では，紛争当事者内部のアクターの紛争継続可否に対する評価に注目し，評価が接近しているほど，一体度が高いと見なした．当然，紛争の継続に対する否定的な評価が合意の妥結や履行には必要不可欠であるが，これは紛争のコストの増加，紛争から得られる利得や勝利の可能性の低下によって生じると考えた．

　また合意形成段階（フェーズ1）では交渉者と承認者（主要な政治指導者間）の，そして合意履行段階（フェーズ2）では，交渉者と履行者（政治指導者と軍あるいは武装勢力，またそれら内部）の一体度が重要であると指摘した．

　本章は，以上のような紛争当事者内部における一体度の高さを4つの類型として提示し，フェーズ1・2双方とも一体度が高い場合は合意が妥結し履行する可能性が高いものの，いずれの一体度も低い場合は合意が妥結も履行もされないと示した．

　本章の紛争当事者内部アクターの一体度に注目したモデルは，個々の紛争に対する仲介の成否を考える上で含意を提供する．特に，本章が提示した合意形成段階では一体度が高いものの，合意履行段階では一体度が低い「タイプⅡ」，逆に合意形成段階では一体度が低いものの，合意履行段階では一体度が高い

「タイプⅢ」は，外部アクターが紛争当事者内部のアクター（政治指導者や軍・武装勢力）に対して働きかけることで，和平合意の妥結や履行を実現できる可能性があるからである．

　本章は，外部アクター側からの働きかけに主たる関心を向けていた既存の仲介研究に対して，紛争当事者内部の動向に注目することの重要性を訴え，個々の紛争の仲介の成否メカニズムを考察する際の着眼点と分析枠組みを提供することに意識を置き，議論を展開した．

　本章は，アクターの一体度という概念を数理的にいかに測定し，提示可能であるのかなどを示したが，本章の目的は個々の紛争における紛争当事者内部の一体度を実際に数値として計測し，本章の仮説の理論的妥当性を明らかにすることではない．あくまで，紛争に対する仲介がどのような環境下において可能になるのか，紛争当事者内部のアクターに注目した和平合意の妥結・履行メカニズムをモデルとして提示することにある．

　したがって，本章で提示した一体度に基づく 4 つの類型，あるいはその組み合わせを分析視角として活用し，個々の紛争事例において仲介の可否が説明できるのかは，検証されなければならないだろう．第Ⅱ部での事例を考察することでこれに取り組みたい．

注

1）本章は和平合意の定義について UCDP の定義「紛争の争点に対処するための紛争当事者間の正式な合意」を用いる．和平合意には，紛争の争点解決をプロセス開始に合意した「和平プロセス合意」，紛争の争点の一部を解決することに合意した「部分的合意」，紛争の争点の解決を合意した「完全な合意」の 3 つが含まれる．

2）独立性が成立しない場合にも拡張しうるが，ここでは理解容易性の為に述べない．

3）例えば，注目する政策が 2 つである（仮に 1，2 とする）場合，政策 1 が重要度0.7，政策 2 が重要度0.3などとし，重要度の和は 1 となるよう標準化するものとする．

4）これは仲介の継続性をいかに確保するのかという問題でもある．例えば以前の仲介があった場合，仲介発生は 6 割増加すると言われており，以前の仲介が 1 標準偏差増加すると紛争当事者が仲介を要請する可能性が27％増加するとされる［Greig 2005：262］．逆に仲介者（国）の政権が選挙などによって交代し，交渉の継続性が損なわれると仲介の効果が減じると指摘する計量研究［Mehrl and Bohmelt 2020］も存在する．

5）よって大国の関与している紛争であると，そうでない場合と比較して仲介の可能性は 7 割も減少すると言われている［Greig 2005：262］．

6）民主的であれ権威主義的であれ，政体の変化によって紛争当事者が仲介を求めるよう

88　第Ⅰ部　国際関与の理論と思想

になるという指摘や，民主的な政体が誕生した場合，第三国の仲介努力は 2 倍になる
との分析結果もある［Greig 2005：258］．

7) Kenny［2010］は，構造的一体性（Structural integrity）と凝集性（cohesion）とい
う概念を提示することで反乱勢力が分裂したり，一体となって闘争を展開したりする
メカニズムを明らかにしようと試みた．彼の言う構造的一体性は，組織の一体性を分
裂の頻度と規模によって測ろうとする概念であり，数値化も可能であるとする（分裂
の頻度＝分裂回数÷組織の存続年数，分裂の規模＝離脱した人員÷元の組織人員）．
これに対して凝集性とは，組織構成員（兵士）が共通の目標を共有し，彼らの行動を
規定する規範が存在し，それによって組織がまとまっているのかを問う概念であり，
数値化は困難だとする．本章で提示する一体度は，これらの概念とは異なり，採るべ
き政策への評価の一致度であるが，これによってケニーの述べる構造的一体性，凝集
性の高まり（低下）が生じると説明することができると考える．

8) $f: R \to R$ は多変数関数 $f: R^n \to R$ に一般化（ここでは，$x = (x_1, \cdots, x_n)$ である）で
きる．注 3 の例では，政策 1 に関して $f^1(x)$，政策 2 に関して $f^2(x)$ と考え，$f(x) =$
$0.7f^1(x) + 0.3f^2(x)$ とした場合に相当する．

9) 図で示した曲線はあくまでも一例で，実際には右上がりや左上がり多峰をもつなどな
どさまざまなものが想定可能である．また，ここでは理解しやすくするために，両者
の曲線の形を一致させ高さも合わせているが，両関数が全く異なる形状でも問題はな
い．

第Ⅱ部

紛争の力学と紛争への国際関与

第5章

ナゴルノ・カラバフ紛争

和平交渉停滞と紛争再燃をもたらした内部アクター間関係

立花 優

写真：第二次紛争前，新設された国内避難民用集合住宅　カラバフの前線にほど近
　　　いアゼルバイジャン・バルダ市の郊外
　　　2015年 9 月11日筆者撮影.

は じ め に

　本章では，ソ連邦末期の1988年，連邦構成共和国であったアゼルバイジャン
の南西部に位置した旧ナゴルノ・カラバフ自治州（以下，自治州）で多数派で
あったアルメニア人住民が，同じくソ連邦構成共和国であった隣国アルメニア
への自治州の帰属変更を求めたことに端を発する分離紛争「ナゴルノ・カラバ
フ紛争」（以下，カラバフ紛争）について論じる[1]．

　この紛争はソ連邦の解体プロセスの中でアゼルバイジャン・アルメニアのソ
連邦からの独立，自治州のアルメニア人勢力によるアゼルバイジャンからの独
立宣言，アゼルバイジャンによる自治州廃止決議を経て全面的な武力紛争へと
発展した．1994年5月にロシアの仲介により停戦が合意され，アルメニア人分
離派が実効支配を確立した旧自治州とその周辺領域約1.2万 km^2 は事実上の独
立国家（非承認国家）となった．停戦合意後，欧州安全保障機構（OSCE，1994年
までは欧州安全保障会議 CSCE）を中心に和平交渉が仲介されてきたが，交渉は合
意に至らなかった．一方で両勢力の接触エリアでは，小競り合いが頻発するも
のの停戦合意の大枠は長らく守られ続け，「凍結された紛争」と呼ばれてきた．
しかし停戦から20年以上たった2016年4月，両勢力接触エリアで4日間と短期
間ながら大規模な衝突が発生し，状況が流動的となった．そして2020年9月，
両勢力の小競り合いに端を発して大規模な戦闘が発生したのである．44日間に
およぶこの軍事衝突は再びロシアの仲介によって停戦が合意され，アゼルバイ
ジャンは旧自治州周辺領域のほぼすべてと，旧自治州南部の奪還に成功した．
カラバフ紛争は長らく1994年の停戦合意までを指すものであったが，2020年9
月の軍事衝突が「第二次紛争」と呼ばれるようになり，1994年までの紛争は第
一次紛争とされるようになった．

　第一次紛争の停戦合意から第二次紛争に至るまでの間，なぜ和平交渉は妥結
しなかったのか．本章では，和平や停戦の交渉において前提となる，紛争当事
者双方における内部アクターの一体度に注目する．

　第1節ではカラバフ紛争の経緯を概説し，第二次紛争勃発まで停戦と和平の
仲介を行ってきた外部アクターと仲介の内容を説明する．そのうえで，こう
した外部アクターが仲介を働きかける対象であり，本章における主たる考察対象
である，紛争当事者双方における内部アクターを定義する．第2節では一方の

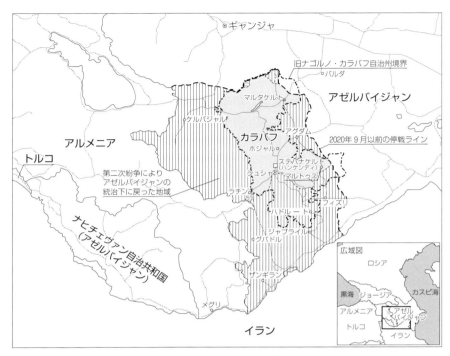

図 5-1　カラバフおよび周辺図

出所：筆者作成．

紛争当事者アルメニア側の内部アクターである「アルメニア共和国」と「カラバフのアルメニア人」の間の一体度について論じる．第3節ではもう一方の紛争当事者であるアゼルバイジャンについて，内部アクターの一体度の変遷と，権威主義体制成立後の特徴を指摘する．

　なお，本章の考察対象とする期間は，ソ連邦末期から2022年末までとする．2023年9月のアゼルバイジャンによる「局地的反テロ作戦」によって分離主義勢力の実効支配地域は消滅し，カラバフをめぐる問題は新たなステップに移行した．[2] 2023年以降の情勢を含む考察については，稿を改めて論じることとしたい．ただし，本章で論じる内部アクターによる問題の整理は2023年以降の情勢を考えるうえでも有効である．

第1節　カラバフ紛争の関係図

（1）紛争の経緯

　そもそも，ソ連末期にアゼルバイジャンとアルメニアとの間で自治州の帰属が問題となったのはなぜか．自治州の成立と帰属決定はソヴィエト・ロシアおよびソ連邦の中央の決定によるものであった．紛争の舞台であるカラバフ地方は，ロシア帝国の崩壊に伴って1918年にアゼルバイジャン・アルメニアでそれぞれ民族共和国が誕生したときから係争地であった．1920年から21年にかけて地域一帯が赤軍に占領され，その影響下で各地に社会主義政権が成立したが，係争地であったカラバフ地方はロシア共産党の決定によりアゼルバイジャンに帰属することとなった．このうちアルメニア人人口が多かった山岳部が自治領域とされたのが起こりである．ソ連邦体制下においても，自治州のアルメニアへの帰属変更を求める声は市民の請願の形で断続的に起きたが，ソ連邦崩壊まで変更されることはなかった［吉村 2013：188-91］．

　自治州をめぐる動きは，1988年に大きな転機を迎えた．2月，自治州の最高機関である自治州ソヴィエトが同自治州のアルメニアへの帰属変更を求める決議を採択したのである．帰属変更要求が「自治州ソヴィエト」という，名目的ではあったが国家の機関によって決議されたことはソ連邦体制に大きな衝撃を与えた［Özkan 2008：580］．アルメニアではこの決議を支持する集会が開催された．アゼルバイジャンではこの動きに激しい反発が起こり，2月28日に首都バクー近郊の工業都市スムガイトで大規模な民族間の衝突事件が発生した．当初ソ連邦中央は，両共和国と自治州の指導部を更迭するという人事政策によってこの動きを押えようとした．しかし両共和国の新しい指導部も事態を収拾できず，ソ連邦中央は1989年1月，自治州に特別管理形態を導入してソ連邦の直轄統治を開始した．ソ連邦中央はあくまで構成共和国の境界を維持し，その枠内で問題の解決を図ろうとしたが，こうした玉虫色の方針はアゼルバイジャン・アルメニア双方に不信感を抱かせた．結局特別管理形態は成果なく，自治州は11月に従来通りアゼルバイジャンの管轄に戻されることとなった．

　1991年の夏にはアゼルバイジャン・アルメニアで相次いで独立が宣言され，これに対応して自治州もカラバフがアゼルバイジャン内の自治州ではなく単独の共和国であると宣言した．この宣言に対抗して，アゼルバイジャンでは自治

写真 5-1　ホジャル事件追悼行事に集まる人々
出所：アゼルバイジャン・バクーにて2018年2月26日筆者撮影.

州の単位そのものを廃止する決議が採択された．12月，カラバフのアルメニア人を中心に「共和国」の独立を問う住民投票が行われて独立が宣言され，全面的な戦闘状態へと移ったのである．

　カラバフのアルメニア人勢力は1992年2月に旧自治州内で唯一の空港を擁していたホジャルを，5月にはカラバフとアルメニアを結ぶ要衝ラチンを攻略した [de Waal 2003 : 166, 169-72, 182-83]．これによってカラバフはアルメニアと陸路で直接つながることとなり，いち早く国防体制の整備に取り組んでいたアルメニアからの支援を受けることが可能となった．カラバフはこの年の夏のアゼルバイジャン側の攻勢を凌ぎ，国家防衛委員会を設立して体制を確立し，軍事的に優勢となった．一方，アゼルバイジャンでは独立当時旧共産党系の政権と民族主義勢力の人民戦線が政争を繰り広げており，1992年5月には旧共産党系の政権が崩壊，6月に人民戦線政権が成立した．しかし人民戦線政権が掲げるトルコ民族主義によりロシア，イランとの関係が悪化し，国際的に孤立した．

　1993年春には，カラバフ側が旧自治州領域を越えて進出しはじめ，アゼルバイジャンの軍事的劣勢は濃厚となった．6月には旧自治州域外の領域失陥の責任問題からアゼルバイジャンでクーデターが発生し，人民戦線政権は崩壊，元アゼルバイジャン共産党第一書記で飛び地のナヒチェヴァン自治共和国の当時トップであったヘイダル・アリエフが政権を樹立した．アゼルバイジャン側の混乱をよそに，カラバフ側はさらに進撃を続け，旧自治州南隣の地域や低地カ

ラバフの主要都市の1つアグダムが陥落した．1993年以降のカラバフによる旧自治州領域外への侵攻については，国際的な批判を恐れたアルメニア共和国からは反対されていたが，カラバフ側が強行したといわれる［Caspersen 2008：366］．

その後戦闘は膠着状態となり，1994年5月，ロシアの仲介によってアゼルバイジャン（親国家，parent state），アルメニア（パトロン国家）[4]，カラバフ（分離主義勢力）の間で停戦が成立した（ビシュケク合意）．以降，OSCE を中心に和平交渉が行われてきたが，妥結することはなかった．この中で，カラバフのアルメニア人勢力が旧自治州とその周辺地域を含めアゼルバイジャン領の13％程度を実効支配する状況が固定化された．停戦ラインで小規模な衝突が頻発するも，大枠として停戦は守られ，カラバフ紛争は「凍結された紛争」とも呼ばれた．

こうした状況が大きく変化したのは，2016年である．4月，停戦ラインの各所で大規模な衝突が起こった．4日後に停戦が合意されたため「4日間戦争」とも呼ばれるこの衝突で，アゼルバイジャン側がごく一部ではあるが領土を奪還した．この衝突以降，アゼルバイジャンとアルメニア・カラバフ双方で軍事的緊張が一気に高まった．2020年7月には，カラバフの停戦ライン上ではなくアルメニア・アゼルバイジャン国境でも軍事衝突が発生した．

2020年9月27日，カラバフの停戦ラインで軍事衝突が発生し，そのまま大規模な軍事行動へと発展した．アゼルバイジャン軍が防衛ラインを突破してカラバフ南方の対イラン国境地帯を奪還した後，山岳部を北上して11月8日には旧自治州の要衝シュシャを攻略し，11月10日にロシアの仲介でアルメニア（パトロン国家）とアゼルバイジャン（親国家）の間で停戦が合意された．アゼルバイジャン側で「44日間戦争」「鉄の拳作戦」「祖国戦争」とも呼ばれるこの第二次カラバフ紛争の結果，カラバフ（分離主義勢力）は旧自治州以外のすべての地域と，この戦争中にアゼルバイジャンが進出した旧自治州領域を失った．また，カラバフとアルメニアを結ぶラチン回廊は停戦監視のため進駐したロシア軍の管理下に置かれることとなった．

（2）和平交渉と外部アクター

カラバフ紛争は発生当初から仲介が試みられ，1994年5月に第一次紛争は持続的な停戦合意に至った．その後，20年以上にわたって和平交渉が続けられてきたが結果的に実を結ばず，2020年に第二次紛争へと至った．この間，どのよ

98   第Ⅱ部　紛争の力学と紛争への国際関与

うなアクターの仲介によって何が話し合われてきたのだろうか．

　最初に，第一次紛争停戦までの交渉について概説する．カラバフ紛争は最初
期からソ連邦，およびカザフスタンやロシアによって調停が試みられてきた
［Rauf 2023］．ラウーフは特にカザフスタンのナザルバエフがアゼルバイジャ
ン・アルメニア双方と良好な関係を持っていたことを指摘する．しかし当時は
ソ連邦崩壊が迫る時期であり，ゴルバチョフソ連大統領にせよナザルバエフに
せよ，紛争における調停は自身の政治的能力を示し，自らへの指示を拡大する
手段でもあった［Rauf 2023：167-68］．

　1992年2月，CSCE初の紛争調停の試みとして公式代表団が派遣され，その
報告を受けてミンスクでカラバフ紛争の和平交渉を行うための会議を招集する
ことが決定された［Cavanaugh 2016］．この会議にはアルメニア，アゼルバイ
ジャン，ベラルーシ，チェコスロヴァキア，フランス，ドイツ，イタリア，ロ
シア，スウェーデン，トルコ，アメリカの11カ国と，「関係当事者」としてカ
ラバフの代表者が参加する予定となっていた［Cavanaugh 2016：426］．しかしこ
の「ミンスク会議」は一度も開催されることはなかった．キャヴァナーはこの
理由として，紛争の激化，当事者間の対立（特にカラバフ代表の参加資格），外交
的な競合（各国が独自に仲介を行っていた），参加国の不一致（アゼルバイジャンへの
支持を鮮明にしていたトルコなど，参加予定国の偏ったスタンス）を挙げている［Cavana-
ugh 2016：427］．会議の開催が困難な状況を受け，準備のための非公式なグ
ループとしてロシア，アメリカ，フランスとミンスク会議構成国となるはず
だった一部の国々で設立されたのが「ミンスクグループ」である．しかしそれ
でもなお，グループ間での合意形成は難航した．

　こうした状況の中，実際に第一次紛争の実効的な停戦を仲介したのはロシア
であった．ロシアはミンスクグループの一員でありながら，1994年5月の停戦
合意を単独で仲介したのである［Cornnell 2011：133］．Cornellはこの時のロシ
アの動きを，コーカサス地域におけるロシアの勢力圏意識の再強化の現れとい
う観点から説明している．ロシアは停戦をより実効的なものとするため，CIS
主導の平和維持部隊の展開を模索したが，アゼルバイジャンの支持を得られず，
CSCEはより広範な多国籍平和維持部隊の設立を構想した［Cavanaugh 2016：
428, 432］．平和維持部隊の規模や構成をめぐる各国の議論は，紛争解決よりも
平和維持の確立に重点を置いているとの不信感を紛争当事者双方にもたらした
［Rauf 2023：167］．

この時期，CSCE やロシア以外にもさまざまな国が独自に調停を試みていたが，コーネルによれば，こうした状況は当事者が最も有利な条件を得るために，ある調停手段と別の調停手段を使い分けることが可能になる「フォーラムショッピング」を招いた［Cornell 2011：134］．しかし1994年夏のロシア主導の交渉が暗礁に乗り上げると，アメリカをはじめ西側諸国からいかなる国の軍隊も紛争地帯に派遣して単独で行動することを認めず，CSCE が定めた枠組みの中で紛争の解決を図ることを優先することが表明され，1994年12月の CSCE ブダペストサミットに反映された．このサミットにおいて，ロシアはミンスクグループの常任共同議長となった［Aslanli 2023：160］．

次に，OSCE ミンスクグループから提案された和平案と原則を Sargsyan et al.［2023］に沿って整理する．1997年7月に提案されたのが，いわゆる「パッケージプラン」である．これはカラバフ紛争におけるすべての問題を一括して解決する包括的な合意を目指す提案であった．すなわち，武力衝突の終了と軍隊の撤退を行う合意Ⅰとカラバフの最終地位を扱う合意Ⅱを一括して結ぶというものである．1997年12月には次の和平案が提案された．それが，「二段階アプローチ」である．これは，より単純な問題から解決し，信頼を築いた後により複雑な問題に取り組む，というもので，具体的には旧自治州外の領域をアゼルバイジャンに返還し，OSCE の平和維持部隊を展開させ，次に避難民の帰還を行い，そのうえでカラバフの最終的な地位を決定するというステップが構想された．パッケージプラン，二段階アプローチに代わる和平案として1998年11月に提案されたのが，「共同国家アプローチ」である．アゼルバイジャンが連邦化して，カラバフはアゼルバイジャン内の共和国として高度な自治を認められるというのがその骨子である．

これら3案は紛争当事者双方から受け入れられなかったが，和平案をめぐる交渉は継続された．2007年11月，ロシア，アメリカ，フランスのミンスクグループ共同議長国は，マドリード原則を提示した．これは，カラバフ紛争の解決は，ヘルシンキ宣言の原則である「武力の不行使」「領土保全」「民族の平等な権利と自決」に基づく，とするものである．この原則に基づき，①「ナゴルノ・カラバフ周辺地域のアゼルバイジャンの支配への復帰，②ナゴルノ・カラバフの暫定的な地位は，安全と自治を保証するものであること，③アルメニアとナゴルノ・カラバフを結ぶ回廊，④ナゴルノ・カラバフの最終的な法的地位は，法的拘束力のある意思表示によって将来的に決定されること，⑤すべての

国内避難民と難民が元の居住地に戻る権利，⑥ 平和維持活動を含む国際的な安全保障，という 6 要素が盛り込まれた．この原則も従前の和平案と大きく異なるものではなく，紛争当事者双方の合意を得ることに失敗した．しかしこのマドリード原則がその後の交渉の前提となっていく．2011年には，OSCE ミンスクグループの枠組み外でロシアが仲介して「カザン原則」と呼ばれる和平案を提示するが，これもマドリード原則の焼き直しと評価されている［Gafarli 2022：358］．

　以上で述べたように，OSCE ミンスクグループが提案してきた和平案は，領土一体性を維持，換言すれば国境線の不変更を維持しながら民族自決をどこまで認めるか，という原則から生じてきたものであった．これに対し，領土の交換によって和平を実現するという発想も存在した．カラバフを独立させ，ラチン回廊をカラバフに，メグリ地方（ザンゲズル回廊）をアゼルバイジャンに移譲する通称「ゴーブル・プラン⁵⁾」，2001年 4 月にアメリカ・フロリダのキーウェストで行われたアメリカ単独での和平仲介で示された領土交換を伴う和平案［Cornell 2011：147-48］，分離主義勢力が実効支配地域の一部を差し出し，代わりに自決を承認してもらう「land-for-peace（平和のための土地）［Berg and Kursani 2021］」などはここに含まれる．

　2020年 9 月に第二次紛争が勃発したことから明らかなように，和平交渉では紛争当事者双方の立場の隔たりが大きく，この隔たりが最後まで解消することはなかった．カラバフ紛争はソ連邦解体の混乱期に全面的な武力紛争に発展し，その後も長期にわたって緊張関係が続いた紛争である．特に第一次紛争の停戦時は，紛争当事者双方の状況はきわめて過酷であった．1994年 5 月の停戦合意とその継続には，こうした状況が多分に影響していたはずである．にもかかわらず，その後の和平交渉で歩み寄りが見られず，交渉が妥結しなかったのはなぜか．この背景を紛争当事者双方の内部アクターに注目して考察するため，次項において本章で扱う内部アクターを定義する．

（3）カラバフ紛争の内部アクターとその特徴

　本章ではカラバフ紛争の当事者について，一方をアゼルバイジャン，もう一方をカラバフのアルメニア人分離勢力＋それを支援するアルメニア共和国，と定義する．そのうえで，本章での考察の対象となる，紛争当事者双方における内部アクターを設定する．

まず，アルメニアの内部アクターとしてアルメニア共和国とカラバフのアルメニア人分離勢力の二者を設定する．この二者は厳密には同じ国の中にいるわけではないが，一方のアルメニアがパトロン，もう一方のカラバフがクライアントとして考えられてきた．この二者の「一体度」についての議論は，これまで全くなかったわけではない．例えば廣瀬［2005：220-22］は，和平を阻む要因として双方の主張を確認する中で，アルメニアとカラバフの間で停戦がもたらす状況への温度差があると指摘している．

　また，カラバフのような「領土の一部を自律的に支配し，統治機構を確立しているが，国際的な正統性を欠く分離主義的な政体」，すなわち非承認国家の存続の観点から，支援者との一体性を重視する研究もなされている［Florea 2017］．フロレアによれば，こうした存在の維持・消滅は，離脱地域における国家建設の程度，分離主義反乱軍内部の分裂の程度，親国家政府内の拒否権発動者の影響に加えて，分離主義者が外部の支援者から受ける軍事支援の程度という要因によって説明可能である．このように，分離主義運動の長期化・非承認国家化において外部（パトロン国家）からの支援は極めて重要であり，それゆえにパトロン国家が分離主義運動をコントロールし，一方の実質的な紛争主体であるともみなされてきた．

　しかし，分離主義運動が紛争化し，非承認国家化する事で長期化するなかで，パトロン国家による支援は一定でも一様でもない．民族紛争においてパトロン国家の影響力は非常に大きいものの，その程度や形態は時代によって異なり，パトロン国家の指導者が常に現地の状況を左右できたわけではないと論じたのが，カスパーセンである［Caspersen 2008］．カスパーセンは，ボスニアとクロアチアにおけるセルビア人分離主義勢力とセルビア共和国，およびカラバフのアルメニア人とアルメニア共和国との関係を事例に，"kin-state＝同民族のパトロン国家"と分離主義勢力との関係の変化と，同民族のパトロン国家の影響力の程度と形態に影響を及ぼす変数について検討した．その結果，パトロン国家による支配は，パトロン国家における指導者の強さと結束力，分離主義運動内の地方指導者間の分裂の程度，ディアスポラなどの代替資源へのアクセス，パトロン国家と分離主義勢力との関係の政治的重要性に影響されると結論した．カスパーセンの議論は，クライアントとなる分離主義勢力をパトロンの単なる傀儡ではなく，パトロンに影響を及ぼしうるアクターとしてとらえなおす意味で重要である．

表5-1 「カラバフ」を1とした時のアゼルバイジャン・アルメニアの規模

	アゼルバイジャン^注	アルメニア
面積	6.58	2.61
人口（2021）	69.58	20.46
GDP（2020）	59.75	17.67

注：アゼルバイジャンの数値は2020年の第二次紛争前の分離主義地域を除いたもの.
出所：アゼルバイジャン・アルメニアは外務省ウェブサイト.
「カラバフ」について，面積は富樫［2021］，人口（2013年時点）（http://
president.nkr.am/am/nkr/generalInformation/），GDP（2019）（https:
//www.dw.com/en/nagorno-karabakhs-record-growth-in-ruins-amid-
conflict-and-pandemic/a-55221921，2022年6月12日閲覧）.

　アルメニアの内部アクターの1つでありクライアントたるカラバフが，もう1つの内部アクターでパトロン国家のアルメニア共和国に対して，また紛争相手である親国家アゼルバイジャンにとって，どの程度の規模を有していたのかを確認しておきたい．表5-1はカラバフ（2020年の第二次カラバフ紛争前）を1とした時のアゼルバイジャン，アルメニアの比をまとめたものである．アルメニアはカラバフを2.6倍の面積，20倍の人口，17倍のGDPで支えていた，ということになる．パトロン国家としてのアルメニアは，旧ソ連地域の他の分離主義紛争におけるパトロン国家と比較しても極めて小規模である．そしてアルメニアとカラバフは，面積で2倍近く，人口とGDPで3倍以上のアゼルバイジャンと対峙してきたのである．

　これに加えて，パトロン国家アルメニアは，カラバフの分離主義運動を支援したことで東側のアゼルバイジャン国境が閉鎖され，1915年のアルメニア人虐殺をめぐる対立とカラバフ問題をめぐる外交関係から西側のトルコ国境が閉鎖された状況に置かれた．パトロン国家アルメニアは，小規模であるがゆえの支援の負担感と，国境の封鎖による地理的な孤立を基本条件として抱えてきたのである．

　一方，ソ連末期から主要な内部アクターが時期によって変遷したのがアゼルバイジャンである．まず，ソ連末期から独立直後まで政治的主導権を握っていたのは共和国共産党（党としては1991年9月に解党，1992年5月まで政権を掌握）である．1988年に自治州の帰属変更要求が公然化した際，共和国共産党は事態にうまく対処することができず，ソ連邦中央によって更迭された．次の指導部も刻々と変化する情勢に対応できず，また高揚する民族主義運動に主導権を奪わ

れてソ連邦中央の介入を招いた（バクー事件）．連邦中央の全面的な支援で共和国共産党第一書記に就いたアヤズ・ミュタリボフの下，1990年から91年夏まで共産党は主導権を回復した．これに対し，自治州の帰属変更要求が公然化して以降，ナショナリズムの高揚，およびソ連中央と共和国指導部への反感を背景に急速に勢力を拡大したのがアブルファズ・エルチベイを議長とする人民戦線（1988年結成，1992年6月から1993年6月まで政権を掌握）であった．これが第2の内部アクターである．これに，元共和国共産党第一書記でソ連邦閣僚会議副議長まで昇進したものの，ソ連邦中央の改革に連動してパージされたヘイダル・アリエフを中心とする共和国共産党旧指導部を中心とするグループ（第3の内部アクター）が加わり，三つ巴の政争が展開された．独立直後の1992年春に共産党系の政権が崩壊すると，1992年6月に政権を樹立した人民戦線（第2の内部アクター）とヘイダル・アリエフ派（第3の内部アクター）が1992年11月に結成した新アゼルバイジャン党（YAP）との間で政治的な駆け引きが行われた．1993年6月にヘイダル・アリエフが国家元首となりYAP政権がスタートすると，対立する旧人民戦線系の勢力を抑圧や抱き込みで分裂させ，やがて主要な内部アクターは政権のみとなった．しかしこうした状況にあっても，政権が紛争への対応でフリーハンドを獲得したわけではなかったことを本章第3節で論じる．

第2節　民族自決と共和国自決の間で：アルメニア

　カスパーセンは，カラバフとアルメニアとの領土的な連続性の欠如（飛び地であった），アルメニア新独立国家の脆弱で断片的な性質，ディアスポラの重要性，紛争のボトムアップ的性質，カラバフ指導部の相対的な結束力のために，アルメニアがカラバフに対する統制に困難を抱えていたと述べる［Caspersen 2008：364-65］．しかしより重要な点は，カラバフ問題の位置づけがアルメニア共和国とカラバフで最初期からずれていたことである．

（1）カラバフ統合か共和国主権重視か（1988-91年）

　既に述べたように，カラバフ紛争は自治州の帰属をアゼルバイジャンからアルメニアに変更するようソ連邦中央政府に要求する運動から始まった．つまり，アルメニアとカラバフの統合が目的だったのである．しかし，この運動はアルメニア共和国と自治州で大きな盛り上がりを見せる一方で，最初期から両者の

間に同床異夢をはらんでいた.

　1988年2月の自治州ソヴィエトによる帰属変更要求決議はアルメニアでも大きな支持を集めた. 首都エレヴァンでは大規模な集会が行われ, その中から「カラバフ委員会」が創設されて運動の組織化が始まった. 当初この組織を主導していたのはイゴール・ムラダンらカラバフ出身のアルメニア人であった. 初期の委員会メンバーたちはカラバフのアルメニアとの統合のみを掲げていたが, ヴァズゲン・マヌキャン (1990年8月-1991年11月に首相) やレヴォン・テル＝ペトロシャン (1991年11月-1998年2月に大統領) ら, エレヴァンの知識人層は, カラバフ問題の訴求力の大きさと, アルメニアの民主化・独立, およびアルメニアにおける政治的主導権の奪取といった目的を結び付けようとしたのである. これを反映してカラバフ委員会内部で対立が起こり, 1988年5月半ばに最初期のメンバーは委員会を去った [Hakobyan 2010：56-57]. この結果カラバフ委員会からはカラバフ出身者がいなくなり, マヌキャンやテル＝ペトロシャンらが主導権を握った [Malkasian 1996：74]. この新しい委員会を母体として, 1988年8月にアルメニア全国民運動 (ANM) が結成され, 共産党の対抗勢力となった.

　こうしたアルメニアとカラバフの間の「ずれ」は, 1989年に解消に向かうかに見えた. 自治州でも7月にロベルト・コチャリャン (のちの第2代アルメニア大統領) 主導で ANM の構成団体とされる「統合」運動が組織され, 12月にはアルメニア最高会議とカラバフ民族評議会 (1988年2月の帰属変更要求決議の実施を目的に, この年の夏に組織された合議体) は合同会議を開催し, アルメニアとカラバフの統合を決議したのである [Hakobyan 2010：74-75].

　しかし, 翌1990年5月に行われた議会選挙の結果政権を獲得した ANM は, カラバフとの統合についての姿勢をトーンダウンさせた [Hakobyan 2010：88]. 1991年8月以降ソ連邦解体が徐々に現実味を帯びてくると, アルメニアはソ連からの独立を宣言する一方, カラバフは共和国宣言を行って, ソ連からの独立を目指すアゼルバイジャンから独立し, ソ連に残るという方針を採った [塩川 2021：1942]. この結果, 当初統合を目指していたアルメニアとカラバフは, 少なくとも外形上は別個の存在となったのである. 1991年末のソ連邦の消滅を経て, カラバフをめぐる争いは全面的な武力紛争へと発展し, アルメニアはカラバフをあらゆる面で支援したが, 武力による併合という形をとることを恐れ, カラバフの統合や国家承認には踏み切らない姿勢を維持した. この結果, その後約30年にわたって続く, カラバフを統合も国家承認もしない「あいまい政

策」が形成された.

（2）共和国存立かカラバフ防衛か：旧自治州外領域をめぐる取引 （1997-98年）

　1994年5月に合意された停戦時，カラバフの分離主義勢力は旧自治州の範囲を大きく超える領域を実効支配下に収めていた．停戦合意後に行われた和平交渉では，カラバフの最終的地位の問題とともに，この旧自治州を超える領域をいつ，どのように返還するかが大きな問題であった.

　ところが，強権的な姿勢を強め，議会での基盤も拡大していたテル＝ペトロシャン大統領は，1997年，二段階アプローチによる和平合意を受諾する意向を表明したのである．その背景についてカスパーセンは，カラバフ戦争の勝利によってテル＝ペトロシャン政権は一時的に強化されたが，慢性的な経済問題と国際的な孤立によって，その政治基盤は次第に損なわれていったと述べる［Caspersen 2008：367］．これを補強するため，テル＝ペトロシャンは1996年の大統領再選以降，国防省，国家保安省，内務省といった「武力省庁」に依存するようになる一方，カラバフの大統領で第一次カラバフ紛争の英雄であったロベルト・コチャリャンをアルメニアの新首相に任命した．また，同じく第一次カラバフ紛争の英雄であったヴァズゲン・サルキシャン（写真5‐2）が国防相に，セルジ・サルキシャンが内務・国家保安相に就いており，テル＝ペトロシャンが頼みとした武力省庁のトップもカラバフ派であった.

　テル＝ペトロシャンは閣議で，アルメニアがこの後長期にわたって現状を維持し，経済を発展させ，軍事的優位を継続できる可能性が低いこと，当時すでに大きく依存していたロシアとイランとの関係も永続的なものではなく，紛争のためにアルメニアが地域から取り残され，孤立が深まっていることを述べたが，コチャリャン首相やカラバフ派の武力省庁トップをはじめ，反対が続出した．反対派は，紛争が経済発展の阻害要因にはなっておらず，ロシアとイランの支援は今後も期待でき，現状維持政策が継続可能であるとの認識に立っており，「今は妥協する必要はない，妥協せざるを得なくなったら妥協することになるだろう」と考えていた［Hakobyan 2010：243-47；Grigoryan 2018：47-57］.

　二段階アプローチ受諾案は政権内部だけでなくカラバフやアルメニア内でも支持を得られず，1998年2月にテル＝ペトロシャンは大統領を辞任した．大統領代行には首相だったコチャリャンが就き，3月の臨時大統領選挙で正式に大統領となった．以後2018年までカラバフ出身者が2代にわたってアルメニアの

写真 5-2　第1次カラバフ戦争の英雄ヴァズゲン・サルキシャン銅像
出所：アルメニア・エレヴァンにて2019年9月5日筆者撮影.

大統領を務めることとなる.

　しかし，東西国境を封鎖された小規模なパトロン国家アルメニアがカラバフを支援し続けなければ現状を維持できないという状況は，当然次期政権にも制約を課すこととなる.

（3）対トルコ関係改善の模索とカラバフ問題のリンク（2008-09年）

　アルメニアの基本条件を構成する重要な要素が，西側で国境を接するトルコとの関係である．1915年のアルメニア人虐殺，カラバフ紛争をめぐって対立してきた両国関係であったが，2002年にトルコで公正発展党政権が成立したことで変化の兆しが見え始めた．2008年，サッカーのワールドカップ地区予選でトルコとアルメニアの試合が行われるのに合わせてトルコのギュル大統領がエレヴァンを訪問したのを皮切りに，両国の首脳の会談が活発化し，2009年4月には二国間関係の正常化に向けたロードマップに合意したことが共同声明で発表された．この頃のアルメニアのセルジ・サルキシャン大統領による「次のサッカーの試合の時は，開かれた国境を超えることになるだろう」との発言からもうかがえるように，この時期アルメニアではトルコ国境開放へ向けた期待が高まっていた．このロードマップに基づき，2009年10月には「外交関係樹立に関する議定書」と「二国間関係発展に関する議定書」が調印された．

　しかし，当時政権発足間もなかったサルキシャン大統領の政治基盤は盤石と

はいえない状況であった．2008年の大統領選挙で当選したものの，選挙結果を
めぐって対立候補の抗議行動を受けたサルキシャン大統領は，政権発足後すぐ
にすべての議会政党からなる5党連立を形成し，大統領選挙での騒動からの国
民和解を図った．しかし，歴史問題を棚上げにし，カラバフを不利にしかねな
いトルコとの和解に反対して民族主義政党のダシュナクツチュン[7]が与党を離脱
した［松里 2021：227］．関係改善交渉に前提条件はないというのが両国政府の
表向きの立場であったが，トルコにおいてはエルドアン首相を中心に，カラバ
フ問題でアゼルバイジャンが納得する解決が図られない限りはトルコ議会で議
定書を批准することはできないとの発言が繰り返し行われていた［Hakobyan
2010：347］．トルコ側としても，アゼルバイジャンからの強硬な反対姿勢を無
視できない状況にあった．結局両国における議会での批准作業は停滞し，ロー
ドマップ合意から1年後の2010年4月，サルキシャン大統領は議会での批准プ
ロセスを停止することを宣言した．

　サルキシャンによる批准プロセス停止宣言後も双方でプロセス継続への期待
が表明されたように，関係改善の実利はアルメニア・トルコ双方で十分意識さ
れていた．しかし，両国の歴史問題に加えてカラバフ問題が，アルメニアの基
本条件の変更を妨げたのである．

　その後，アルメニアは基本条件下で現状維持政策を継続するために対ロシア
依存をさらに深めていく．2010年，ロシアとの間で防衛協定が更新された
［Hill, Kirişci and Moffatt 2015］．この協定は，1995年に締結されて2020年に失効
予定であった前協定を期限前に修正する形で結ばれたものであった．この協定
で，アルメニアのギュムリにある駐留ロシア軍基地の兵員増員と基地使用期間
の延長，兵器供与や共同訓練が定められ，駐留ロシア軍の任務もロシアの権益
防衛からアルメニアの安全保障を含むものへとグレードアップされた[8]．この協
定において，ロシアがアルメニアによるカラバフ防衛への支援の義務を負うか
について，ロシアは公式には裏付けを与えなかったが，アルメニア側は，この
協定によってアゼルバイジャンの軍事的オプションは閉ざされると述べ[9]，カラ
バフ有事の際のロシアによる支援が含まれるとほのめかした．実際，カラバフ
防衛支援に関するロシアの義務について，現地の駐留ロシア軍は少なくともあ
る時期においては政府の公式表明よりも踏み込んだ認識を持っていたようであ
る．2013年10月，ギュムリにある第102基地（駐留ロシア軍）のルジンスキー司
令官はロシア軍機関紙『赤い星』とのインタビューで「もしアゼルバイジャン

が力でカラバフの支配権を取り戻そうとするなら，駐留ロシア軍は集団安全保障機構（CSTO）におけるロシアの義務を果たすためにアルメニア側に立って参戦するだろう」と語ったと報じられた[10].

（4）第一次紛争認識をめぐる革命政権とカラバフの対立：2018年以降

　アルメニアではロベルト・コチャリャン（1998-2008），セルジ・サルキシャン（2008-2018）と，カラバフ出身の2代の大統領が主導する政権が20年続いた．2015年，大統領2期目途中であったセルジ・サルキシャンは，政権のさらなる長期化を狙って，執政制度を大統領制から議院内閣制に変更するため憲法を改正した．2018年，大統領の任期を全うしたサルキシャンは，自身が党首を務める与党共和党が多数を占める議会で首相に立候補し，選出された．しかし，政権の更なる継続に反発する抗議運動が大規模化し，サルキシャン首相は1週間も経たぬうちに辞任を表明，長期政権は崩壊した．抗議運動を背景に運動の主導者であったニコル・パシニャンが首相に就任した．一連の政治変動は「革命」と位置付けられ，新政権による旧政権の政策の否定が随所で見られることとなった［立花 2020a］．

　2018年5月にパシニャンが首相に就任した後も，議会では2017年選挙で選出された議員がそのまま残っており，旧政権与党である共和党が多数を占めていたため，パシニャンの政府と議会との間で主導権争いが起きていた．この状態を解消するため，パシニャンはやり直し議会選挙に打って出た．

　革命で誕生したパシニャン政権の対カラバフ観が露骨に表明される出来事は，この選挙戦の最中におきた．選挙集会において，パシニャン派の幹部であったサスン・ミカエリャンが「2018年革命は第一次紛争でのカラバフの勝利以上に重要なもの」との発言を行ったのである．これに対し，アルメニア共和国内の反パシニャン派だけでなくカラバフの指導部からも批判の声が上がった．アルメニア共和国とカラバフの間での対立が公然化したのは1997-98年以来のことであったが，パシニャンはミカエリャンをかばう一方，ミカエリャン発言に対するカラバフからの批判はアルメニア共和国の議会選挙に対する干渉行為であると激しく非難した［立花 2020c：30］．12月の議会選挙の結果はパシニャン派の大勝に終わり，旧与党共和党は全議席を失った．ミカエリャン発言を批判したカラバフ指導部も更迭された．

　この背景として，アルメニア共和国内におけるカラバフ問題の重要性低下が

ある．国際共和研究所（IRI）によるアルメニア世論調査を見ると，「現在アルメニアが抱えている主な問題は何ですか」という質問に対し，第一の問題として挙げられた項目は，2008年1月時点では失業（29%），社会経済状況（16%），カラバフ問題（10%）であった．これは第二次カラバフ紛争開戦1年前の2019年9-10月の調査時点でも，失業・雇用（14%），カラバフ紛争（12%），社会経済問題（12%）という結果で大きな違いはない．ところが，「今後半年で現政府が達成すべき3つの事柄は何ですか（2019）」という質問では，「カラバフ紛争の解決」を最初に挙げた回答は4%に過ぎず，雇用創出（15%），社会経済問題の解決（14%），賃上げ（6%），年金増額（5%），汚職対策（5%）に続く結果であった．全く同じ質問ではないが，2008年調査の「あなたの国の現状と将来を考えたとき，最も恐れていること3つは何ですか（2008）」において，将来の不確定さ（15%）のつぎにカラバフ問題（14%）が挙げられていたのを考えると，市民の間でアルメニア国内の問題への関心が優先していることが窺える．パシニャン政権はまさにこうしたアルメニア国内のムードを背景に誕生し，改革を求めるアルメニア国内世論を梃子にカラバフとの対立を押え込んだのである．

　以上に述べたように，カラバフのアルメニアへの帰属変更要求と統合の動きは，ソ連体制のコントロールを不全にし，体制の動揺へとつながった．アルメニアでは早くから反体制派によってこの運動を共和国の主権確立や共産党一党支配の打破といったより大きな政治戦略に結び付けようとする動きが見られた．カラバフ委員会の構成変更と全アルメニア国民運動への発展はその結果であった．アルメニアにおける共和国主権の重視姿勢は，カラバフに対するあいまい政策として定式化し，継続することとなったのである．

　1994年までの第一次紛争はカラバフとアルメニアの大勝が停戦合意によって固定化する結果となったが，一方で地域的孤立状況や対ロシア・イラン依存も固定化した．1997年からのテル＝ペトロシャン大統領による二段階アプローチ受諾意思の表明は，アルメニア共和国存立のためにカラバフを犠牲にする姿勢の表れであった．この時，そして2008年の対トルコ接近も内部アクターの合意を得ることができなかった．カラバフとアルメニアがとり続けた現状維持政策は，第一次紛争に大勝したがゆえに内部アクターが消極的に選択しうる，消極的合意であった．しかし，この継続のためにアルメニアは対ロシア依存を深化させざるをえず，それによるアルメニアの相対的地位低下も不可避であった．

2018年の革命によって成立したパシニャン政権は，アルメニア共和国における「カラバフ疲れ」や閉塞感，従属的立場への不満の広がりを確実にキャッチし，これに「カラバフ閥排除」という形で応えたものであったと言える．パシニャン政権の現下の方針は，ウクライナ戦争という現代的文脈の影響は当然あるものの，基本的には1988年以来連綿と続いてきた共和国自決か民族自決かの路線選択の延長であり，その結果としての現状維持放棄である．

第3節　内部アクターの変化と権威主義体制下の内部アクター：アゼルバイジャン

（1）権威主義体制の確立と政治空間の独占

　第1節でも述べたように，第一次紛争時のアゼルバイジャンでは激しい内部対立の中で内部アクターが目まぐるしく変遷した．当初主導権を握っていた共和国共産党指導部はソ連邦中央の後ろ盾を必要としていたため，1991年8月に連邦中央で起きたクーデター未遂で連邦中央の求心力が失われると動揺した．当時政権を率いていたミュタリボフはあくまで連邦中央の裁定によってカラバフ問題を解決する方針であったため，アゼルバイジャン側では軍の組織化など武力紛争への準備が後手に回った．この結果，各地から集まった義勇大隊や民兵が統一指揮を欠いた状態で戦闘に加わり，第一次紛争での劣勢につながると同時に政治的不安定を招いた．

　このころ内部アクターとして重要だったのが，反体制派や民族主義勢力を幅広く糾合した連合体であった人民戦線である．カラバフ問題については強硬な姿勢が多数派であり，その動員力を駆使して共産党政権に圧力をかけた．1990年のバクー事件以降は，失脚していたヘイダル・アリエフのもとに旧エリートが集まり始め，三つ巴の状況が生じた．

　1992年春にカラバフでの要衝失陥と住民虐殺の責任問題からミュタリボフが退陣し，共産党系政権が崩壊すると，1992年6月には人民戦線政権が成立した．一方，ヘイダル・アリエフ派は飛び地のナヒチェヴァン自治共和国でYAPを結成し，人民戦線政権と対立した．

　1993年6月に国家元首代行として政権の座についたヘイダル・アリエフは，8月にはエルチベイの大統領としての信任を問う国民投票を実施して名実ともに大統領でないことを確認したうえで，10月に大統領選挙を行って正式に大統

領に就任した［Cornell 2011：90］.

　カラバフの戦線はさらに悪化し，被占領地域は拡大していたが，1994年5月に停戦が合意された．ヘイダル・アリエフは政権基盤を着々と強化する一方，自身とその政権を「救済者」としてイメージ付けし，混乱と敗戦の責任を人民戦線に背負わせるよう腐心した［立花 2020b］.この結果，その多くが人民戦線の流れをくむ野党勢力は支持を失い，主要な内部アクターはただ政権のみという状態となったのである.

（2）「平和のための土地」ではなく「主権のための土地」：
アゼルバイジャン主義

　アゼルバイジャンは第一次カラバフ紛争と国内の政治闘争で国家存立の危機にあった．しかし，そうした状況にあってもアゼルバイジャンはカラバフ問題において妥協を示すことなく，国際的に承認された領土の一体性を主張し続けた．カラバフの事例は，アルメニア人勢力が旧自治州領域を大幅に超えて実効支配地域を獲得したことから，旧自治州領域外の実効支配地域を親国家に返還することで自決の承認を得る「land-for-peace」方式の和平が成立し得たケースと考えられている［Berg and Kursani 2021］.実際には両者が妥協を拒み，この方式での和平は成立しなかった．アゼルバイジャン側が land-for-peace 方式での妥協を拒んできた背景には，1つの国内統治原則の存在がある．それが，「アゼルバイジャン主義（Azərbaycançılıq）」である.

　アゼルバイジャン主義についての先行研究は少ないが，近年アゼルバイジャン領の視覚化に注目した研究［Broers 2020］，公式イデオロギーとしてのアゼルバイジャン主義を論じた研究［Broers and Mahmudlu 2023］がある.

　ブロースらによれば，アゼルバイジャン主義とは「アゼルバイジャンの領土に基づく市民的ナショナリズム」［Broers 2020：1471］であり，そこでいう領土は国際的に認められた国境線に基づいたものである．現体制では，これを可視化するためにブロースがいう「コンセンサスの地図製作」すなわち「国際的，地域的，国内的なコンセンサスを実質的な国境に投影するための手段として，アゼルバイジャンの地理的身体を国境内に可視化するもの」［Broers 2020：1480］が導入された．この空間的枠組みを前提として，「包括的で領土的に枠付けされた国家としてのアゼルバイジャンの市民的規範を形成すること［Broers and Mahmdlu 2023：49］」が目指されたのである．その目的は「分離主義を

逆転させ，防止し，アゼルバイジャンの国際的正当性を確保することができる統合的な国家アイデンティティに少数民族を挿入すること」[Broers and Mahmudlu 2023：49] にあった．

　アゼルバイジャンにおける民族問題はカラバフの問題に注目が集中するが，実はカラバフ以外にもマイノリティの問題が存在していた [Goldenberg 1994：123；Altstadt 1997：143；Altstadt 2017：186]．第一次紛争の前半に国内の主導権を持っていた人民戦線のトルコ民族主義的主張は，アゼルバイジャン国内での大規模な政治的動員にはプラスの効果を持ったが，一方で国内マイノリティの遠心的傾向を強めもした．特にアゼルバイジャン南部に住むタリシュ人については，一部の運動家を中心として1993年夏に「タリシュ・ムガン自治共和国」を宣言するに至った [Goltz 1998：412-14；Goldenberg 1994：128]．

　1993年6月に政権を掌握したヘイダル・アリエフはこうしたマイノリティの動きを抑える一方，人民戦線時代に見られた汎トルコ主義やエスニックな紐帯を強調するのではなく，国際的に承認された領土の一体性を国家存立の基盤として，領域内に住むすべての住民を「アゼルバイジャン市民」として包摂することを国家建設の基盤の1つとした．ブロースとマフムドルはアゼルバイジャン主義をソヴィエト以前のアゼルバイジャン起源説をソヴィエト後に再ブランディングしたものと述べている [Broers and Mahmudlu 2023]．これに説明を付け加えるならば，このアイデアは，ヘイダル・アリエフの与党 YAP が1992年に結成された時から党綱領として掲げられていた原則でもあった点に注目する必要がある[13]．すなわち，救国の指導者として政権についたヘイダル・アリエフと彼の政権の正統性根拠を担う要素として，アゼルバイジャン主義が重視されてきたのである．

　一方，国家的原則として国際的に承認された領土の一体性を国家存立の基盤とする原則を掲げたことで，カラバフ問題において領土的妥協が事実上不可能となった．カラバフ問題におけるアゼルバイジャン側の主張の基礎には，こうした背景が存在したのである．

（3）世論：組織化されていない内部アクター

　このように，YAP 政権は国内の政治空間を独占することに成功し，カラバフ問題がほかのマイノリティに飛び火するのを阻止した．しかし，このことによって，YAP 政権はカラバフ問題の対応において，自由な裁量権を獲得した

のであろうか.

2016年4月の衝突以降, YAP政権は強硬な姿勢を徐々に鮮明にしていったが, このことは2つの動きからうかがえる. 1つ目は, この頃を機に, 国防相の交代, 外相の実権喪失と大統領府への移行, 30年にわたって在職した大統領府長官の退任など政権中枢の人事交代, 世代交代が重なり, その結果大統領の政策指導が強化されたことである [立花 2020b].

もう1つは, 政府による国内世論への積極的な働きかけである. 特に第二次紛争に直接つながるものとして, 2019年10月から展開された「カラバフはアゼルバイジャンである」キャンペーンが注目される. これは2019年10月, イルハム・アリエフ大統領がヴァルダイ・クラブにおける会見で「カラバフはアゼルバイジャンである!」と発言したことに由来する. イルハム・アリエフ大統領の発言は, 8月にアルメニアのパシニャン首相がカラバフの首都ステパナケルトでの集会時に「アルツァフはアルメニアである」と演説したことへの反応であった. イルハム・アリエフ大統領の発言はただちに国内でスローガン化され,「カラバフはアゼルバイジャンである」キャンペーンが開始された [Kucera 2019]. 第二次紛争時には前線の兵士からの拠点奪還報告や大統領のテレビ演説で必ずこのスローガンが用いられた [立花 2020c].

こうした政権の表側の動きと並行して, アゼルバイジャンの公式イスラームにおいても, 第二次紛争前の2019年ごろからカラバフ紛争に対する言動がハードになったという [Goyushov 2021]. ギョユショフによれば, これらは非公式のイスラームからイスラーム的言説の主導権を奪い, 当局公認のイスラームを強固にする目的があったという [Goyushov 2021]. カラバフ問題についての言説をハード化させることによって公的イスラームがイスラーム的言説の主導権を奪おうとしたことは, カラバフ問題が世論に対して訴求力を持つと政府が判断していたことを示している. そして公的イスラームが世論に対して影響力を強めることは, カラバフ問題について官製キャンペーンとは異なるチャンネルを世論との間に確立することにもつながるのである.

一見, YAP政権は巧みに国全体をリードしているように見えるが, その実, 反体制派野党を沈黙させた後のYAP政権の懸念材料は, 国内世論の動向把握であった. 20年以上にわたってカラバフ紛争の和平交渉に進展がなかったことは, YAP政権にとってデメリットとなる側面も有していた. カラバフ紛争で逃れてきた国内避難民の中には, 未解決状態が長期化し, 生活が安定しない状

況に不満を訴えるものも多く，特に2000年前後には国内避難民による反体制デモも公然と行われた［立花 2020b］．この時期は YAP 政権にとって世代交代を迎えつつあった時期であり，国内避難民による反体制デモの公然化は深刻に受け止められた．国内避難民のための新しい居住区画（一例として本章扉写真）が整備されるなど，政権は慰撫に努めた［富樫 2018］．

　また，YAP 政権の官製キャンペーンや公式イスラームの動きは，カラバフ問題に対する非妥協的姿勢の強化の点で有効だったのであって，和平交渉における何らかの妥協的姿勢をとることを可能にするものではなかった．2020年7月，アルメニア・アゼルバイジャン国境で起きた軍事衝突の戦死者を追悼する集会が過激化し，国民議会議事堂に乱入する事件が起きた［富樫 2021］．集会の中では政府のカラバフ政策や軍の対応に対する批判を含んだ掛け声が飛び交ったという[14]．この事件は，アゼルバイジャン政府が世論のコントロールに苦心していたことを示すものとして注目された．

　このように，YAP 政権は強固な権威主義体制を確立したが，その強さは和平交渉における何らかの妥協を実現するものではなかった．政府はさらなる分裂を阻止するために領土一体性を最重要とするアゼルバイジャン主義を掲げており，領土面での妥協は自らの正統性を毀損する恐れがあった．つかみにくく，より強硬な国内世論を前に，YAP 政権は非妥協的で強硬な姿勢に向かいつつもそれを統制しようと苦慮していたのである．

お わ り に

　以上，本章ではカラバフ紛争について，アゼルバイジャンとアルメニアおよびカラバフという紛争主体の内部アクターに注目して論じてきた．外形的に高い一体度を持つと思われてきたアルメニアとカラバフは，カラバフ紛争の発生当初から認識にずれを生じていた．加えて，カラバフ支援による重い負担感と地域的孤立という基本条件があり，それらは共和国存立か民族自決かという路線の違いを生じさせた．この路線対立はアルメニアにおいて常に存在し続け，定期的に表面化してきた．しかし第一次紛争での大勝が現状維持の継続という選択肢を選ぶ余地をアルメニアにもたらし，内部アクター間の駆け引きの結果，この選択肢が消極的ながら選ばれてきたのである．ただしこの選択は地域的孤立と対ロシア依存を深めることと引き換えであった．2018年の革命の結果誕生

したパシニャン政権は第二次紛争で敗北したが，アルメニアに広がった閉塞感を背景に，この惰性的な現状維持政策を放棄しつつある．

　一方アゼルバイジャン側では，内部アクター間の政治闘争ののち，強固な権威主義体制が確立した．YAP政権が国家分裂を回避するために原則として掲げたアゼルバイジャン主義により，和平交渉において領土一体性での譲歩は不可能となった．野党に第一次紛争敗北の責任を負わせて抑圧したことで，主要な内部アクターはYAP政権のみとなったが，このことは逆に，交渉の対象とならない，つかみにくい権威主義体制下の世論に対し政権が神経をとがらせる状況を生じさせた．第二次紛争に向けて政権は強硬姿勢を強めていったが，世論をリードする側面と，より強硬な世論のコントロールに苦慮する側面が混在していた．

　本章において内部アクターの一体度に焦点を当てたことで，和平交渉における紛争当事者双方の非妥協的姿勢の背景が鮮明となった．一方，第二次紛争とその後の「局地的反テロ作戦」の結果，カラバフ紛争は武力によって親国家が分離派実効支配地域を回収する事例の1つとなった．紛争当事者が和平以外の方向性での解決を模索するとき，紛争当事者と外部アクターとの関わり方は停戦や和平を志向するときと異なってくるだろう．この点についての考察は別稿に譲ることとしたい．

注
1）この紛争がこれまで「ナゴルノ・カラバフ紛争」と呼ばれてきたのは，旧ナゴルノ・カラバフ自治州の帰属問題に端を発していることに由来する．「ナゴルノ・カラバフ」とは「山岳カラバフ」の意であり，一帯を指すカラバフ地方のうち山岳部の約4400 km^{2}を自治州としたことからきている．しかし，① 発端は旧自治州の帰属問題であったものの，紛争の範囲は旧自治州域を超えてその周辺地域に拡大し，旧自治州に限定される問題ではなくなったこと，② 20年以上にわたって事実上の独立状態であったアルメニア人分離主義勢力が古代アルメニアの州名にちなんで2017年に自らを「アルツァフ共和国」と改名したこと，③「アルツァフ」の指す領域は山岳部にとどまるものではなく，若干の差異はあるものの「カラバフ」と呼称される地域と重なっていること，から，本章ではこの紛争を「カラバフ紛争」，アルメニア人分離主義勢力およびその支配地域を「カラバフ」と呼ぶ．
2）2023年9月19日，アゼルバイジャン政府は「局地的反テロ作戦」を宣言して軍事行動を再開した．これに対しカラバフのアルメニア人分離勢力による「アルツァフ共和国」は無条件の武装解除に応じ，「大統領」サムヴェル・シャフラマニャンは2023年末までに「アルツァフ共和国の国家機関」を解体する大統領令に署名した．これによ

り，ソ連末期から続いた地域紛争であるカラバフ紛争の一方の交戦主体が事実上消滅した．

3）1992年2月25日から26日にかけて，アゼルバイジャン系住民が多く暮らしていたホジャルをアルメニア人武装勢力が包囲攻撃し，非戦闘員が多数死傷した．アゼルバイジャン側の公式発表では死者613人，行方不明者113人とされる［廣瀬 2005：238-40］．2月26日はホジャル虐殺追悼の日とされ，毎年国を挙げて追悼行事が行われている（写真5‐1）．

4）民族問題に関するこのような三者構造は，ブルーベイカーによって「ナショナルマイノリティ」「国民国家化途上の国家」「外的祖国」として提唱されたものである［Brubaker 1996］．カスパーセンはこの「外的祖国」を「親族国家（kin state）」として議論した［Caspersen 2008］．本章においてはブルーベイカー［Brubaker 1996］やカスパーセン［Caspersen 2008］の三者構造を援用しつつ，「外的祖国」「親族国家」として議論されてきたアクターを「パトロン国家」として論じる．これは，① 本書で取り上げる事例およびそれ以外の旧ソ連地域の紛争において，分離運動を支援するアクターと支援されるアクターが必ずしも同一民族とは限らないこと，②「外的祖国」や「親族国家」では不明瞭な，支援する側とされる側の非対称性を明確にすること，③ 民族的紐帯を強調した用語により，ともすれば支援が当然視されがちであるが，まさにカスパーセンが論じるように支援の質や量，継続性は支援者側で議論されてきた［Caspersen 2008］のであり，本章もこうした点を考察の主対象としていること，による．

5）1992年1月，アメリカのサイラス・ヴァンス国務長官に対するカラバフ問題の背景説明のため，直前までアメリカ国務省バルト問題・ソ連民族問題特別顧問であったゴーブル（Paul Goble）が作成した資料が出所とされる［Fuller 2000］．

6）フロレアは "de facto state"（事実上の国家）という用語を用いている［Florea 2017］．本章では非承認国家で統一する．

7）1890年に現在のジョージアのトビリシで結成．ソ連時代は亡命政党となっていたがソ連末期に帰還し，カラバフ紛争に積極的に参加した．テル＝ペトロシャン政権期には非合法化されたが，コチャリャン政権期には合法化され，事実上の与党の一部となった．対トルコ・アゼルバイジャン関係では強硬な立場をとる［吉村 2022：296］．

8）2010年8月19日付 RFE/RL, "Russia, Armenia Sign Extended Defense Pact," ［https://www.rferl.org/a/Russian_President_Medvedev_To_Visit_Armenia/2131915.html］2024年7月12日閲覧．以下，特に記載がない場合は同日．

9）2010年8月18日付 RFE/RL, "Russian-Armenian Defense Pact 'Will Prevent New War in Karabakh'," ［https://www.rferl.org/a/RussianArmenian_Defense_Pact_Will_Prevent_New_War_In_Karabakh/2130793.html］.

10）2013年10月31日付 Ազատություն Ռադիոկայան (in English), "Russian Base in Armenia Signals Role in Possible Karabakh War," ［https://www.azatutyun.am/a/25154047.html］.

11）［https://www.iri.org/wp-content/uploads/2021/12/200820February201520Survey20of20Armenian20Public20Opinion20January2013-2020200828129.pdf］.

第5章　ナゴルノ・カラバフ紛争　　*117*

12）［https://www.iri.org/wp-content/uploads/2019/12/iri_poll_armenia_september-october_2019.pdf］.

13）アゼルバイジャン大統領府［https://multiculturalism.preslib.az/en_a2.html］，新アゼルバイジャン紙［https://yeniazerbaycan.com/MEDIA_e70040_az.html］．元となる内容はさらにさかのぼり，1992年秋の知識人からヘイダル・アリエフへの公開書簡とその応答の中にすでに見られる［Həsənov, Mirzəzadə 2002］.

14）2020年7月15日付 eurasianet, "Pro-war Azerbaijani protesters break into parliament," ［https://eurasianet.org/pro-war-azerbaijani-protesters-break-into-parliament］.

第6章

タジキスタン内戦

内戦構造とアクターの変化，内外アクター間の関係が与えた影響

齋藤 竜太

写真：タジキスタンの山岳地帯
　　　筆者撮影.

はじめに

　本章ではタジキスタン内戦の和平妥結に外部アクターが与えた影響について，紛争当事者内部のアクターの一体度や和平への機運の高まり，外部アクター間の影響力のバランスといった視点から分析，考察していく．

　1992年に勃発し1997年に包括的和平合意が結ばれたタジキスタン内戦については，さまざまな特徴が指摘されている．旧ソ連地域研究の視点からは，旧ソ連地域で唯一の純然たる「内戦」であることがまず挙げられる．また，内戦の当事者が独立や既存の国家の枠組みの変更を求めていなかったこと，当時喧伝された「文明の衝突」論とは異なり，民族や宗教は（少なくとも主要な）対立軸とはならなかったことなども指摘できよう．旧ソ連崩壊当初は，中央アジアの「力の空白」化の懸念や，外部アクターの進出・競合の可能性が指摘されていた．しかし現状，ロシアの支援を受けて内戦を戦ったエモマリ・ラフモノフ（現ラフモン[1]）大統領は，本章執筆時点（2024年7月）に至るまで権威主義体制を

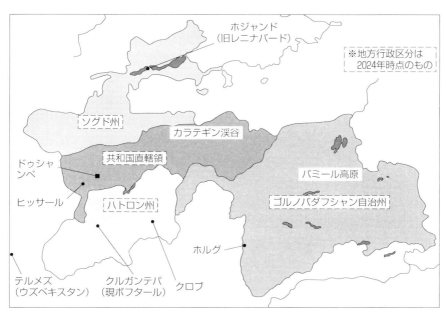

図6-1　タジキスタン地図

出所：筆者作成．

写真 6-1　ドゥシャンベ空港のラフモン大統領の肖像
出所：筆者撮影.

維持している．

　和平交渉で権力配分が焦点の1つになったことから，タジキスタン内戦は政治権力をめぐる争いと定義づけられるかもしれない．不安定化が懸念されていた地域で発生した内戦で，権威主義体制という形であるにせよ安定化へと至るまでには，紛争当事者とその内部アクターはどのようにして一体度を高め，そのプロセスや結果は和平合意にどのような影響を及ぼしたのだろうか．その過程において，外部アクターはどのような影響を及ぼしたのだろうか．そして最終的にはどのような権力配分の形に収束したのだろうか．

　本章ではタジキスタン内戦の勃発からその後の和平交渉に至るまでの過程を，国内外のアクターに焦点を当てて検討していく．政治エリート間の対立から始まった内戦は，その後当初の対立構造が解体され地域閥に基づいた勢力間の対立となり無秩序化していった．そこから和平妥結に至るまでの紛争当事者内部の一体度の変化，および外部アクターの影響や関与について明らかにしていく．

　本章の内容を一部先取りしていえば，タジキスタン内戦においては，新しく登場した内部アクターが外部アクターの支援を受けつつ自陣営の一体度を高め，和平交渉へ向けた体制を整えた．有力外部アクターが和平仲介者としての役割を果たすとともに地域内外に影響力を示したことは，中央アジア地域に「力の空白」が生じるとした旧ソ連崩壊当初の観測を覆したともいえる．

第1節　内戦前後のタジキスタン概観

　本節ではペレストロイカ期から内戦前後のタジキスタンの情勢について概観する．タジキスタン内戦の背景としては地域閥ないし地域主義が指摘されることが多かった．しかし本節の内容からは，政治エリートなど個々のアクターに焦点を当てる必要があることが指摘できよう．

（1）背景：地域主義と内戦の要因について

　タジキスタン内戦の背景としてしばしば指摘されるのが地域主義である［伊地 2005：宇山 2012］．ソ連構成共和国時代のタジキスタンでは，例えばレニナバード（現ホジャンド）閥が主に第一書記やドゥシャンベ市長を輩出するなど，政治経済面で優位な地位を得ていた．そのほか，内務省や国家保安委員会（KGB）ではパミール出身者が多数を占め，閣僚会議議長はクロブ（クリャーブ）から，内務大臣はゴルノバダフシャン自治州（GBAO）から，出されるのが慣例であった［Epkenhans 2016：133］．

　一方，地域主義については，少なくとも第一の内戦発生要因ではない，とする指摘もある［Epkenhans 2016］．地域主義が内戦の原因というよりも，政治エリートによって地域ネットワークが動員されたと見るべきであり，ペレストロイカ期に顕在化し公に指摘されるようになった失業やイスラーム復興，汚職，国家システムの動揺，共産党のイデオロギーの衰退，などが地域主義の興隆を後押ししたのであって，「その逆ではない」という指摘である．これらは地域主義に重点を置くものとは異なる視座を提供するものであろう．

　とはいえ内戦の深刻化の，背景や促進要因として地域主義があったことは事実である．そのほか Epkenhans［2016：46-49］は都市と農村が分断されていたことも指摘しており，都市インテリが大衆を必ずしも代表していなかった，と言い換えることもできる．これはのちの内戦前後の大統領選挙結果に表出されるほか，内部アクターの一体度にも影響することになる．

（2）内戦前夜：各政治勢力・アクターの動向

　1980年代のゴルバチョフによる政治面での改革は中央アジアにも影響を及ぼした．タジキスタンでは1989年に脱ソヴィエト志向の強い政党「ラストヘズ」[2]

が結成されたほか，1990年に GBAO やドゥシャンベのインテリ層により「タジク民主党[3]」が，1991年にはドゥシャンベの GBAO 出身者による政党「ラリ・バダフシャン[4]」が結成された．また，タジキスタン・イスラーム復興党（IRPT[5]）も，政党として正式に登録される前からドゥシャンベ市内でたびたび集会を開催するなど，その存在感を顕在化させた．

　ソ連崩壊前のタジキスタンでは，このように多様な政治アクターが出現する一方で，共産党指導部に対する信頼が損なわれるような出来事が続いた．1990年2月，アルメニア難民に対して優先的に住居が配分されるとのデマをきっかけとして，数千人規模の反対集会が共産党委員会前で実施された．この集会はその後，環境問題や失業問題などを訴えるようになるなど，次第に矛先が社会問題に向かっていった．事態は集会の大規模化と治安部隊との衝突へと発展し，治安部隊の発砲により6人が死亡，70人が負傷する事態となった［Epkenhans：115-16］．また，1991年8月にモスクワで共産党保守派によるクーデター未遂事件が発生した際，タジキスタン共産党第一書記のカハル・マフカモフが態度を鮮明にするまでに3日を要したことも，野党勢力やイスラーム勢力が批判を強める契機となったとされている［湯浅 2015：83；塩川 2021：1964-65］．

　マフカモフは当時タジキスタン共和国政府内で孤立しており，これが指導力を発揮できなかった原因の1つである可能性がある．マフカモフは1985年から共和国共産党のトップだったが，この人事は当時「綿花汚職[6]」を契機としてモスクワ中央が中央アジアの各共和国における人事刷新を試みたことが背景として指摘されている．マフカモフは「モスクワの手先」であるなどとして，またタジク語よりもロシア語を主に用いていたことなどから，共和国指導部内で浮いていた存在だったという．1988年4月，最高議会ではクロブ州とクルガンテパ州を合併しハトロン州とする議題について協議が行われた．この件はモスクワからの承認を得たが，地元エリートへの相談が行われなかったとして激しい抗議にあった．この合併については，マフカモフによる地域のパトロン・クライアント関係の解体という意図があったとされる［Epkenhans 2016：35, 103-4］．1991年8月のクーデター未遂事件後，最高会議は提出された不信任案を可決し，マフカモフは辞任した．そして1991年9月，タジキスタンは独立を宣言した．

　独立後，1991年11月に実施された大統領選挙によりマフカモフの前に第一書記を務めていたナビエフ・ラフモンが57％の得票率で大統領に選出された．IRPT，ラリ・バダフシャン，民主党などが支持し30％を得票した次点のフド

ナザーロフ（GBAO 出身の映画監督）はドゥシャンベの都市部タジク人から支持を集めた一方，ナビエフは北部や多様な民族から支持を集めた［塩川 2021：2117］．その後，ナビエフが腹心（またはナビエフの黒幕とされた）のケンジャエフをそれまでカラテギン渓谷出身者が歴任してきた最高会議議長職に就けたり，GBAO 出身の内相の更迭（汚職，ネポティズムの咎による）が批判を招いたりするなど，地域主義を軸にした対立が深刻化した［Epkenhans 2016：223；宇山 2012：287］．この少し前，1991年12月には，ラリ・バダフシャンは GBAO の自治拡大の要求水準を，自治共和国の設立にまで高めるようになった［塩川 2021：2118］．ドゥシャンベ市内では体制派及び反体制派がそれぞれ大規模な集会を，至近距離にあるそれぞれの広場で開催するのが常態化した．ケンジャエフの罷免を求める決議が最高会議で否決されると反体制派の不満が高まり，反体制派が最高会議に突入し，18人の議員を人質にとる事態にまで発展した（その後ケンジャエフは辞任に追いやられるも，2日後に KGB 議長に就任）．1992年5月，ナビエフが体制派の集会参加者を「大統領親衛隊」と称して，彼らに自動小銃を配布する挙に出たことにより，事態は武力衝突に発展した［Epkenhans 2016：246］．

（3）内戦の推移：無秩序化から新たなアクター間構造の出現へ

内戦発生後，タジキスタン国内では検事長の暗殺や閣僚の相次ぐ辞任など，情勢不安が広がっていった．1992年9月，ナビエフはレニナバードに移動しようと空港へ向かったところを武装勢力の急襲を受け，強制的に辞意を表明させられることになった（その後，GBAO 出身のイスカンダロフが臨時大統領になる）［Akiner 2001：38］．

旧政権側（以下，体制派と呼称する）は1992年10月に「人民戦線」を結成したケンジャエフや元ギャングのサンガク・サファロフ[7]，11月にレニナバードにて開催された第16回最高会議議長に選出されたラフモノフ[8]が主な政治アクターとなった．ラフモノフは2週間前までは農場長の職にあった人物であった．この経緯については，ケンジャエフの失脚やクルガンテパ州の掌握，外国や援助機関との交渉によって存在感を示してきたサファロフが，自身の経歴から表立って動くことを避け，ラフモノフを押し立てた，という指摘がある．人民戦線部隊は10月，11月と立て続けにドゥシャンベに侵攻し，掌握した．ケンジャエフはクロブ閥との関係が強いとされた．このころ，それまではレニナバード閥のジュニアパートナーであったクロブ閥とレニナバード閥との力関係が逆転した

写真6-2　ドゥシャンベ市内で撮影したソ連戦車
出所：筆者撮影．

とされる．

　一方反体制側の動きとしては，アフガニスタン北部に拠点を移したIRPTが中核となってタジキスタン・イスラーム復興運動が結成され，議長となったアブドゥッラー・ヌリが反体制派の中でも中核的な役割を担うことになる．ヌリは70年代からイスラーム主義活動を行っており，ソ連時代には逮捕され18カ月のシベリア抑留を経験している［Epkenhans 2016：191-93］．当時中央アジアではソ連崩壊に伴いイスラーム復興が進んでいた．タジキスタンでは，1988年時点で国内に17の公式モスクと約1000の非公式モスクが存在していたとされているが，1991年末までに130の大規模モスク，2800の小規模モスクまたは礼拝所が開設され，そのほか150のコーラン学校が開設されたという［Ниязи 1999：156］．ただ，この内戦におけるイスラーム主義が果たした役割については抑制的な見方が一般的であり，IRPTやヌリは反体制派を糾合する中核となったとみるのが妥当である［帯谷 2004：121-24］．体制派からは反体制派に対して「ワッハーブ主義者」というレッテル張りの言説が，対立をあおる目的からしばしば用いられた．[9]

　体制派は1993年3月に全土の一応の掌握を見た．1993年6月，タジキスタン・イスラーム復興運動を中核に，その他の反体制派が糾合する形で，タジク反対派連合（UTO）が組織された．これにより反対派の窓口が一本化され，双方が交渉のテーブルにつく状況が出来上がってきた．一方，タジキスタン・アフガニスタン国境地帯では，国境を警備するロシア国境警備隊と越境して攻撃

を仕掛ける武装集団との間で戦闘が続き，1993年7月にはロシア軍がアフガン側の村落に対して砲撃を行い，アフガニスタン政府が抗議を行った［Brown 1997：95］．後述するような，国内アクターと国外アクターの関係もあり，タジキスタン内戦は国際的な要素を備えつつあった［湯浅 2015：95］．

　内戦が進行する中，タジキスタン国内は荒廃の一途をたどった．1992年10月には国内避難民は20万人から40万人に達したとの試算がある［Epkenhans 2016：298］．難民は国外にも逃れ，政情不安定なアフガニスタンにも流れ込んだ．1993年にはインフレ率は2000％を記録した［Akiner 2001：60］．経済的困難が深まるにつれ，1993年6月，GBAO は独立要求を断念し，ドゥシャンベに対し支援を求めるに至る［Brown 1997：94］．国内の治安は悪化し続け，これについては特に体制派がギャング集団を自派に引き込んだことも影響した．当時の状況については，内戦中に秋野豊が現地調査を行い要人にインタビューなどを行ったほか，マフィアの跋扈，隣国とのつながりを利用して地方領主化する有力者，ドゥシャンベ市内で跳梁する民兵の様子などを伝えている［秋野 2000：162-204］．

（4）小　括

　これまで述べてきた内戦の展開を踏まえると，タジキスタン内戦は地域主義が主となって引き起こされたというよりも，政治エリート間の対立が直接的な原因としてまず挙げられ，それに地域閥が動員されたことが，その後の内戦の激化を招いた，といえるのではないか[10]．内戦発生当初の当事者であった政治エリートたちは後景に退き，その後は新たなアクターが「顔」として登場し，反体制派ではイスラーム勢力が中核的役割を担うことになった．後述する外部アクターとの関係を受けて再びアクター構造が再構築されていく過程は，その後の和平妥結へ向けてのプロセスにおいて重要な意味を持つことになる．

第2節　外部アクター：内部アクターに及ぼす影響力とプレゼンス

　包括的和平合意に至る過程について考察する前にまず，本節にて，和平妥結へ向けて大きな役割を果たした外部アクターの，紛争当事者やその内部アクターとの関係，またタジキスタン内戦における立場について述べていく．

　停戦へ向けた試みは，内戦開始当初から行われてきた．例えば1992年5月に

内戦が勃発した直後には旧共産党政権メンバーが中心となって国民再統合政府（GNR）が結成されたが，これに対しては違憲であるとしてレニナバード州やクロブ州の州議会（州ソヴィエト）が批判を行っている．また，フドナザーロフの呼びかけにより締結された停戦や捕虜釈放などを呼びかけるホルグ合意も，ナビエフは招待されず，IRPT の創設者であり UTO の副議長であるトゥラジョンゾダも不参加など[11]，有効性を欠いた．これらの状況から，もはや紛争当事者のみでの和平実現は難しいことは明らかであった．

（1）ロシア：ラフモノフのパトロンであり最大の外部アクター

　内戦発生当初からナビエフなど内戦当事者がロシアや独立国家共同体（CIS）に介入や仲介を求めてきたことから，ロシアに対しては現地から父権的（paternal）な役割への期待があったものと推察される［Poujol 1997：111］．タジキスタン国内に軍および国境警備隊を駐留させ，アフガニスタンから国境を越える武装勢力と交戦し戦死者も出しているロシアは，第三者（third party）というよりも，当事者性が強い外部アクターといえる．

　ロシア自身，内戦ぼっ発前からタジキスタン情勢に関心をある程度寄せていた[12]．1991年12月のソ連崩壊より以前に，エリツィンがタジキスタン入りしていた．内戦発生後に展開した CIS 平和維持軍もロシア軍が中心であり他の CIS 加盟国の兵力拠出はわずかであった［Lynch 2000：5-8］．独立当初，タジキスタンは正規の国軍を編成できておらず，ロシア軍および国境警備隊がタジキスタン国内に展開する唯一の軍事組織であった[13]．実効的な軍事力を提供するほぼ唯一の外部アクターであるロシアをパトロンに持つことは内部アクターにとって，国内で優位に立てることを意味した．ロシアの軍事プレゼンスは最終的には地域秩序にも影響を与えた［湯浅 2015：111］．

　もっとも，ロシアの対タジキスタン内戦関与については，1993年ごろまでは明確な方針がみられなかったように思われる．ソ連崩壊直後の弱体化したロシア軍の実態，混乱した国内状況，チェチェン紛争での失敗が，介入を躊躇させたとされる［Lynch 2000：35；湯浅 2015：88-89］．当時ロシアは旧ソ連構成国とは「文明的な離婚」のプロセスの途上にあった．その後のプーチン政権，特に2010年代以降の「影響圏」内部での紐帯強化へ向けた動きとは逆に，中央アジアからは「退く」方向に対外関係のベクトルが働いていたといえる．エリツィンは新生ロシア独立後に大統領に就任したのちは，在任中に中央アジアを３回

しか訪問していない（1993年にトルクメニスタン，1995年にカザフスタン，1998年にウズベキスタン）．1992年10月には議会においてタジキスタンからロシア軍を撤退させる意向を示している［Poujol 1997：101；Притчин 2022：114］．共産党を排除しロシアの指導者となったエリツィンにとって，旧共産党勢力を後ろ盾としているラフモノフを支援することには抵抗があったこと，また当時むしろサウジアラビアをはじめイスラーム諸国との関係構築に前向きであったことを指摘する先行研究もある［Klimentov 2023：349］．

　にもかかわらず，ロシアがタジキスタン内戦に対する関与を深めた理由の1つとして，後述するアフガニスタン情勢の悪化に加え，高いレベルでの外交戦略の変化を挙げることができる．新生ロシアの外交政策は当初は「大西洋主義」と呼称され対欧米接近志向が強くあったが，その後「ユーラシア主義」と呼称される，ロシアのアイデンティティを欧州とは異なる独自性に求め，旧ソ連圏やアジア諸国との関係強化を重視する外交方針へと転換するようになった．宇山［2012：293］はロシア側のキーマンが欧米志向のコズィレフ外相から中央アジアに理解の深いプリマコフ（対外情報庁長官，のち外相）に変わったことが交渉に与えた影響について指摘しているが，このことは外交戦略の変化の文脈から理解することも可能かもしれない．

　加えて，ロシアは旧ソ連諸国のみならず，イランやパキスタンなど，ほかの外部アクターとの間に有効な外交チャンネルを有するという点で，外部アクターの中では際立った存在であった［湯浅 2015：102］．1993年ごろにアフガン国境の情勢が緊迫化し，政治的解決の後押しへ向けた動きが強まる中，プリマコフはイランやアフガニスタン，パキスタンなど関係各国を飛び回り，亡命中のヌリとも会談するなど，体制派と反体制派が相互不信の状態にある中で和平仲介の役割を果たした[14]．ロシアが各方面に対し働きかけを行ったことは，和平プロセスの中で妥結へ向けた機運をもたらした［Iji 2020：137］．

（2）アフガニスタン：外部アクターおよび外部要因として

　タジキスタン内戦およびその和平には，隣接するアフガニスタンの情勢も影響を及ぼしている．前述したように，反体制派のうち，イスラーム勢力はアフガニスタン北部に拠点を移し，戦闘員の訓練の実施や武器の調達を行っている［Искандаров 2008：146-46；宇山 2012：288］．体制派が全土をほぼ制圧した後も，アフガニスタンが反体制派にとっての本拠地及び後背地として機能したという

こともできる．ソ連崩壊から内戦開始に至るまでのころ，国境警備体制は脆弱であり，国境地帯の住民は比較的自由に往来できる状態にあったという［Искандаров 2005：14］．

　アフガニスタンには，タジキスタンに住んでいるよりも多い民族タジク人が居住しており，エスニシティの面でも紐帯が強い．時の政権のラッバーニ大統領，マスード国防相含め，政権中枢にもタジク人が多数いた．また，ラッバーニは1993年12月にドゥシャンベを公式訪問しており，これはタジキスタン独立後初めての外国首脳の訪問であった．タジキスタンとアフガニスタンはこの成果として友好善隣条約を締結している［Искандаров 2008：146］．

　また，いわゆる「イスラーム過激派」の中央アジアへの波及は，ロシアを含む外部アクターの危機感を高めた．ロシアの軍や情報機関の関係者にはソ連によるアフガン侵攻に関わったアフガン戦争経験者（アフガンツィ）が多数おり，イスラーム主義者に対し強い警戒心を持っていたこと，アフガン侵攻をイスラーム主義のソ連圏内への波及を防ぐ戦いと捉えたこと，そしてタジク内戦についてもその文脈で理解していたこと，についても指摘されている［湯浅 2015：97；Klimentov 2023：350］．1993年7月にはタジキスタン・アフガン国境で発生した武力衝突でロシア国境警備隊に24人の死者が発生したことも，ロシアの危機感を高めたとされる．多数の中央アジア出身者をメンバーに含む過激派組織が編成され，タジキスタンとの国境を越えて反体制派の側で戦闘を行ったとされている．そして，1996年ごろからの，タリバーン勢力の伸長も，タジキスタン内戦に影響を及ぼした［Князев 2001：147-48］．

（3）イラン：反体制派の支えとなる一方ロシアとも良好な関係

　イランはすでにソ連時代から総領事館をレニングラード（現サンクトペテルブルグ）とドゥシャンベに設置するなどしていたが，タジキスタンの独立を契機にさらなる関係強化に乗り出していた．1991年12月にアリ外相がタジキスタンを訪問しナビエフと会談を行い，領事の交換を含む15項目について合意を行った．翌1992年3月11日にはドゥシャンベ・テヘラン間に定期航空便が就航している．また，1992年6月30日，ナビエフは内戦の最中にも関わらずテヘランを公式訪問し，経済，貿易，学術および文化面での協力に関する合意を結んだほか，イラン側から軽工業向けの機材など5000万ドル相当の無償援助を取り付けている．タジキスタンでは独立後，イラン系の基幹民族であるタジク人のアイ

デンティティやルーツへの希求が高まり，その文脈でイランとの文化面での交流強化の流れもあった［Месамед 2010：150, 158-61］．

　また，イランはタジキスタン国内のイスラーム勢力にも，影響力を及ぼしていた．IRPT 自体，イランでのイスラーム革命に影響を受けたとされており，トゥラジョンゾダは，1991年から1992年にかけてイランへ亡命している．

　もっとも，イランがタジキスタン全体に及ぼしうる影響は限定的であったと言わざるを得ない．そもそもタジキスタン国内のイスラーム勢力は，イランのイスラーム革命が標榜するような超国家的なイデオロギーを志向しておらず，また，タジキスタン社会全体としてイスラームに関する基礎知識が十分でなかったことも，イスラーム国家の樹立の可能性を低くしていた［伊地 2005：13；Iji 2020：95］．経済面においても，2000年代を通じて対イラン貿易が占める割合は数％にとどまっており［Государственный Комитет Статистики Республики Таджикистан 2008：11］，プレゼンスは限定的であった．トルコの元首相のダウトオウルは，旧ソ連崩壊直後の，テュルク系民族が多数を占める中央アジアに対するトルコの外交について「ノスタルジック」なものだったと指摘したが［ダウトオウル 2020：411-15, 420-21］，当時のタジキスタンとイランとの関係強化についても同様であったといえるかもしれない．しばしば指摘される，イスラーム勢力に対するイランの影響力は，モラル面に限定されていた可能性がある．

　イランはロシアとは，兵器貿易，対米関係などを巡って友好的な関係または利益を共有していたことから，「代理戦争」のような構造は成立しなかった［宇山 2012：292；Iji 2020：96］．対ロシア（ソ連）関係についても，1979年のイスラーム革命後に当時のソ連とイランとの関係は悪化したが，その後1980年代には改善を見せ，タジキスタン内戦当時の1990年代には「地政学的」利益から，ロシアはイランとの関係を重視していたとされる［Филин и др 2016：687］．

（4）ウズベキスタン：直接的な関与も和平プロセスから一定の距離

　隣国であり中央アジア地域最大の人口を擁するウズベキスタンは，タジキスタンの内戦に際して，体制派に直接的・軍事的な関与を行った．1993年には体制派を支援するために激戦地であったカラテギン渓谷を爆撃した［Epkenhans 2016：11］．また，アフガニスタン領内の反体制派拠点を爆撃したほか，対アフガン国境の街テルメズに訓練や物資提供を通じて体制派を支援するための拠点を設けている［Horsman 1999：38, 39］．1993年5月の，ラフモノフによる「ロ

シアのエリツィンと，ウズベキスタンのカリモフ（大統領）がいなかったら，タジク国家は存在していなかった」[Poujol 1997：99] との発言は，このような事情が背景にあったといえよう．

　ウズベキスタンは地勢的にアクセスしやすいレニナバード閥と強い関係を有していたとされる．内戦が終結に向かう中でタジキスタンでは，レニナバード閥をはじめウズベキスタンと関係の深いアクターが排除された（後述）．これに対しウズベキスタンは不満を強め，和平プロセスに対して距離を置くようになったとされている．カリモフは1995年にはトゥラジョンゾダら反体制派と会談を持ったが，これはその不満の発露とも推察される．ウズベキスタン領内の，タジク系が住民の多数を占めるサマルカンドやブハラの帰属をめぐっての対立や，水資源配分の問題などと併せて，内戦時の経緯はその後のタジク・ウズベク関係（というよりも，ラフモノフとカリモフ間の個人的な関係）の悪化に影響を及ぼした可能性がある．

第3節　和平プロセス：推移および考察

（1）対話ラウンドとハイレベル会談：妥結へ向けた機運の変化

　タジキスタン内戦の和平交渉は，1994年から1997年にかけて8回にわたって実施された「対話ラウンド」が主たる場となった．対話ラウンドの実施場所をめぐっては，ロシアでの実施を主張する体制派とそれに反対する反体制派との間で対立があったとされる．アダミシン露外務第一次官の調整により，最初の対話ラウンドはモスクワで実施し，以降，テヘランやイスラマバードでも実施することで決着をみた [Iji 2020：34]．対話ラウンドには内戦当事者以外ではおおむね，中央アジア諸国およびロシア，パキスタン，イラン，アフガニスタン，欧州安全保障協力機構（OSCE，ラウンド当初は欧州安全保障協力会議：CSCE），イスラーム協力機構，国連難民高等弁務官事務所からオブザーバーが参加している．

　以上表6-1からもわかるように，対話ラウンドでは第1回から第4回までの間では大きな成果がみられなかった．内容は難民問題や戦闘停止など，双方にとって取り組みやすい技術的な課題や，取り組むべきことが自明な課題に終始した．対話ラウンドは当初，政権側が決定権を有するランクの人物を送ってこないとして反発して反体制派の代表が欠席したり，結ばれた停戦合意が破られたりするなど，難航した．そもそも体制派は交渉開始当初，交渉中にも関わ

第6章　タジキスタン内戦　　133

表6‑1　タジキスタン内戦の和平をめぐる対話ラウンド

対話 ラウンド	開催時期及び 開催地	主な内容
第1回 ラウンド	1994年4月 モスクワ	今後の交渉へ向けた日程調整のほか，難民問題に関する共同委員会の設置に関するものを含む5つの文書署名が行われた．なお，以下8回にわたる交渉ラウンドのうち，この第1回ラウンドにのみ，前述に加えイギリスおよびアメリカがオブザーバー国として参加している．
第2回 ラウンド	1994年6月 テヘラン	国内およびアフガン国境における戦闘及び敵対行動の停止とされた．このラウンドでは反体制派側からイスラーム復興の進展についての要求が出される．文書署名は，交渉継続に関する共同コミュニケのみとなった．
第3回 ラウンド	1994年10～11月 イスラマバード	反体制派からはトゥラジョンゾダが代表として参加するようになる．国内およびアフガン国境における戦闘・敵対行動の停止に関する共同委員会に関するプロトコルなど3つの文書への署名がなされた．
第4回 ラウンド	1995年5～6月 アルマトィ	立憲体制の構築およびタジキスタン政府の結束が主題とされたものの，目立った成果は得られなかった．
第5回 ラウンド	1995年11月～ 1996年7月 アシハバード	3つのステップに分かれて協議が行われた． 第1ステップ：捕虜や行方不明者に関する情報を相互に交換したほか，UTOからは政党や政治活動に関する課題，UTOの政府への参画について提案があった（内容は不明）． 第2ステップ：ヌリ他相互のハイレベルからの書簡が公開された他，国連のイニシアチブによるアシハバード宣言を発出． 第3ステップ：捕虜交換などについて話し合われ，テヘランでの合意に基づき戦闘行為を停止する旨の共同宣言など3つの文書を採択．
第6回 ラウンド	1997年1月～2月 テヘラン	国民融和委員会の位置づけについて協議．1997年1月19日付で署名されたプロトコルでは，難民の安全な帰還を12～18カ月のうちに実施することが目指され，国連などへの支援が要請されたほか，体制派政府が難民を社会的経済的に統合するため支援を行うとされた．
第7回 ラウンド	1997年2月～3月 モスクワ	UTOの軍事組織の段階的な（政府側への）統合，武装解除および解散について議論が行われた．具体的には，UTOの軍事組織を双方が合意した地点に終結させ兵器や弾薬の集計を行うこと，およびそれに伴うUTO軍事組織の，CIS軍の監視下での指定個所を通じてのアフガニスタンからの帰還，タジキスタンの治安・軍事機構への統合，などについて協議が行われた
第8回 ラウンド	1997年4月～5月 テヘラン	2つのステップに分かれて協議が行われた． 第1ステップ：めぼしい成果なし． 第2ステップ：体制派，反体制派が対等に参加する国家和解委員会を設置すること，反体制派に対し，政府ポストのうち30%，選挙管理委員会のポストのうち25%を割り当てること，タジキスタンの治安・軍事機構の改革およびUTO軍事組織の武装解除と統合，避難民の帰還，恩赦，反体制派政党の活動に対する活動の制限や禁止の解除，などを含む文書が交わされた．この文書に対しては国連に対し履行の保証と監視を要請するとともに，オブザーバー国であるロシア，パキスタン，イランおよび中央アジア諸国に対しても，保証国となること，およびドゥシャンベで保証国の外相会談を行うことが要請された． また，第8ラウンドではIRPTをはじめとした政党活動への制限の解除や，報道の自由などについても合意が交わされた．

出所：Усмонов［2006］，Iji［2020：72］を基に筆者作成．

らず憲法改正や議会選挙を強行するなど，妥結させる意思が低かったことが指摘されている［宇山 2012：289；Iji 2020：46，49-50］．

　和平交渉は対話ラウンド以外にも，別途に都度実施されたラフモノフおよびヌリのハイランク会談でも推進された．当初反体制派の存在自体を認めていなかったラフモノフが，大統領選挙の半年後にカブールまで足を運ぶ形でヌリと初会談を実現させたり（1995年5月，3カ月の停戦などについて合意［Akiner 2001：54]），不安定な情勢が続く中で3割の政府ポストを反体制派に割り当てたりすることなどで合意を見たことが（1997年5月於ビシュケク），1カ月後の和平合意[20]へとつながるなど，このハイランクの会談が和平交渉に大きな機運をもたらしたともいえる．対話ラウンドで体制派，反体制派のコンタクトを維持することにより，ハイランクの会談によってもたらされた機運の高まりを回収し妥結へと向かうことが可能になったといえる．

（2）和平過程の考察：紛争当事者内部の一体度と外部アクターの影響

　Iji はタジキスタン和平が成功した理由として，和平仲介国の利益が収束していたこと，和解条件に関する合意，国連の調整権限の受諾，の3つを指摘している［Iji 2020：185]．本章ではこれまでの考察において，外部アクターの政策変更や外部アクター間の関係性，隣国の情勢変化といった背景が大きく作用したことを強調した．また，これらが上述の成功理由の背景となったことを示唆した．

　体制派についてみてみると，ラフモノフ政権の体制としての「一体度」は当初，疑問符が付くものであった．ラフモノフ政権の樹立に際しては軍閥やマフィア勢力からの支援が大きく，閣僚にも前科者やマフィア関係者が多数含まれるような状況であった［Driscoll 2015：86-87]．その一方，軍事面では，体制派は必ずしも優勢だったとはいえなかった［Lynch 2000：154，166]．ラフモノフからすれば，アフガニスタン情勢の緊迫化や，イスラーム主義の興隆にロシアが警戒心を抱く趨勢の中，反体制派の中核をイスラーム勢力が占めたことで，結果としてロシアからの支援を受けることになり，大きな利益を得ることになった．当初タジキスタンから「退く」ベクトルが働いていたロシアが関与を深めざるを得なくなったことは，ラフモノフにとって好都合であったといえる．タジキスタンは，ロシア国境警備隊より人員育成などの支援を受けて軍備化を進め，1992年12月に国軍と国境警備隊，1993年4月に内務省軍の編成にこぎつ

けている[21]. 1993年5月にはロシアとタジキスタンとの間で, 二国間の軍事協力の法的基盤となる友好協力相互援助条約が締結された [湯浅 2015：Пирумшоев, Маликов 2009：404].

1997年の交渉妥結へ至るまでに, 体制派側ではラフモノフを中心として「一体度」が高まる動きがみられ, これが交渉妥結のためには好適な状況を整備することになったとみられる. まず, 大統領就任に際して後ろ盾となった人民戦線幹部のサファロフが1993年に死亡している. またラフモノフは, ウズベキスタンと関係が深く, 数多くの軍閥を生み出したヒッサール閥の排除に乗り出した. このことは同じく進行したレニナバード閥の和平交渉からの排除 [伊地 2005：18-20] と同様, ウズベキスタンとの摩擦を生みだしたという. かかる有力者排除の動きについて Driscoll [2015：164, 218] は「脱ウズベキスタン化」と形容しており, ウズベキスタンとの関係が強い軍閥は速やかに排除される傾向にあったという. また, ウズベキスタンに近い軍閥の排除については, ロシアとウズベキスタンの中央アジアにおける主導権争いも指摘されている. ラフモノフは徐々に, 地縁でつながる人物や近親者を要職に就けることによって, 権威主義体制を固めていった.

これらの要素が作用して, 体制派側は複数のパトロン・クライアント構造を包摂する内部構造から, ロシアをパトロンとするラフモノフ・クロブ閥へ一本化させ, 一体度を高めた. このような過程と結果には, ラフモノフの自らに権力を集中させようという政治アクター個人としての動機に加え, ロシアがほかの外部アクターに対し圧倒的な優位にあるという, 外部アクター間の力関係が反映された, といえるのではないか.

一方, 反体制派の内部要因については, 軍事力をイスラーム勢力が独占していたこともあってか, 一体度について疑問視するような資料ないし先行研究は管見の限りでは見当たらない. 反体制派内部には民主派や民族主義者のグループも含まれていたが, これらは主に都市部のインテリ層が支持母体であり, 地方農村まで大衆動員力を持たなかったことが, 結果としてイスラーム勢力が中心となった背景として指摘できよう[22].

ロシア以外の外部アクターに着目してみると, 反体制派が拠点としていたアフガニスタンのラッバーニは1993年12月にタジキスタンを公式訪問したが, これに対して反体制派からは「体制側の立場を強くする」との懸念があったとされる. 同年にタジキスタンとアフガニスタンとの間で友好善隣条約が締結され

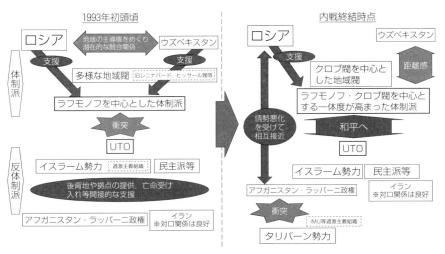

図6-2　タジキスタン内戦をめぐる内外アクターの相関図
出所：筆者作成.

たほか，国境紛争の翌月の1996年8月にはアフガニスタンのラッバーニ政権とロシアの国境警備隊当局間において，シュグノン国境地点周辺に安全地帯を設けて反体制派の武装勢力を防ぐ旨の議定書が署名されるなど，ラフモノフおよびそのパトロンのロシアとラッバーニ政権との接近が見られた．このころにタリバーン勢力がカブールを制圧したことも，ラッバーニ政権をロシアやラフモノフへの接近へと後押しした可能性がある．カブール陥落は，ロシアの危機感や和平へ向けた機運をさらに高めた．その結果，当初反体制派の存在自体を認めていなかったラフモノフが和平交渉のテーブルに着くことになった．その一方，反体制派からすれば，外的環境が不利に傾き，ラフモノフとの妥協へ後押ししたと考えることもできよう．このような流れの中，ラフモノフとヌリは，先述した1995年の会談のほか，1996年にもラッバーニとマスードの周旋にて会談を実施している［Искандаров 2005：148-49］．

　和平合意は，結果として，体制派と反体制派，というよりも，クロブ閥とUTOとの間で結ばれた，という性質のものとなり［伊地 2005：20-21］，ラフモノフとクロブ閥中心の政権が温存されることとなった．[23]

（3）和平後の展開：減勢する反対派，合意履行の限界

　和平後のタジキスタン内政については，クロブ閥優勢の下での権力再配分に旧反体制派が限定的に参入する形になったとして，和平合意後の権力配分には限界があったと指摘されている［伊地 2005：22］．和平合意後，反体制派はその存在感を減退させていった．実際に占めることとなった政府ポストは3割の水準に達しなかったが，政府ポストの割り当てを受け取ったことで妥協したとみなされ大衆からの支持を失ったと指摘されており，1999年の大統領選挙ではトゥラジョンゾダがラフモノフの支持に回る有様であった．また，ヌリに対しては，妥協を続けた結果ラフモノフ政権のジュニアパートナーとなったとしてUTO内部から批判が上がった．その一方，急進化する過激派を巡っては，批判することも支援することも難しいという，厳しい立場に立たされた[24]．イスラーム勢力はその後，合法政党として制度内に残るグループと急進派とに分かれた．

　先述のとおり，旧ソ連崩壊当初ロシア国内では中央アジアから「退く」政治ベクトルが働いていたことを考えると，タジク内戦がロシアにとって旧ソ連圏域内の安全保障維持へと関心を向ける一因となり，また湯浅が指摘するように，タジク内戦を機に，ロシアの中央アジアにおける勢力圏の維持，地域秩序が形成された，といえる［湯浅 2015：111］．ラフモノフのパトロンとなったロシアがその後も「旧宗主国」として関与を続ける一方，イランなどが和平後も反体制派を支援し続けるかについては疑問符が付くことは明白だった．

　これらを踏まえると，和平合意後に旧反体制派のプレゼンスが縮小していったのは必然だったといえるのではないか．

おわりに

　タジキスタン内戦は，旧共産党政権時代の政治エリート間の対立から戦闘へと発展し，その後無秩序化を経て，地域閥に基づいた権力配分の争いとなった．そのようなカオスのような状態から，紛争当事者の一体度（特に体制側）が高まったことにより，和平妥結へ至ることができたといえる．また，内部アクターのパトロンたる外部アクターの思惑や，外部アクター間の力関係や競合も，内部アクター間の権力関係の再構築や，その後の権力配分に影響を及ぼしたと思われる．

タジキスタン内戦の和平交渉は当初，内部アクター（体制派）において妥結へ向けた機運が低調であったことから，なかなか前進しなかった．しかしその後，周辺地域情勢の悪化により外部アクターから和平への圧力が高まったことや，ロシアの外交戦略の修正といった外部要因の変化が，クロブ閥以外の地域閥の排除による紛争当事者の一体度の高まりと併せて，和平妥結への機運をもたらした．和平の結果については，当初反体制派との交渉自体を拒否していたラフモノフを交渉の席につけたのはロシアおよび国際社会からの圧力があったからであろうが，反体制派が権力配分などで妥協することになったのは，自陣営の背後に，ロシアに対抗しうる外部アクターがいなかったことも原因の1つとして指摘できよう．和平後の権力配分がラフモノフ・クロブ閥にとって優位に進んだことも，このような外部アクター間の影響力の優劣が影響を及ぼしたと考えられる．

最大の外部アクターであるロシアの対タジキスタン内戦関与は，関与対象国の不安定化ないし分離主義勢力の支援を目的としたジョージア（グルジア）やモルドヴァ，ウクライナなどへの関与と異なり，対象国の安定化を強く志向していた点を，特徴として指摘できる［Iji 2020：150］．旧体制側が親ロシア側の立場に立ったという，他の旧ソ連地域の紛争事例とは異なる構造も，内戦の帰結に影響しただろう．また，ロシアが目指したタジキスタンと周辺地域の安定化は，方向性として他の外部アクターと共有しうるものであった．最大の外部アクターであるロシアが和平仲介者として，紛争当事者のうち分離主義勢力「ではない」側を支援する方針を明確にしたこと，他の外部アクターと目的を共有していたこと等が，和平交渉において――早急に内戦を終結させる，という意味において――ポジティブに作用した可能性がある．

外部アクターについていえば，国際連合やOSCEなどの国際機関も一定の役割を果たしたといえるが，やはり和平仲介者として最も影響力を及ぼしたのはロシアであろう．Iji［2020］は紛争における和平仲介者を多様に分類したうえで外部アクターが果たした役割について，紛争当事者が対話のテーブルに着くまでの1993年1月から1994年3月までに，多くの役割をロシア政府高官が果たしたことを指摘し，CIS平和維持軍が交渉の保障・モニターとしての役割を果たした，としている．なお，CIS平和維持軍の主力はロシア軍であり，カザフスタン，キルギスなどほかの兵力拠出国は予算の拠出を渋るなど，参加の深度に疑問符が付く[25)]．ただし，そのロシアもまた国連の参画による国際社会から

の「お墨付き」を求めていたこと，また，それぞれの対話ラウンドにおいて，国際機関がシャトル外交などを通じた調整を行ったことや，対話ラウンドのホスト国の貢献も，特筆されるべきであろう．

　本章を通じてタジキスタン内戦から得られた発見は，他の旧ソ連地域の紛争についての事例研究という文脈のみならず，① 外部アクターの政策の変更が紛争当事者間の和平交渉の機運に与える影響，② 外部アクター間の関係性が和平交渉妥結の結果とその後の履行に与える影響，③ 内部アクターと外部アクターとの関係が紛争当事者の一体度に与える影響，など，広く紛争と仲介，外部アクターの関与といった課題にも，示唆を与えうると思料する．

注

1）ラフモノフは2007年以降，ロシア風の名前を改して「ラフモン」と名乗っているが，本章ではそれ以前の時期を多く扱うことから，ラフモノフの名前で統一するものとする．

2）意味は「復活，復興，再生」．作家同盟やインテリ層がメンバー．タジク語の国家語指定，街路などの地名の「脱ソヴィエト化」，ウズベキスタンに対するタジク人の文化的自治の要望を行っている［Shirazi 1997；Epkenhans 2016：50-51］．

3）世俗的で民主的な政府の設立，タジキスタンの文化振興などを目指す．多民族志向に特徴があり，非タジク系にもアピールするため，当初副党首にロシア系を任命した［Shirazi 1997；Epkenhans2016：51-52］．

4）党名は「バダフシャンのルビー」の意味．ドゥシャンベのGBAO出身者コミュニティが結成［Epkenhans 2016：51-52］．

5）組織の目的としては，ソ連地域のムスリムがコーランやイスラーム法が求めるところとの調和の下に生活できるようにすること，それを達成する手段は立憲的手段とし，テロや過激主義は排除するとされた［Epkenhans 2016：189-90］．

6）「ウズベク汚職」とも．綿花生産が盛んなウズベキスタンにおいて発生した大規模な綿花生産高の粉飾事件．政府要人の間での賄賂工作が明るみになり，モスクワ中央にも捜査の手は及んだ．

7）複数回の逮捕歴がある著名なギャング．1992年10月頃から，ケンジャエフの失脚などにともなって，最有力者としてのプレゼンスを示すようになった．内戦終結当初は軍事アカデミーに名前が冠されるなど英雄としての扱いがされたが，2000年代半ばからその名前が見られなくなった［Epkenhans 2016：269，359-60］．

8）レニナバードで開催された理由としては戦火が及んでいないことがあった．コズィレフ露外相はビシュケクでの開催すら提案したという［Epkenhans 2016：339-40］．

9）例えばケンジャエフは，緊張が高まっていた1992年4月28日，体制側の集会参加者に「ワッハーブ主義者との闘い」を呼びかけている［Epkenhans 2016：238］．

10）例えば宇山［2012：288］は，共産党勢力が共産主義イデオロギーへのこだわりを

失っており北部およびクロブ，西部のヒサルの地盤を活用した一方，反体制派は東部ガルム地方および GBAO を基盤としていたと指摘しつつも，GBAO 内では共産党系の州議会議長がポストにとどまり，両派の協力で比較的平穏な状態が維持されていたと指摘しつつ，各地域が一枚岩ではなかったことを指摘している．

11) 宗教指導者．独立前の1988年に公式ウラマーに任命されている．なおジャーナリストのアフメド・ラシドによると，後にウズベキスタンイスラーム運動（IMU）を設立したジュマ・ナマンガーニー（本名：ジュマボイ・ホジャエフ）は弟子筋にあたり，ナマンガーニーも IRPT の配下でタジキスタン内戦を戦った［Rashid 2002：142-44；湯浅 2005：56］．

12) ロシアはタジキスタン国内のロシア系住民に対しても関心を寄せていた．1992年４月にタジキスタンを実務訪問したコズィレフ露外相はナビエフやユスポフ・タジキスタン民主党代表との会談を実施したほか，現地のロシア系住民と会談を持っている（*Народная Газета,* 10 апреля 1992 г.）．

13) なお，要員数については２万5000人という数字が当時はたびたび示されていたが，実際には第201自動車化狙撃師団（当時）を含め定員を下回っていたとみられていたことから，Poujol［1997：101］は当時の報道を引用しつつ１万5000人程度と推察している．

14) Iji［2020：5, 35］は，仲介者の役割をさまざまな種類に分類したうえで，このようなプリマコフの役割を，対立する者同士の対話意思を探り代替解決案を検討するとともに，対話へ向かわなければならない根拠を示すことで彼らを納得させる「探検者（explorer）」であると指摘している．

15) 2003年の時点でタジキスタンに居住しているタジク人は約445万人である一方，アフガニスタンに居住する民族タジク人の数は約717万人とされ，世界のタジク人全体の半数以上がアフガニスタンに居住しているとされる［帯谷 2005：318］．

16) この軍事衝突の後，シュリャフキン露国境警備隊司令官およびバランニコフ露保安相は解任されている［Orr 1997：154-55］．

17) *Народная Газета,* 6 декабря 1991 г.

18) *Народная Газета,* 13 марта 1992 г.

19) *Народная Газета,* 1 июня 1992 г.

20) ただし，プリマコフは，この「反体制派への政府ポスト３割割り当て」について，これより以前に反体制派から同意を得ていたと述べている［プリマコフ 2002：124］．

21) *Национальное Информационое Агентство Таджикистана ХОВАР,* 10 апреля 2023 г.（https://khovar.tj/rus/2024/04/segodnya-den-vnutrennih-vojsk-tadzhikistana-rass kazyvaem-ob-istorii-formirovaniya-i-segodnyashnih-funktsiyah-etogo-podrazdeleniya/，2024年４月16日閲覧），*Национальное Информационое Агентство Таджикистана ХОВАР* 28 мая 2024 г.（https://khovar.tj/rus/2024/05/v-tadzhikistane-otmechayut-30-yu-godovshhinu-obrazovaniya-pogranichnyh-vojsk/，2024年５月30日閲覧）．

22) この都市部と農村との乖離については，旧ソ連崩壊直前のバルト諸国との違いを指摘するものもある［Epkenhans 2016：46-49］．

23) Iji［2020：170］．一方反体制派は，対話ラウンドの中で設立される国家和解委員会に

ついて，大統領と比肩する権威を持たせることで，連合政権へ向けた過渡的な役割を期待していたとされるが，そのような流れにはならなかった［Iji 2020：68］.

24）*Eurasianet,* 19 June 2000（https://eurasianet.org/nuri-and-the-future-of-tajikistan, 2023年6月5日閲覧).

25）平和維持軍のウズベキスタン部隊は体制派を支援しているとしてキルギスが批判するなど，部隊拠出国間の関係性，調整の面でも課題があった［Horsman 1999：39］.

第 7 章

沿ドニエストル紛争

紛争解決を困難にする「仲介者」と「当事者」の二面性

佐藤 圭史

写真：ティラスポリ市の基礎を築いたとされるアレクサンドル・スヴォロフ将軍の
銅像
松嵜英也氏提供.

はじめに

　2022年2月にロシアが「特別軍事作戦」と称してウクライナ戦争を開始すると，非承認国家「沿ドニエストル共和国（PMR）」は，国際社会から注目を浴びるようになった．国際法上，モルドヴァ共和国内に位置する PMR は「ロシア語話者」が多いとされ，ロシア軍が長年に亘り駐留し，当該地域を30年以上実行支配する PMR 政府がロシアの庇護，「仲介」を度々求めたことから，「特別軍事作戦」に呼応し「第2のクリミア」，「第2のドンバス」へと発展する可能性が指摘されたのである．

　ソ連末期に生成した沿ドニエストル紛争は，交渉のアクターが二国間，地域間，多国間であるかを問わず，度重なる和平交渉を経ながらも，現在に至るまで未解決である．国家語・国旗・国歌の憲法規定改正を求めてモルドヴァ民族運動がキシナウを中心に高揚したのに対し，「ロシア語話者」とされる沿ドニエストルの企業代表・労働組合代表・地方政治家が，1990年9月2日，「ロシア語環境と多民族社会の保護」を目的としてドニエストル川左岸地域を中心とした「領土」にて「主権宣言」をした．これが，現在にまで至る沿ドニエストル紛争が勃発した日であると一般的に定義される．ソ連崩壊後，独立モルドヴァ共和国政府は自称「主権国家」の存在を国家主権侵害とみなし，新設モルドヴァ国軍は，治安回復を実現するために沿ドニエストルへと侵攻した．1992年5～6月，モルドヴァ国軍は，沿ドニエストル自警団及び支援に入ったロシア第14軍との間で武力衝突を激化させ，ドニエストル川右岸のティギナ（露名：ベンデール）では民間人を巻き込む市街戦へと発展した．その後，紛争当事者による度重なる停戦交渉は，合意に至るものの遵守されず［Cristina 2006：907］，武力衝突の終焉は，1992年7月21日のエリツィン＝スネグル停戦合意による「仲介」まで待たなければならなかった．

　沿ドニエストル紛争の停戦・和平交渉を巡る評価は，他事例との相対的比較から概して高かった．ナゴルノ・カラバフ，アブハジア，南オセチア，チェチェン等で凄惨な戦闘が続いたのに対し，沿ドニエストルでは，比較的早い段階で武力衝突が沈静化されたことが注目される．以後，境界線上の散発的小規模衝突こそあれ，大規模な武力衝突は1992年以来発生していない．これが，紛争管理の「好例」と評価される主な理由である［Vahl and Emerson 2004：18］．

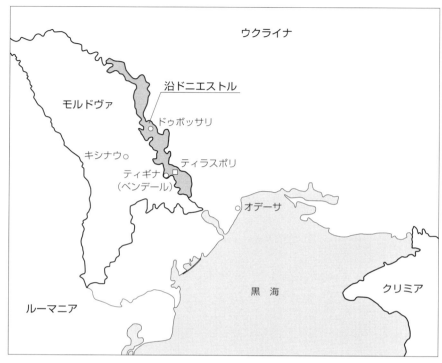

図 7-1　モルドヴァ及び沿ドニエストル (PMR) と主要都市
出所：筆者作成．

　また，他と比較し，地域住民に「民族」を根拠にした敵意が低いことから「最も解決容易な紛争」とも言われた [Popescu and Litra 2012：2]．さらに，国家形態を巡る対立（連邦制国家とするのか，コンフェデレーション制国家とするのか等）こそあれ，モルドヴァ共和国の領土保全について，紛争当事者及び仲介者，オブザーバーの間で見解が概ね一致しており，また，各方面から解決案が提起されてきたことからも，「考えられうる解決方法を有した事例」とも評された [Vahl and Emerson 2004：24]．では，このような外部からのポジティヴな評価にも関わらず，なぜ現在まで紛争解決に至っていないのであろうか．その要因を検証する上で，本書の第Ⅰ部，理論研究パートは多くの視点・論点を提供してくれる．本章では，それらの理論研究パートを補強・実証する目的で，①「仲介者」としての外部アクターの多様性及び多面性，②内部アクターの多様性，そして当該アクター同士の紛争交渉に対する見解の近似度の観点から，モルド

ヴァ共和国，沿ドニエストル紛争のケーススタディを進めていく．

第1節　「仲介者」としての外部アクターの多様性及び多面性

　本章の主要な関心は，沿ドニエストル紛争に関わる外部アクターよりも，紛争当事者としての内部アクターの一体度，各アクター同士の関係性および見解の差異にある．ただ，沿ドニエストル紛争に関しては，外部アクターの「仲介者」としての役割について誇張，誤認された見方もあり，和平交渉における内部アクターに及ぼす影響・役割・立ち位置などを改めて確認する必要がある．また，後述の通り，外部アクターと一口に言っても，仲介者であるのか，当事者であるのか，潜在的仲介者であるのか，など決して一様とはいえない．さらには，ロシアのように「仲介者」と「当事者」という二面性・二重性を有するアクターも存在する．

　本節では，紛争仲介者，オブザーバーとして代表的なロシア，EU，OSCE（欧州安全保障協力機構），そして，潜在的に重要なアクターであるウクライナとルーマニアについて言及する．アメリカは，沿ドニエストル紛争和平交渉の基本フォーマットである「5＋2フォーマット」の公式なオブザーバーであり，特にモルドヴァ側から，紛争勃発時よりロシアとのバランスを保つ「仲介者」として期待されてきた．しかし，アメリカは，結論からいうならば，地政学的リスクを冒してでも，ロシアの「近い外国」に入り込み，積極的に仲介する理由と利益を見出すことはできない．ロシア側から「アメリカ陰謀論」が根強い中，不要な対立を避けるためにも，距離を置いたスタンスを今後とも維持することが予想される．本節では，この理由から検証対象とする外部アクターからアメリカを除くことにしたい．

（1）ロシア：「仲介者」か「当事者」か

　プーチン大統領にとって，これまでの旧ソ連諸国の外交政策を見る限り，モルドヴァを含む旧ソ連邦構成共和国は通常の国際法的概念で捉えられる独立国家とは異なり，盟主ロシアを中心とした「近い外国」（Near Abroad）の一構成「主体」と認識されているように思われる．これら「主体」への関与は，沿ドニエストル，アブハジア，南オセチアなどの，いわゆる「分離主義国家」（separatist states）を支援することで，モルドヴァやグルジアなどの親国家への影響

力を行使し，ロシア勢力圏の防衛・維持・拡大に努めているとの意図も垣間見える[5]．このような勢力圏防衛の観点から，ロシア以外による「近い外国」での外交活動は平和目的を前面に掲げていたとしても，ロシア側から内政干渉として認識されると考えられる．

　ロシア政府は，明確な外交方針を持って，沿ドニエストル紛争に対する姿勢を一貫させてきたわけではない．時と場合に応じて，仲介者，紛争当事者，分離主義者の後援者，庇護者などの多面的な側面を見せてきた[Rosa 2021：11]．「仲介者」の役割としては，エリツィン＝スネグル停戦合意を締結させ，平和維持軍的位置付けの「統一管理委員会」（Joint Control Commission：JCC）を組織したことである[Rosa 2021：11]．止むことのない武力衝突に対し国際機関が有効な手立てを打てない中，いかなる形であれ，エリツィンが停戦に至らしめた結果が，ロシアの「仲介者」としての交渉プレゼンスを高めさせた[Vahl and Emerson 2004：7]．「当事者」としては，同地にソ連時代より駐留する陸軍機械化部隊が，ソ連崩壊後にロシア第14軍として再編成され，PMR側に軍事物資を供給，技術的・軍事的訓練を持って支援したことに示される[Rosa 2021：13]．この点に絡み，停戦はロシアの「仲介」による外交成果ではなく，PMR及びロシア軍にモルドヴァ国軍の物理的対抗を不可能とさせた，軍事的成果によるものとも言われている[Vahl and Emerson 2004：6]．

　「仲介者」にせよ「当事者」にせよ，ロシアは，PMR及びモルドヴァを勢力圏と見なし，影響力を行使している側面にも着目すべきであろう．ジョン・ベイヤーとステファン・ウルフは，沿ドニエストル紛争に対し，ロシアは「レバレッジ」と「リンケージ」を行使しつつ勢力圏確保に努めてきたと説明する．すなわち，エネルギーを中心とした経済的力学や駐留軍を用いた軍事的力学による「レバレッジ」が，ロシア語・ロシア文化・ソ連の文化的・政治的・経済的遺産を共有する「リンケージ」の中で，モルドヴァ＝PMRとの外交関係において作用・発揮されてきたのである[Beyer and Wolff 2016：345]．同様の形で，EUの「近い外国」での外交活動は，EU側の真意にかかわらず，「新たな近隣政策（European New Neighborhood Policy）」に基づくEUとの制度的親和性を促す「レバレッジ」と「リンケージ」の行使としてロシア側より認識される．このような脅威認識と勢力圏防衛がロシアの「仲介」の基本であるならば，紛争当事者のどちらかに与しない，中立的なスタンスを維持することは根本的に難しいであろう．ここまで「仲介者」的側面から概観してきたが，ロシアは，

「当事者」としての側面を持ち合わせており，モルドヴァ，PMR のアクター同様に次節で別の角度から検証していくことにしたい．

（2）EU：影響力を持つオブザーバー

　国際機関の OSCE を通じ，オランダ，ドイツ，スイスなどの欧州各国が単体で紛争調停に関わったこともあるが，組織的かつ長期的に関わってきたのはEU としてである．1990年代は，EU か，西欧諸国単独かを問わず，アメリカ同様，ロシアの「近い外国」での地政学的リスクを避けるインセンティヴが働いてきた．しかし，2003年からのルーマニアの EU，NATO 加盟交渉が本格化したことにより EU の紛争に対する姿勢に変化が生じた［Beyer and Wolff 2016：340；Vahl and Emerson 2004：24］．EU の「新たな近隣政策」を進めるプロセスで，EU 隣国となりつつあるモルドヴァ共和国において，PMR を通じた密輸と組織犯罪の「ブラックホール」の縮小・消失が求められた［Vahl and Emerson 2004：20］．つまり，EU の最大の関心は，健全な商取引・経済活動の観点から EU 圏の安全保障上の脅威を除去することにある．モルドヴァ共和国外相を務めるニコラエ・ポペスクは，ロシアとの直接交渉，OSCE を通じた和平交渉には限界があり，EU の直接関与による二者間協議のみが紛争解決を前進させると期待してきた［Popsecu 2005：3, 8］．また，欧州諸国の総体としての EU は，欧州一国単体よりも，創設概念，人口規模，経済規模，領土から見てロシアと相対する「国力」を有することからも，モルドヴァにとって望ましいアクターと思われた．

　EU は，OSCE，NATO，国連などの国際機関とは異なり，経済封鎖，自由貿易などの，より効果的な経済的方策を用いて関与することができる．エヴゲニー・シェフチュク第2代 PMR 大統領時代には，モルドヴァ共和国の通商規定に従う代わりに PMR に対する EU 市場開放を認めた．PMR 経済を支えるコングロマリット「シェリフ」にとって，高利潤を生み出すことのできる EU 市場は非常に魅力的である．ゆくゆくは，経済的結びつきの強化が両地域間の善隣を促し，経済的・政治的・法的障壁をとり除く気運が高まることも期待される．モルドヴァ，PMR への市場開放に向けた動きは，2012年頃より，『深化した包括的自由貿易協定（Deep and Comprehensive Free Trade Area：DCFTA）を含む連合協定』の交渉過程が開始され，後述する『シェフチュク＝ロゴジン・プロトコル』署名までは順調に EU との関係改善が進むものと思われた．

EUの公的なポジションに関しては，2005年の『オデーサプロトコル』締結時には，「5＋2フォーマット」でのオブザーバーとして定められたが，現在に至るまで公式な形での仲介者を務めたわけではない．とはいえ，EUとしては，仲介者の肩書取得を「勢力圏争いへの参入」とロシアから誤認されるよりは，自身の政治・経済・法・文化に基づくソフトパワーによって，モルドヴァとPMR側の自発的なEUへの歩み寄りを促すことのほうが最適であろう．東欧地域のEU統合ベクトルがオブザーバー以上の影響力をEUに付与しているといえる．

（3）OSCE：定常的仲介者

　OSCEは，1992年より沿ドニエストル紛争の仲介を担ってきた．OSCEの前身，CSCE（Conference on Security and Co-operation in Europe）が安全保障と経済・人道を絡めた交渉スタイルにより東西冷戦終結に果たした役割は大きく，また，ソ連邦（ロシア）がCSCE主要国であったことから，ソ連崩壊後の紛争調停に携わる国際機関として大きく期待された．1993年11月にモルドヴァCSCEミッションが創設され（1994年以降はOSCEミッション），新興独立国家モルドヴァに，国際社会での交渉の舞台を提供してきた点は評価される［Vahl and Emerson 2004：10］．

　しかし，これまでのモルドヴァ側・PMR側双方からの一般的な評価としては，紛争の最終的解決をサポートする仲介者として高いとは言えない．モルドヴァ側からはロシアと妥協的であるとされ，ロシア側からはモルドヴァOSCEミッションの代表に欧米諸国出身者が多いことから欧米寄りであるとされるなど，双方より仲介者としての脆弱な立場が指摘されてきた［Vahl and Emerson 2004：4］．また，軍事力や取り決めに対する法的拘束力などの強制力を伴う介入能力に欠けるなど機能面での問題も指摘される．1992年の武力衝突時には，モルドヴァ共和国政府がCSCEに合同平和維持軍の派遣を依頼したが実現されなかった［Vahl and Emerson 2004：7］．当時，国連平和維持軍，OSCEによる監視団が世界の紛争地で形成されたが，既に軍を駐留させていたロシアとの関係から，モルドヴァ共和国側の要請に応えることは物理的に困難であったものと考えられる．法的拘束力の面では1999年イスタンブールサミット決定において問題が露呈した．ロシアとの長年に亘る交渉を経て，同会議での決定により，2002年末までのモルドヴァ・ジョージア領内からの駐留ロシア軍撤退の合意に

至った．しかしながら，期限までの撤退は実施されず，その後も期限の延長がされるものの，現在においても同軍の完全撤退は未だに実現していない．

他方で，モルドヴァ OSCE ミッションによる，外交チャンネルを喪失しないための絶え間ない努力を過小評価すべきではない．OSCE による交渉テーブルの組織は数多く行われ，JCC を含む PMR 政府代表との会合等も持続してきた．完全撤退にまで至っていないものの，ロシア駐留軍の人員削減，コバスナ弾薬庫からの武器弾薬の部分的撤収がされるなどの一定の成果も出している [Hill 2013 : 291]．さらに，ウクライナ戦争により，PMR 側より OSCE の役割が重視されつつあることも事実である．ロシア政府が開戦以降，欧米諸国や国際社会とのチャンネルを大きく制限する中，現職のヴァジム・クラスノセリスキー第 3 代 PMR 大統領は，国際機関の代表や，欧米諸国の駐モルドヴァ大使を PMR 首都のティラスポリに招き，会談を継続している．その中でも OSCE の公式訪問の頻度が高く，西側との貴重なチャンネルの 1 つとなっている [佐藤 2023]．クラスノセリスキーとしては，和平交渉は「5＋2 フォーマット」により再開すべきであるとの立場を明らかにしており，OSCE は安易に断絶してはならない外交ルートの 1 つなのである．

（4）ルーマニア：潜在的「仲介者」

ソ連邦末期のモルドヴァ民族主義運動の中には，大ルーマニア主義に基づく，ルーマニアとのユニオニズム的思想が 1 つの構成要素として含まれていた．東西ドイツおよびチャウシェスク政権の崩壊が，このユニオニズム的思想を現実的なものとする政治的・社会的風潮を生んだ．しかし，ルーマニア統合案は，民族間の衝突を嫌う多くのモルドヴァ国民から支持を得られず，ソ連崩壊前の段階で国家統合の考えは留保された．それよりも現実路線としての「主権国家モルドヴァとしてルーマニアとの近い外交関係を樹立すること」が国家目標として設定された [Vahl and Emerson 2004 : 6]．人口の多数派（1989年センサスで64.5％，2014年センサスで75.1％）を占めるモルドヴァ人は，ルーマニア語が母語であり，2021年の段階で約 4 分の 1 がルーマニア国籍保持者とされる [Necsutu 2021]．ルーマニア統合案は，社会保障・貧困対策を優先する大衆から支持を受けなかったが，ルーマニア民族を自認し，ユニオニズム的思想を支持する国民は，インテリを中心に少なからず存在する [Cristina 2006 : 914]．特に，EU 加盟国となったルーマニアへの羨望はモルドヴァ国民間で高まり，2001年12月

の欧州理事会によるシェンゲン条約の対象国見直し以降, ルーマニア国籍保持者が急増した [Vahl and Emerson 2004：19]. 2018年3月27日に, ベッサラビア・ルーマニア統一100周年記念の節目を迎えたが, モルドヴァ (ベッサラビア), ルーマニアを問わず, 一部の愛国主義政党 (例えばルーマニアの国民再生党など) をのぞき, ユニオニズムが活性化したわけではなかった. 2018年1月のルーマニアでの意見調査では回答者の27%のみが「統一は必要」と回答した.[7]

　このような歴史的・民族的背景を持ちつつ, 沿ドニエストル紛争当初, ルーマニアは仲介者として, ロシア, ウクライナ, モルドヴァの4者会談の一席を占め, 諮問機関メカニズムを組織した. しかしながら, 武力衝突の激化により当該メカニズムを機能させるまでには至らなかった [Vahl and Emerson 2004：7]. ルーマニアも体制転換プロセスにおいて, 汚職問題・貧困問題を含む数多くの経済・社会問題を抱えていたため, 隣国の武力紛争に関わる余裕などなかったのが事実である. 直近までの基本戦略としては, ルーマニアとしてではなく, EU・NATO 構成国の代表として,「広域黒海地域」(Wider Black Sea Region) の枠組みで, PMR, アブハジア, 南オセチア, ウクライナ南部での紛争解決及び安全保障の確保にスタンスを置いている [Dungaciu 2014：23, 48-49]. つまり, 主要な関心事項としては, 密輸防止など, EU 東部国境沿いでの安全保障であり, 沿ドニエストル紛争そのものへの仲介にはないと考えられた.

　このようなルーマニアの姿勢に変化の兆しを見せたのがウクライナ戦争である. プーチンの念頭にある「勢力圏」がどの程度までであるかは想定しきれないが, モルドヴァを EU とのバッファーゾーンとしたいのか, あるいは「完全制圧 (占領)」を推し進めて「属国」としたいのか, いずれにせよ, 安全保障上の脅威にこれらの地域が晒されているとの危機感をルーマニアに抱かせるようになった. それと呼応するように, ロシアからの更なる干渉を防ぐためにも, 沿ドニエストルの分離論やユニオニズム的論調がルーマニアやモルドヴァの一部で言及されている. 沿ドニエストル紛争に対する基本的な外交スタンスに今のところ大きな変更は見られないが, ロシアの今後の PMR・モルドヴァ政策次第では, 異なる方向へ大きく舵を切る可能性もありうる.

（5）ウクライナ：影響力を増す仲介者か将来的紛争「当事者」か

　ウクライナは, 旧ソ連およびヨーロッパ第2の大国である. また, PMR と陸続きの「国境」を接するモルドヴァの隣国であることから, 国境管理を含む

仲介者として長年に亘って期待されてきた．1995年，OSCE を通じ公式の仲介者となるが［Vahl and Emerson 2004：11］，モルドヴァ側が期待し続けてきた合同国境管理に応じる姿勢が2000年代まで明らかではなかった［Cristina 2006：917］．主な理由としては，国境沿いの人的交流（家族・親戚の移動）の制限を越境的地域住民が望まなかったこと，地元経済が PMR との密輸から利益を得ており，地場産業の意向を汲んで厳格な貿易管理を避けたことなどが考えられる．ただ，ウクライナは多くの地続き国境を多方面に持ち，モルドヴァ国境にチェックポイントを完備する金銭的・人的余裕がなかったことも主な理由の1つと考えられる．

　このような状況に変化が見られるのは，親欧米派とされるヴィクトル・ユシチェンコがウクライナ大統領に就任した2005年前後である．2005年11月の EU 国境サポートミッション（EU Border Assistance Mission to Moldova and Ukraine, EUBAM）がウクライナ＝PMR「国境」沿いに設置され，オデーサ港への密輸ルートを遮るシステムが構築された［Rosa 2021：10］．オデーサ港は PMR 貿易にとって死活的に重要なインフラ施設である．2005年の設立当初は70名の職員数であったが，その後，EU 職員100名，現地職員120名へと増強された．EUBAM を軸とした協力体制が PMR 経済に与えたダメージは大きいとされ［Сергеев 2015：99-102］，より効果的な国境管理を実施する目的のもと，全国境ゲートでのチェックポイント導入が早い段階で期待された［Popescu 2005：43］．現在モルドヴァ共和国政府は EUBAM を強化・継続実施する一方で，PMR 側は「経済封鎖」として EUBAM を用いたモルドヴァ共和国政府への非難を続けている．

　ゼレンスキー体制下のウクライナ政府は，「親露派」になる可能性を完全に否定できない PMR を，ウクライナ南西部，オデーサに脅威を与える存在として認識している．現在，ウクライナ政府，ウクライナ軍が PMR 近郊に意識を向ける余裕がないが，既に「対岸の火事」ではなくなっている．PMR を誘導し，オデーサに本格的な軍事作戦が展開されれば，仲介者から軍事力の行使も辞さない「当事者」へと変化する可能性もある．

第2節　当事者としての内部アクターの多様性及び多面性

　紛争のアクターを最も簡略化すれば当事者はモルドヴァと PMR である．し

かし，モルドヴァは，非承認国家 PMR を外交上の主体と見なすことを避け
（外交主体とした場合は「国家」認識したと PMR 側に誤認される可能性が出てくるため），
ロシア，EU，OSCE との間での和平交渉を望んでいる．また，「仲介者」であ
るロシアは「当事者」的態度を見せつつ，他の国際機関を排除したモルドヴァ
との二国間による外交交渉を期待している．沿ドニエストル紛争の当事者は，
単なる二極構造ではなく，モルドヴァ，PMR にロシアを加えた三極構造にあ
り，この位置関係が，他の旧ソ連圏の紛争ケースからも際立っている点である
といえよう．そこで，本節では，前節で述べた影響力を行使する外部アクター
との関係性（「レバレッジ」及び「リンケージ」）を念頭に，紛争当事者としての内
部アクターの多様性及び多面性について，PMR，モルドヴァ，ロシアの順に
検証していくことにしたい．

（1）PMR：政界と財界の差異

　PMR で，紛争交渉に関わる主要なアクターは，大統領，最高会議，主要政
党の「革新党（Обновление）」，コングロマリット「シェリフ」である．結論を
先取りすれば，紛争解決方策に関する見解において内部アクター間の相違は小
さく，和平交渉を巡り対立が生じた事例はほとんど外部に表出していない．

　紛争当初，沿ドニエストルの地域住民は，民族運動及び民族間対立の激化を
恐れ，自身の生活環境を守るために PMR 建国を支持した［Protsyk 2009：260-
61］．国家体制に関して，PMR 政府の基本的なラインである，いわば「独自の
国防・外交を有する極めて独立状態に近い主権国家」案は，PMR 国民からも
概ね支持されている．このようなバックグラウンドから，交渉内容及び紛争解
決方法において，スミルノフ大統領，PMR 政府高官，国民との間に認識のズ
レは大きくなかったといえる．ただ，武力紛争終結から時間が経ち，「国家」
運営が概ね軌道に乗り，大手企業の成長・議会政治の定着により，PMR 政府
と一般国民に加えて，理想的国家体制や紛争仲介の見解に影響を及ぼす可能性
を持つと見なされる内部アクターの存在が顕著になってきた．その最たる存在
がコングロマリット「シェリフ」である．

　「シェリフ」は，PMR 内務省特殊部隊出身のイリヤ・カズマルィ，ヴィク
トル・グシャンにより1993年に設立された[8]．他の旧ソ連圏で散見された事例と
同じく，経済的混乱による闇経済から財をなしたコングロマリットである．
2015年の調査報告によると，PMR 国家予算の3分の1は「シェリフ」からの

法人税収とされ，PMR 政治・経済・社会に与える影響は甚大である［Gershkov-ich 2021］．政界への影響力行使は，スミルノフ大統領時代後半に発揮されるようになり，2009年，「シェリフ」とスミルノフとの間で平和的共存に関する戦略的合意書が締結された［Wolff 2012：11］．この時から現在に至るまでシェリフの政治団体「革新党」は，PMR 最高会議の過半数以上を占め，政界での影響力が増している．2020年11月に実施された最高会議選挙の結果，革新党は33議席中29議席という圧倒的多数派を形成している．製鉄所・電力施設等 PMR 産業の主要な企業を抱える「シェリフ」としては，自然な経済法則に従う限り利益率の高い市場に自社製品を送り込むことが重も望ましい．CIS 市場よりも EU 市場がより魅力的であり，この観点から紛争解決方法は，EU との経済関係を分断するものではなく，コングロマリットの利益を増進するものが望ましい．同時に，利益が確保されるのであれば，「シェリフ」にとって，これまでの和平交渉において主要な論点となってきた国家形態・国家体制については，大きな争点とはならない．

　このため，和平交渉を巡る議論において，「シェリフ」であれ，その政治団体「革新党」であれ，スミルノフの政党「共和国党」であれ，概ね一致しており［Protsyk 2009：271］，最高会議と大統領との間にも大きな意見対立は見られない．PMR 政府は紛争解決のためのモルドヴァ国家形態について，これまでに，国家連合（コンフェデレーション）内での主権国家，アブハジア・南オセチアのような「独立国家」等について言及してきた．また，ロシア連邦への「編入」あるいは将来的統合が「国民の多数派意見」として，たびたび対外的に発信されてきた．しかし，2006年のロシアへの将来的統合を問う国民投票では，78.5％の有権者から98.07％の支持を集めた（とされた）にもかかわらず，ロシア政府関係機関との公式協議事項として進展を見せていない．上記のように，「シェリフ」の利益確保が PMR の国益と合致しないのであれば，モルドヴァの一地方への編入は当然ながら，ロシアの一地方への編入や，国際的規範に従わなければない独立ですらも現実的選択肢には入らない．既得権益保護の観点からも，国際ルールに従う義務のない現行の非承認国家を存続させることが最適となろう．PMR 政府側が，「ロシア統合を望んでいる」といった外的に発信される紛争解決案と，内的に期待されている紛争解決案との間にはズレがあると見た方が良い．

　同時に，PMR 政府が紛争和平案を積極的に提案する立場にはない点につい

ても留意したい．非承認国家として存続した方が PMR および「シェリフ」に
とって利益確保の基板となるのであれば，敢えてそれを自らの手で崩す必要は
ない．このことが，モルドヴァ側あるいは国際社会から和平案を PMR 側に提
案する展開を見せてきた原因と思われる．PMR は，解決案を積極的に提案す
る立場ではないがゆえに，アクター間で意見の相違はそもそも生じ難いとも言
えるのである．

（2）モルドヴァ：国民の政治的無関心と政策顧問のプレゼンス

　モルドヴァの紛争交渉に影響を与える主要アクターは，大統領，外務欧州統
合省，主要政党，シンクタンクである．表面的に見た場合，モルドヴァの地政
学的位置付けから，各アクターが，親欧米＝ヨーロッパ統合派，親ロ＝ユーラ
シア統合派に分かれ，それぞれが望む解決案を持って対立してきたかに思われ
る．しかし，現実にはそのような東西間の駆け引きといった内部対立は，目
立った事件，例えば，エネルギー・貿易を巡る経済問題や，コザクメモランダ
ム署名に関わる外交問題などを除き，モルドヴァ政治の係争事項とはなってい
ない．

　そもそも，モルドヴァ国民の多くは，沿ドニエストル紛争解決に対する関心
が概して低い．モルドヴァ独立から，「ヨーロッパ最貧国」と呼ばれるように
なる1990年代より，国民は政府に貧困対策を常に求めてきた．それに続き，年
金，雇用，犯罪防止，インフレ抑制が優先事項であり，紛争解決は 9 ～10番目
に位置したにすぎない [Popescu and Litra 2012：3]．国民の低関心のため，各主
要政党は紛争解決案の討議に時間と労力を割く必要性が感じられず，当該案件
をマニュフェストにも多くを反映させてこなかった．

　各政党に所属する政治家・最高会議議員にとっても，国際社会より紛争解決
手段として提案されてきた「モルドヴァ連邦案」などの国家形態の再編を巡る
問題は，積極的に議題として取り上げたいものではないだろう．既に事実上の
独立国家である PMR を，モルドヴァ共和国内に留めるためには，「大幅な自
治」，「特別な地位」を付与する経済的・政治的譲歩が必要となる．例えば，
1993年の CSCE による提案では，国防・外国・安全保障の国政の要職を PMR
出身者に委ねることや [Vahl and Emerson 2004：10]，コザクメモランダムでは，
議会の地域代表割合を PMR 出身者が26議席中 9 席占める（人口比では 4 議席程
度となる）などが提案された [Löwenhardt 2004：110]．独立以来，政権主要ポス

ト・議会議員の地位の安定的確保が難しいモルドヴァ中央の政治家にとって，自身の立場をさらに脆弱にする和平交渉案の協議にメリットを見いだすことはできない［Popescu and Litra 2012：3；Hill 2013：293］．このような国民及び政治家の一般認識から，大統領，あるいは首相個人の精力的意思表示とは別に，マイア・サンドゥのかつての ACUM ブロックも，「親ロ」的とされるイゴール・ドドンの社会党も，政党として紛争交渉に関する明確なヴィジョンを示してこなかった[9]．

　このような背景から，紛争交渉の主要アクターは大統領の動向に関心が集まる．とはいえ，大統領が紛争交渉も含め独占的に行ってきたかといえば，必ずしもそうではない．顕著な例が，在モルドヴァ OSCE ミッション代表を務めたウィリアム・ヒルが「最も解決に近づいた」と評する，2003年のコザクメモランダムの署名を巡るキャンセル問題である．当時モルドヴァ大統領を務めた，モルドヴァ共産党党首ヴラディミル・ヴォロニンは，「スラブの選択」としてロシア・ベラルーシとの国家連合創設を公約に掲げ，「親ロ」的姿勢を打ち出していた．この流れで，ロシアによる「仲介」が進展し，ドミトリ・コザクの提案による非対称型連邦案を受け入れる準備へと入った．しかし，PMR，モルドヴァ，OSCE が当該案を認めた後に，ロシア軍 PMR 駐留30年間延長がロシア側より一方的に条項に追加される事件が発生した．このロシア側の行為に対し，野党が反対集会を決起して大規模デモ活動へと発展した［Vahl and Emerson 2004：16］．事件後，ヴォロニンは，署名式典出席の出発準備に入っていたプーチンに対し実施キャンセルを伝達した．この突然の行為に関して，ロシア側は，ヴォロニンの独立した判断ではなく，国際機関，欧米諸国の入れ知恵であったと批判し続けている［Löwenhardt 2004：109］．しかし，欧米代表からの忠告を参照した事実は否定しきれないが［Beyer and Wolff 2016：340］，ヴォロニン自身が，EU とモルドヴァとの将来的関係を熟慮した結果，コザックメモランダムを拒否せざるを得ないと合理的に判断したものと理解できる．国家統合を果たした暁には，経済発展のためにも EU との安定的協力関係は欠かせない．しかし，EU 及びアメリカの納得が得られなかった解決方法では，国家運営の行き詰まりが明らかである［Vahl and Emerson 2004：16］．さらには，モルドヴァ中央だけでなく，PMR 側の極左勢力，祖国防衛同盟，親ロ派，独立支持派などがコザクメモランダムの導入に反対しており［Vahl and Emerson 2004：11］，国内外から否定的見解を示された連邦国家ではその後の破綻が決定

づけられる.

　一方で，ヴォロニン以降，親欧米のニコラエ・ティモフティ，「親ロ」のイゴール・ドドン，親欧米のマイア・サンドゥと方向性の異なる大統領に入れ替わるが，紛争交渉に対するモルドヴァ政府の姿勢に一貫性は見られる. 大統領就任後，サンドゥは，根本的紛争解決を性急に進めるのではなく，国境問題等の実務的課題から順次取り組む方向性を示している［Rosa 2021：11］. 当該アプローチは，コザクメモランダム時の2003年，当時シンクタンク研究員であったニコラエ・ポペスクにより案出されたものといえる. ポペスク［Popescu 2005：2-3］は，紛争交渉が進展しない理由は，既得権益を喪失しないために PMR 側が非承認国家という現状維持を望み，妨害主義（obstructionism）に基づいて交渉に当たることであり，この観点からも，PMR を交渉相手として通常の外交手段で紛争解決に当たることは不可能であると結論づけた. その代わりとして，「ボトムアップ解決法」（Bottom-up Solution）（自称「政府」との上部での交渉ではなく，国境管理と制裁による下部からの圧力により時間をかけて解決の糸口を探る）を提案した［Popescu 2005；Popescu and Litra 2012］. この方針に基づき具現化し，効果を発揮しているのが前出の EUBAM である. 現外相のポペスクは，2010年代のヴラド・フィラト首相時代に外政顧問を務め，イゴール・ドドン大統領下でも外務欧州統合相を務めた. 紛争交渉での政策方針の一貫性は，国際的合意を維持し，実行に移す，ポペスクを含む外務欧州統合省及びシンクタンクの活動に寄与するところが大きい.

　国民及び政治家の当該問題に対する低関心ゆえに，大統領という表現体を通じた，外務欧州統合省，そして，ポペスクのようなシンクタンク出身で，欧米諸国で留学・研修を受けた外交通の研究員・政策顧問達が，今後とも紛争和平交渉に強い影響を持つだろう.

（3）ロシア：大統領府，下院，外務省間の見解の差異

　ソ連邦の継承国家であるロシアは，紛争「当事者」であると同時に「仲介者」である役割を持つと言及した. 特に，沿ドニエストル紛争発生時は，ソ連の国内問題であったことが，仲介すべき事例として，継承国家ロシアの現在の立ち位置に大きな影響を及ぼしている. さらに，PMR 政府が事実上の独立国家を維持するためにロシアに庇護を求め続けてきた経緯もあり，PMR 国家予算はロシアからの支援がなければ破綻するとも言われる［Popescu and Litra

写真7-1　沿ドニエストル共和国の英雄アレクサンドル・レーベジの銅像
出所：松嵜英也氏提供.

2012：3；Beyer and Wolff 2016：347］．このような経済的「レバレッジ」を行使できる背景から，ロシア政府は「仲介者」とは異なる「当事者」としての影響力をPMRに有している．

　ロシアの当該紛争に関わるアクターは多様であるが，とりわけ，大統領・大統領府，外務省と下院（国家院）に注目すべきであろう．下院の愛国主義勢力が，モルドヴァに対する強硬姿勢や，PMR独立を「国民の意思」として支援する姿勢で一貫してきた．一方で，大統領・大統領府では，その当時の大統領の方針に従い過去30年間に姿勢を変化させてきた．エリツィン大統領時代の大統領府は，モルドヴァに高圧的だったロシア第14軍指揮官アレクサンドル・レーベジを紛争解決の阻害要因と見なし更迭，また，沿ドニエストル紛争の解決に向けて西側諸国及び国際機関などの国際社会と共同歩調を見せることもあった．しかし，プーチン大統領就任後は，その方向性から転換し，EU・NATO東方拡大を防ぎ，「ユーラシア統合」の前哨基地とする価値をPMRに見出し［Popescu and Litra 2012：1；Beyer and Wolff 2016：348］，コザクメモランダムによる紛争解決のイニシアチブを取るなど，モルドヴァとの二国間協議へと持ち込むことを好んだ［Löwenhardt 2004：107-8］．2012年，「シェリフ」に後押しされたシェフチュク第2代PMR大統領の就任に伴い，EUとPMRの貿易拡大を警戒したロシア大統領府は，政治機構内に史上初めて「沿ドニエストル」の名称を関した大統領全権代表のポジションを新設し，急進的愛国派のドミトリー・ロゴジンをそれに指名した[10]．シェフチュクは就任当時にPMR自立

政策を模索し，EU との関係強化も探ったが，インフラ整備を中心とした大型投資を通じて地元企業に大きな利益が生じるのであれば，ロシアとの経済関係強化も当然ながら歓迎すべきことである．ロゴジンは PMR を訪れ，シェフチュクとともに社会・経済・人道面での協力を進める協力文書『シェフチュク＝ロゴジン・プロトコル』に署名した．プロトコル署名を契機に，2012年11月，非営利団体「ユーラシア統合（本部モスクワ，代表部ティラスポリ）」が創設され，トロリーバスなどの交通機関，幼稚園，モルドヴァ語学校，沿ドニエストル国立大学医学部教育棟などの教育施設，コンクリートプラントなどの生産施設，結核診療所，化学療法棟，救急車，救急施設，医療機器などの医療関連物・施設が建設・設置・提供された[11]．さらに，雇用増をマスメディアで発信しつつ，改装の教育施設をカラフルに彩色し貢献度を視覚的に訴えるなどの「ショープレース」的戦略をとった［Kosienkowski 2019：187］．これは，EU 加盟後の，バルト諸国へのインフラ整備，都市景観改善などのような協力事業に対抗したものと考えられる．

　大統領府に対し，ソ連外務省からの伝統を引き継ぐロシア外務省は，ロシア＝モルドヴァの二国間ではなく，国際的交渉の場を用いる立場を一貫させてきた．国際的協議が困難な現在でも，ウクライナ，アメリカ，EU を含む「5＋2 フォーマット」による協議継続の方針を貫いている．ウクライナ戦争前，グリシェンコ・ウクライナ外務大臣と協議したセルゲイ・ラヴロフ外相は，「我々は（「5＋2 フォーマット」による）政治的交渉過程の再開に強い意欲を持つ」ことを表明した上で，「沿ドニエストルの特別な政治的地位を保障しつつ，モルドヴァ共和国の領土的一体性の枠組みで解決策を模索しなくてはならない」と従来の見解を維持した[12]．この姿勢は，前述のように，PMR 側の紛争交渉フォーマットに対する見解と概ね合致する．このようなロシア外務省と，大統領府との間の見解の差異は，コザクメモランダム時に表出した．コザクが提案したメモランダムはロシア外務省から賛同を得ることはできなかっただけでなく，ロシア外務省は，「5＋2 フォーマット」にコザクが関与すること自体に否定的見解を示した［Löwenhardt 2004：108］．これは，ロシア帝政・ソ連時代より続く伝統的上級外交官が，新設の大統領府特命代表の下部に置かれることを嫌ったためと考えられる．

　PMR 独立支持の意見が聞かれる下院の愛国主義勢力とは異なり，大統領府であれロシア外務省であれ，PMR の独立を公式に支持することはなく，むし

ろ，モルドヴァの国家的統一を尊重するとのスタンスを維持している．それは，ウクライナ戦争の継続，ドンバスでの動き，サンドゥ政権の欧米寄り政策を経ても目立った変化は見られない．ロシアにとって，PMR を独立国家と認めた場合，モルドヴァが西側に急接近することは避けられない．PMR を非承認国家のまま親国家に内包させ，当該地域での「リンケージ」を使い，「親ロ」環境を構築すべく，モルドヴァ政治・経済・社会に「レバレッジ」を行使することが，当該地域への利益確保に繋がるものと考えられる［Popescu and Litra 2012：3, 5］．モルドヴァ共和国の領土保全は，勢力圏的観点から「尊重」するのであり，国際的観点から国際法遵守を意識したためであるとは言い切れない側面がある．しかし，2008年のロシア大統領令によるアブハジア・南オセチア国家承認にロシア上院・下院，外務省が追従せざるを得なかったことからも，ロシア外務省は意志貫徹したアクターではなく，ロシア大統領の思惑により，現在のモルドヴァの領土保全原則を撤回する可能性も否定できない．

お わ り に

　本章では，沿ドニエストル紛争をケーススタディとし，紛争「仲介者」「当事者」の多面性・特性を理解し，内部アクター間の見解の相違，意見上の差異について分析してきた．モルドヴァでは国民・政治家の紛争に対する低関心から，一部の政策立案者に政策決定が委ねられていること，PMR では和平案を提案する立場にはなく，コングロマリットを中心に国益の確保を求める政治家の間で見解がおおむね一致していることが明らかになった．このため，紛争当事者の双方は，紛争交渉に対し比較的意見がまとまっている（一体度が高い，意見の近似性がある）とは言える．しかしながら，その主張自体が真逆のため，外交上での交渉の進展は期待できない状況に陥っている．他方，視点を外部アクターに移すならば，「当事者」的側面も併せ持つロシアは，自身の影響力を喪失する和平交渉に応じようとはしない．この点は，EU・アメリカも然りである．ここでも，外部アクター同士の勢力圏保護を念頭に主張が対立せざるを得ず，国際舞台での交渉進展も併せて期待できない．そして，ウクライナ戦争は，これまで何とか繋いできた外部アクターによる仲介構図を打ち崩すきっかけともなった．ロシア政府は，30年以上に亘り築き上げてきた「仲介者」としての役割を自らの手で破壊した．同時に，ウクライナの協力なしに成立し得ない

「5＋2フォーマット」の再開を，空虚にも国際社会へ求め続けている．このような状況において，これまでの流れを参照して既存の仲介法の将来的有効性を議論することは難しい．収束する兆しが見えないウクライナ戦争を前にして，全く新たなアプローチから和平交渉を検討する時期に来ているとも言える．

　紛争当事者であるモルドヴァ政府は，現在，非対称型連邦案，コンフェデレーション案を問わず，国家形態の確定による紛争解決を最優先課題としていない．かつては，国際社会参画の最低条件として，また，EU加盟に向けた喫緊の課題として，非承認国家問題解決の必然性が強調されてきた．しかし，キプロスモデルの立案・実践により「分離主義地域」が人質（hostage）とされる状況では既にない［Vahl and Emerson 2004：26］．モルドヴァ政府は，ポペスク・ポリシーに基づき，首尾一貫して国境管理の厳格化とロシア軍駐留撤退を求め続けている．駐留ロシア軍は，「平和」目的であれ，「監視」目的であれ主権国家を侵害する存在として認識される．しかし，その譲歩できない課題以外であれば，柔軟な見方と姿勢を持って，従来の価値観とは異なる紛争解決を念頭に置くことはできるであろう．例えば，PMRが非承認国家として仮に存続していたとしても，法・経済・政治面でモルドヴァ共和国政府の管理が当該地域に深く浸透しているのであれば，それを持って「紛争解決の第一段階」は完了したと見なすこともできるのである．

　注
　1）「沿ドニエストル・モルドヴァ共和国（Pridnestrovian Moldavian Republic, PMR
　　　［Приднестровская Молдавская Республика, ПМР]）」が公式名称．和文では，プリド
　　　ニエストル共和国，トランスニストリア共和国とも通称される．本章では，国家につ
　　　いて述べる場合は英語略称のPMRにて用語統一する．
　2）「ロシア作戦軍（Russian Operational Group of Russian Forces, OGRF［Оперативная
　　　группа российских войск в Приднестровье, ОГРВ]）」が公式名称．ロシア第14軍を
　　　1995年に再編成した駐留ロシア軍である．ロシア第14軍自体は，1991年末に，ティラ
　　　スポリに司令部を置いたソ連第14親衛諸兵科連合軍から再編されたもの．OGRFは，
　　　モルドヴァ，PMR，ロシアの3者から構成される平和監視を目的とした「統一監視
　　　コミッション（JCC: Joint Control Commission）」の軍組織とは異なる．
　3）クリミア併合問題と関連した比較研究はRogstad［2018］，Sterescu［2018］を参照
　　　されたい．
　4）紛争の過程・原因に関する網羅的先行研究は以下King［1999］，Bruchis［1997］，Dyer
　　　［1996］を参照されたい．
　5）"What does Putin Want? Assessing Interests in the Invasion of Ukraine"

（https://hnmcp.law.harvard.edu/hnmcp/blog/what-does-putin-want-assessing-interests-in-the-invasion-of-ukraine/, 2024年 6 月28日閲覧）

6 ） ラテン表記のモルドヴァ語であるか，ルーマニア語であるか，モルドヴァ共和国の公用語を巡る議論・法制化はソ連邦末期から度々されてきたが，2023年 3 月，モルドヴァ共和国議会にて，公用語がモルドヴァ語ではなく，ルーマニア語とする法案が可決された．ちなみに，PMR でモルドヴァ語は，ソ連時代より続くキリル表記の「ルーマニア語」のことを「モルドヴァ語」としている．"Moldovan Parliament Approves Final Reading of Romanian Language Bill," RFE/RL, 17.03.2023（https://www.rferl.org/a/moldova-parliament-approves-final-reading-romanian-language-bill/32321571.html/, 2024年 6 月28日閲覧）.

7 ） "Unionism in the Politics of the Republic of Moldova and Its Relations with Romania," 27.03.2018（https://pism.pl/publications/Unionism_in_the_Politics_of_the_Republic_of_Moldova_and_Its_Relations_with_Romania/, 2024年 6 月28日閲覧）.

8 ） スミルノフ以降，大統領となったシェフチュク，クラスノセリスキーは共に内務省に勤務経験がある．現在のプーチン体制同様に，治安当局出身者が政界進出を果たし，政権中枢に据えられる（PMR の場合，最高会議議員から最高会議議長に早期に抜擢，後に，大統領）という一種の「出世ルート」が確認できる．これが次代の大統領選出にも適用され，固定化されつつあるのであれば，PMR に関して内務省人事及び動向に注目することは，PMR 政治を理解する上で極めて重要になるだろう．

9 ） "Moldova's New Government's Stance on Transnistria," 25.07.2019（https://warsawinstitute.org/moldovas-new-governments-stance-transnistria/, 2024年 6 月28日閲覧）.

10） ロゴジンは，2018年 7 月「ロスコスモス」代表就任まで特別代表のポストに就いていた．後任は，コザックメモランダムで仲介役を担い，モルドヴァ経済貿易関係発展担当ロシア大統領特別代表（Спецпредставитель Президента России по развитию торгово-экономических отношений с Молдовой］）に就任したドミトリー・コザクである．

11） *Новости Приднестровья*, 23 августа 2013 г., 29 апреля 2014 г., 21 декабря 2015 г.

12） *Фокус*, 05 июня 2011 г.

第8章

ロシア・ウクライナ戦争

ミンスク合意とウクライナの脅威認識

松嵜 英也

写真：マイダン政変のキーウ市内の様子
　　　筆者撮影.

はじめに

　本章の目的は，ウクライナを事例として国際社会の仲介によって和平合意が成立したにも係わらず，ウクライナで形成された脅威認識がなぜ持続したのかを内部アクターに注目しながら，明らかにすることである．ウクライナでは，マイダン政変を引き金として，ウクライナからロシアへの帰属変更を求めるクリミアの運動が拡大し，ロシアはクリミア併合を一方的に決定した．さらにドンバスでは，ロシアからの支援を得た反政府勢力がウクライナからの独立を一方的に決め，政府側と反政府側の間で戦闘が発生した．

　これに対して，国際社会はウクライナを巡る問題に仲介してきた．特にOSCEやドイツ，フランスなどは幾度となく，ドンバス紛争に仲介し，ミンスク議定書やミンスク合意といった和平合意が成立した．だが，ミンスク議定書後のドンバス空港を巡る戦闘，ミンスク合意後のデバリツェヴェの戦闘などに見られるように，和平合意後でも戦闘は散発的に発生していた．さらに，2022

図 8-1　ウクライナ

出所：筆者作成．

年2月にロシアがウクライナを軍事侵攻したことで，ウクライナの紛争は，ロシアとの全面的な戦争となり，名実ともにミンスク合意は破棄された．

　この和平合意の破綻を考える上で，ウクライナで形成された脅威認識の理解は欠かせない．ミンスク合意がロシアや反政府側に有利な内容だったことは，広く指摘されているが，本章で明らかにするように，ウクライナはミンスク合意に不満を持っていた．また和平合意は締結されたものの，その履行は遵守されず，戦闘が散発的に発生していた．ミンスク合意は，ウクライナの脅威認識を弱めず，むしろロシアはウクライナにとって「脅威」と法的に認定された．

　先行研究では，ロシアの介入の論理やロシアと欧米の関係など，多くの研究が蓄積されてきたが，ミンスク合意後のウクライナの脅威認識はあまり分析されていない [Dragneva and Wolczuk 2015；Moore 2017；Wolff 2017；D'Anieri 2019；Rotaru 2019]．例外的に，ツェルィコやラムらは，ウクライナ側の脅威認識や動員体制の構築などを分析しているが，その分析時期は2014年以降の数年間に留まっており，2022年のロシア・ウクライナ戦争までは分析していない [Tseluyko 2015；Ramm and Nikolsky 2015；松嵜 2021]．だが，ミンスク合意によって，ウクライナの脅威認識は変化せず，むしろペトロ・ポロシェンコ政権からヴォロディミィル・ゼレンスキー政権へと引き継がれたことは特筆に値する．ミンスク合意後のウクライナの脅威認識とはどのようなものであり，それは如何に持続したのか．

　本章では，主に規範文書や政府の公式文書などを使用し，外部アクターやウクライナ内部のアクターの多様性にも注目しながら，ミンスク合意後のウクライナの脅威認識の特徴とその持続を分析する．本章の構成は次の通りである．まず議論の端緒として，2014年以前のウクライナの脅威認識を明らかにする．次に，2014年のドンバス紛争における反テロ作戦の概要を示しながら，ミンスク合意後の脅威認識を考察する．最後に，ロシア・ウクライナ戦争において，それが如何に引き継がれたのかを明らかにする．

第1節　マイダン政変前のウクライナ軍と脅威認識

　ウクライナの軍事力は，国軍の正規軍と内務省部隊の準軍事組織から構成される．正規軍は陸軍と海軍，空軍の3つの軍種と空挺部隊，特殊作戦部隊の2つの独立兵科から成る．例外はあるが，準軍事組織は内務省の管轄する国家親

衛隊や国境警備隊，民間人保護部隊などから構成される［Galeotti 2019：41-63］．

　このようなウクライナ軍の起源は，ソ連時代に遡る．当時ソ連を構成していたウクライナ共和国（ウクライナ・ソヴィエト社会主義共和国）は，現在のウクライナの前身にあたり，軍が配備されていた．そこでは，共産党の機関が共和国軍を統制し，軍の政治介入が抑止されていた［Colton 1979：乾 2011］．ソ連解体期になって，連邦が動揺し始めると，ウクライナ共和国は，主権宣言で固有の軍隊を持つことを宣言した．さらにウクライナは1991年8月にソ連からの独立を宣言すると，同年12月の国民投票を通して独立国家となり，国防法で，ウクライナ軍が創設された．こうしてウクライナは，ソ連時代にウクライナ共和国に配備されていた軍隊を引き継いで，ウクライナ軍を結成した．

　独立後のウクライナは，ブダペスト覚書において，核兵器を放棄する代わりに，アメリカと英国，ロシアが同国の安全を保障することに合意した．さらに，ウクライナは（ロシアを含めた）欧州諸国の一員になることを目指し，「平和のためのパートナーシップ（PFP）」への参加を表明するなど，NATO との協力も部分的に進展した．だが，当時のウクライナはいかなる側にも与しない非同盟国であり，また国内的にも対外的にも軍事脅威に直面していなかった．そのため，ソ連時代のウクライナ共和国から引き継いだ軍隊を近代化させる誘因は働かず，ウクライナ軍は旧式の軍のままだった．

　このことは，ウクライナ政府の公式文書でも記述されている．例えば，2003年の国家安全保障戦略によると，対外的な脅威としては，主権と領土の一体性の侵害，内政干渉，地域紛争，テロの拡散や分離主義などがある[1]．他方で，国内の脅威としては，政府機関や地方自治機関による憲法や法律の侵害，民族間の紛争，ウクライナ内部における分離主義の出現などがある．同国の安全保障の基本的な方向性としては，地政的および国内状況を考慮し，これらの脅威が表出されるのを予防することによって，主権と領土の一体性を保障することだとされている．ウクライナは，経済や社会的発展を実現し，NATO との協力を深化させ，その加盟を目指している．2003年の国家安全保障戦略では，NATO 加盟とともに，EU 加盟も目指しており，欧州の政治，経済，法的な空間にウクライナを統合させることが，同国の利益の優先事項として掲げられている．

　同様に，2004年の軍事ドクトリンによると，グローバル化した国際社会では，国家間の相互依存が進展しながら，天然資源やエネルギーなどを巡り，主要国

間の対立が深まっているという認識が示されている[2]．国際機関による紛争解決の能力は低下しつつあり，各国において，軍事力は軍事・政治的な諸問題を解決する手段として保持されている．国際社会では，テロや不法移民，非合法な武器輸出の拡大，そしてテクノロジーの進展に伴う情報や心理戦が起こっている．こうした国際情勢において，ウクライナは非核保有国・非同盟の地位を堅持し，集団安全保障体制を構築させることで，主権や領土の一体性を保持する必要性が示されている．それは，地域の軍事的な緊張を低下させ，世界の軍事紛争や戦争の勃発を抑制させることにも繋がるという見解が示されていた．このように，2014年以前のウクライナは，非同盟・非核保有国であり，明確で具体的な軍事脅威に直面していなかった．

第2節　ドンバス紛争[3]

（1）2014年の東部の反テロ作戦

　だが，ウクライナの外交・安全保障政策は，2014年に大きな転換を迎える．2013年にヤヌコーヴィチ大統領が EU との連合協定署名の締結を撤回すると，キーウで抗議活動が活発化した．特に政府が内務省の部隊を投入すると，デモは過激化し，武力衝突が勃発した．政府と野党は危機解決の案に合意するも，自由や右派セクター党の部隊は武装闘争を展開し，ヤヌコーヴィチがロシアに逃亡したことで，ヤヌコーヴィチ政権は崩壊した［D'Anieri 2019；小泉 2019］．

　ヤヌコーヴィチ政権の崩壊後，オレクサンドル・トゥルチノフ大統領代行とアルセニー・ヤツェニューク首相の暫定政権が発足された．しかし反乱勢力は，ドネツィク州とルハンシク州の主要部分を支配し，それを「ドネック人民共和国」と「ルガンスク人民共和国」と命名したことなどによって，暫定政権は安全保障の問題に直面した．暫定政権はドネツィク州とルハンシク州，そして当初はハリキウ州を反テロ作戦地区と名付けて，軍事組織を総動員し，反テロ作戦を開始した[4]．

　その後，ペトロ・ポロシェンコが新たな大統領として選出された．彼の最優先課題はクリミアと東部の諸問題を解決させ，主権と領土の一体性を回復させることだった．ポロシェンコは，ドネック人民共和国とルガンスク人民共和国を「テロ組織」と認定し，反乱勢力を支援するロシアを批判し，両州を「一時的に占領された領域」と命名した．彼は非常事態宣言やウクライナ軍の増員と

兵士の招集の大統領令を発動し，反乱勢力の占領地の往来に許可制を導入する
など，動員体制が構築されていった[5]．こうして，ポロシェンコ政権は，反テロ
作戦を加速させていった．

　さらに，動員体制の構築とともに，正規軍との境が曖昧な自警団も台頭した．
というのも，これまで軍改革を実施してこなかったウクライナには東部の軍管
区が存在せず，戦闘開始の当初，国軍は反乱軍の攻撃に対応出来なかった
[Ramm and Nikolsky 2015]．その代わりに，現地で発足された自警団が反乱軍の
占領地を解放し，大きな役割を果たしてきた．マイダン政変の参加者や地元の
住民，外国人兵士などから成る，ドンバス大隊やアゾフ大隊などの自警団は，
その一例であり，内務省や防衛省管轄の準軍事組織に転化した．それらは，主
にドンバス紛争の最前線に配置され，ウクライナ政府の反テロ作戦に参加して
いた[松嵜 2021]．

（2）ミンスク議定書とミンスク合意

　こうしたなかで，ドンバス紛争の沈静化のために，さまざまな外部アクター
が仲介して，和平交渉が行われた．ドンバス紛争を巡っては，誰が紛争当事者
なのか，関係者の間で一致していたわけではないが，まず，ウクライナ，ロシ
ア，アメリカ，EU の外相会議が開かれた．そしてすべての当事者による暴力
や挑発的行動の自制，武装勢力の武装解除などを求める「ジュネーブ声明」が
発表された[合六 2020]．だが，それにも係わらず，戦闘は続いたため，ロシ
アとウクライナ，欧州安全保障協力機構（OSCE）から成る 3 者間のコンタク
ト・グループが形成されたのち，ドイツ，フランス，ロシア，ウクライナから
成るノルマンディー・フォーマットという対話の枠組みが構築され，和平交渉
が進展した．

　その和平交渉の結果，2014 年 9 月 1 日に，ミンスク議定書が合意された．こ
のミンスク議定書は，12 項目からなり，即座に双方の武器使用を停止させるこ
と，そしてそれを OSCE が監視すること，違法な軍事組織や武器をウクライ
ナから除去させること，ドネツィク州とルハンシク州の地方分権化を進めるこ
と，包括的な全国民の対話，ウクライナの領土からの違法な軍や武器，戦闘員
や傭兵の除去，ドンバスの経済復興プログラムなどが定められた[6]．だが，ドネ
ツィク空港などで大規模な戦闘は続いたため，追加議定書では停戦の実現，特
定の範囲における具体的な武器や兵器の使用の禁止，外国人部隊の撤退などが

定められた.

その後, 2015年2月にミンスク合意が締結された. このミンスク合意は13項目から構成され, ドネツィク州とルハンシク州の停戦や地方自治法, OSCE の停戦監視, 捕虜の解放, OSCE の監視下での外国軍や傭兵の撤退などが取り決められた.[7)]

だが, 和平合意は結ばれても, その履行が遵守されたわけではなく, ミンスク合意後も, 散発的に戦闘は発生していた. 例えば, 鉄道分岐の拠点の1つであり, 戦略的に重要だったデバリツェヴェの戦闘や, 2017年のアデーフカの戦闘は, ミンスク合意の締結後に激化した. ロシアの介入については, それが積極的な介入だったか, それとも消極的だったかを巡って議論は分かれているものの, ドンバス紛争にロシアが軍事介入していたことは明白であり, ミンスク合意後においても, その軍は撤退したわけではなかった [Charap and Colton 2017 ; Matsuzato 2017]. 他方で, ウクライナにおいても, 和平合意で明記された, ドンバスの地方分権化を巡る議論も十分に進んだわけではなかった. ドンバス紛争を巡る和平合意は締結されたものの, その履行を調整するメカニズムは不在だったのである.

さらに和平合意によって現状が固定化され, ドンバスが実質的に「独立状態」となるのも, ウクライナにとって受け入れ難かった. 実際に, ウクライナの世論調査機関であるラズムコフセンターの調査の「あなたはドンバスの状況をめぐるミンスク合意の結果をどのように評価しますか」では,「肯定的な評価する」との回答は, 1割にも満たなかった.[8)] ミンスク合意を巡っては, ポロシェンコ大統領も, ドンバスの分離主義者に妥協したと批判された.

(3) 脅威認識の形成

このミンスク合意と平行して, ウクライナでは新たな軍事ドクトリンと国家安全保障戦略が策定されていった. 特にポロシェンコ政権の発足後, 議会の国家安全保障と防衛問題のセルヒー・パシンシキー委員長は, ウクライナの欧州統合路線の規定が不可欠と述べ, 対外政策の原則の修正を議会に要求した.[9)] 最高議会では, 従来のウクライナにおける非同盟の地位がロシアの軍事介入を招いたと見なされ, それを破棄し, 国家安全保障・防衛会議が新たな軍事ドクトリンと国家安全保障戦略を策定した.[10)]

一般的に軍事ドクトリンは, 政治的目的と軍事的手段の連鎖であり, その究

極的な目的は国家の持続的な生存であると言われている［Posen 1984］．ウクライナでは，これまでも軍事ドクトリンが存在したものの，マイダン政変後に刷新され，2015年の軍事ドクトリンは，現代の軍事紛争の原因や特徴，主権や領土保全のための軍事力行使に関する見解の体系として，大統領令が発表された．

この軍事ドクトリンでは，まずウクライナの安全保障認識が書かれている[11]．それによると，ロシアのクリミアとセヴァストーポリの併合やロシア軍の増強などは，ウクライナへの領域的要求であり，主権と領土の一体性を侵害した．それは同国だけでなく，国際社会を不安定化させている．またロシア軍は隣国のモルドヴァの沿ドニエストルにも配備され，それがウクライナ南部に侵攻する可能性もある．だが，ウクライナ東部の武力紛争を解決するための国際環境は整っていない．

そのため軍事ドクトリンでは，ロシアはウクライナの「軍事的敵対者」であると明記され，軍事力の増強がその課題として掲げられた．これを踏まえて，軍事ドクトリンの目的は，ロシアの侵攻に対抗し，ウクライナの防衛力を高め，主権や領土の一体性を回復するための条件を整えることだった．最高議会の臨時総会では，国連や欧州議会などにロシアを侵略国として認定するよう求める声明が発表された[12]．国家安全保障・防衛会議は，のちに「ドンバス再統合法」を策定するが，そこでもドネツィクとルハンシクにおけるロシアの介入を「軍事侵攻」と規定している[13]．ウクライナからすると，ドンバス紛争にロシアが関与していることは明白だったのである．

しかし，ロシアとウクライナの間には軍事力の差があり，ウクライナだけでこの目的は達成出来ない．そこで軍事ドクトリンでは，NATO をウクライナの特別なパートナーに位置付け，国軍と NATO 軍の相互運用性を高めることで，国軍を NATO 軍の基準に近づけることが目指された．そのために，NATO 諸国と協働して軍改革を実施すると明記された．実際に軍事ドクトリンでは，ウクライナが頼れるのは，自国の軍事力とアメリカや EU，NATO の支援であると明記されている．またウクライナはロシアの行動を直接変えられないため，さまざまな外交手段で，EU や NATO に訴えることで，それを変えようとしていた［Feklyunina and Romanova 2018］．

国家安全保障戦略でも，軍事ドクトリンと同様に，ロシアを脅威認定し，NATO が特別なパートナーとして位置付けられた[14]．国家安全保障戦略では，より具体的な軍改革の内容が定められており，軍の効率化や設備の刷新，兵士

174　第Ⅱ部　紛争の力学と紛争への国際関与

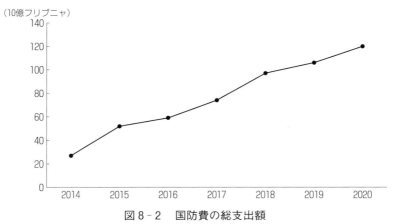

図8-2　国防費の総支出額
出所：ウクライナ財務省の統計データから筆者作成．

の能力向上，統一作戦本部の構築，特殊部隊の設置，重工業部門の近代化などに取り組むと記された．また軍の近代化には，ウクライナだけでは取り組むことが出来ないため，国家安全保障戦略においても，ウクライナはNATOと協力して，軍改革を進めると明記された[15]．

このような軍改革は，ウクライナとNATOの会談を通して実現される．NATOはウクライナに加盟希望国の地位を付与し，支援の確立を目的とした「ウクライナのための包括的支援のパッケージ」を策定した[16]．包括的支援では，NATOがウクライナに対し，安全保障部門の助言を実施し，軍教育や輸送システムの改善などの支援が定められた．そのためにトラスト基金が設置され，同盟国の間で費用が分担されている[17]．

これを示すように，ミンスク合意後も，ウクライナの国防費は増加の一途をたどった．その内訳としては，例えば2017年の国防費の支出データによると，軍人の給料や手当などの人件・糧食費が43.2％，装備品の調達や隊員の教育などの物品費が13.4％，燃料の補給や特殊作戦の実施などの施設費が9.4％，隊員の住居建設や補修などのインフラ費が3％となっている［Капитан 2018］．

第3節　ロシア・ウクライナ戦争

（1）ポロシェンコからゼレンスキーへ[18]

　2019年の大統領選挙で当選したゼレンスキーは，その就任時こそ，交渉によるドンバス紛争の解決を主張していた．例えば，ゼレンスキー大統領は，① 市民社会との対話を通して正当な解決方法を探す「透明性と公開性」，② ウクライナ市民の合意の「コンセンサス」，③ 再統合を巡る目的や妥協などを見極める「リアリズム」，④ ①～③までの「実効性」など，非軍事的な手段を用いて，ドンバスとクリミアを再統合する見通しを持っていた[19]．さらに，ロシア側によって，シュタインマイヤー方式が提示されると，当初はゼレンスキー政権もそれに賛同していた[20]．このシュタインマイヤー方式は，OSCE の監視のもと，ドンバス 2 州の地方選挙の際に，一時的に自治を与えることで，ミンスク合意の段階的な実現を目指していた．

　だが，シュタインマイヤー方式は合意されなかった．特にドンバスの地方選挙を巡る立法のあり方が問題になると，ウクライナ国内では，シュタインマイヤー方式の採用に伴う自治は，主権の一部を喪失することになると批判され，首都では抗議運動も起こった[21]．さらに，世界的に蔓延した新型コロナウイルスに対して，ウクライナ政府は有効な対応策を提示出来なかった．こうしたなかで，2019年 9 月には，約 7 割あったゼレンスキーに対する支持率は低下し，2021年 2 月の世論調査では23％となった．当時，野党プラットフォームのユーリー・ボイコの支持率は20％だったが，ゼレンスキーの支持率はボイコとあまり変わらないまでに落ち込んでいった．大統領の支持率の低下に伴って，国民のしもべ党の支持率も低下していった．

　こうしたなかで，ゼレンスキーは徐々に外交路線を変更し，ポロシェンコの外交・安全保障政策を実質的に引き継ぐことになった．彼は，ドンバスの選挙は重要ではなく，まずはドンバスからのロシア軍撤退が，紛争解決のためには必要であると述べ，ミンスク合意の内容の修正も要求していった[22]．さらに，2022年の春にロシア軍がウクライナの国境付近に集結すると，ゼレンスキーは，これまでウクライナは NATO 加盟のための改革を実施してきたが，もはや改革だけではロシア侵攻を抑制出来ず，ウクライナの NATO 即時加盟がドンバス紛争の唯一の解決策であると主張するようになった[23]．

こうして，脅威認識はポロシェンコからゼレンスキーへと引き継がれていった．それが如実に表れているのが，「ウクライナの軍事安全保障の戦略」である[24]．それによると，第二次世界大戦後の国際安全保障体制は崩壊しており，資源や宗教，移民などをめぐる国家間の対立が起こっている．さらに国際的なテロリズムや大量破壊兵器なども拡散している．これらの諸要因は軍事紛争の特徴を備えており，ウクライナは核保有国同士の戦争に巻き込まれる恐れがあると記述されている．

　また地域レヴェルでは，ジョージアとウクライナにおけるロシア軍の占領，黒海やアゾフ海の自由な航行に対するロシアの干渉といった，ロシアの攻撃的な対外政策が展開されている．さらに，ロシアは，クリミアとセヴァストーポリを占領し，ドネツィクとルハンシクにおいてもウクライナの主権と独立を侵害しているとの記述が続く．ロシアは，その軍事力とともに，情報やサイバーなどを使って，ハイブリッドな戦争をウクライナで展開している．このようなロシアの目的は，ウクライナの社会経済状況を不安定化させて，同国の欧州と欧州大西洋への統合を抑制し，ウクライナに対する影響力を回復させることである．従って，ロシアはウクライナにとって，軍事的な敵対者であり続けている．

　こうしたなかでウクライナは，ロシアの軍事侵攻を抑制し，領土を回復させる必要がある．そのためには，ウクライナ軍の能力向上が最優先の課題であり，軍教育や装備，輸送システムなどを NATO 基準にし，ウクライナ軍と NATO 軍の適合性を高める．さらに，国際社会において対露網を構築することも重要である．それは，ロシアの軍事侵攻を抑制させ，ウクライナの領土の一体性を回復させることになるからである．こんにちのロシア・ウクライナ戦争では，ウクライナは諸外国からの軍事支援を強く求めているが，そこには，この軍事安全保障の戦略に見られるように，諸外国からの支援を十分に獲得して，ウクライナ軍を強化すれば，同国からロシア軍を撤退させられるという発想がある．

　さらに，2021年7月には，「国家レジスタンスの基礎に関するウクライナ法」[25]が制定され，領土防衛隊について定められた．この領土防衛隊は，ウクライナ大統領が抵抗運動の総指揮を執りながら，「侵略国」と認定されたロシアの軍事行動を阻止することを目的としていた．具体的には，18歳以上に達したウクライナ市民を動員し，軍事侵攻された際に，一時的に占領されている領土に対する抵抗運動を実施し，情報収集や諜報活動を行う．それに基づき，クリミア

写真 8-1 ロシア・ウクライナ戦争前の
マリウポリにおける緩衝地帯
出所：筆者撮影．

とキーウ，セヴァストーポリ，各州に領土防衛地区が設置された．

　同年の 8 月の大統領令「ウクライナの対外活動の戦略」でも，ポロシェンコの外交・安全保障政策からの連続性が見られている[26]．NATO は欧州大西洋の安定に貢献している一方で，ロシアの政策はウクライナと欧州にとって脅威となっている．さらに米中対立や地域主義の拡大などで，紛争の蓋然性が高まり，国際秩序が不安定化している．ウクライナの外交政策の主要な目標は，独立と主権を保障しながら，ロシアの軍事侵攻に対して抵抗し，その領土の一体性を回復させ，EU と NATO 加盟を果たすことである．ウクライナは，欧州において同国を強力で影響力のある国として認めさせることも目指す．

　なお，この対外活動の戦略では，単にウクライナが EU と NATO 加盟国になるだけではなく，地域における重要なエネルギー輸送のハブになることも志向されており，ウクライナはバルト海や黒海の安全を保障し，その国々の安定的な発展のために，近隣諸国と友好的な関係を構築すると規定された．またゼレンシキーは，ロシアからのクリミアの奪還を求める国際的な枠組みのクリミア・プラットフォームも構築したが，この対外活動の戦略では，クリミア・プラットフォームを通して，ウクライナの立場を国際社会に認知させ，諸外国からの支持を出来るだけ多く取り付けることも課題に挙げられている．

178　第Ⅱ部　紛争の力学と紛争への国際関与

　こうして，ゼレンスキー政権でも，ロシアを脅威認定し，NATO を特別な
パートナーとして位置付けている．その点において，ポロシェンコからゼレン
スキーへと脅威認識は引き継がれたと言える．

（2）ロシアのウクライナ侵攻と脅威認識の強化

　2021年秋頃に，ロシア軍はウクライナ国境付近に再び集結した．このロシア
のウクライナ侵攻を食い止めるために，ロシアとフランスのあいだでは，ノル
マンディー・フォーマットの対話の枠組みに基づいて，長時間の会談が行われ，
また米露の直接の電話会談も行われた．さらにドイツのショルツ首相は，ロシ
アを訪問し，プーチン大統領と会談していた．第1節で見たように，フランス
とドイツは長らく，ウクライナを巡る問題に関わっており，両国を中心として，
国際社会はロシアの軍事行動を「国際秩序に対する挑戦」として批判しながら
も，ミンスク合意を維持しようと仲介した．だがロシアは，欧州の安全保障環
境を1990年代の NATO の東方拡大以前へと戻すこと，ウクライナの非ナチ化
や非武装・中立化，ロシアのクリミア併合の承認を要求するなど，ロシアとウ
クライナおよび米欧の会談は平行線を辿った．

　またこのロシア軍の集結の前に，プーチンは，「ロシア人とウクライナ人の
歴史的一体性について」という論考を発表していた．そこでは，ロシア人とウ
クライナ人は，従来歴史を共有してきた不可分の存在であるにも係わらず，現
在のウクライナ政府は，西側の操り人形になっており，ロシア系住民を「虐
殺」していると明記されていた[27]．ロシア政府は，ウクライナがロシアとのパー
トナーシップを通して，「真の主権」を取り戻すべきと見なしていたのである
［小泉 2022］．最終的に，2022年2月24日にロシアは，ゼレンスキー政権の転覆
などを掲げ，「特別軍事作戦」と称して，ウクライナを軍事侵攻した．それに
よって，ドンバス紛争は，ロシアとの全面戦争へと転化した．

　このロシア侵攻に対して，ウクライナは徹底抗戦の姿勢を示した．欧米諸国
は，ロシアに対して経済制裁を科し，ウクライナに対しては，軍事訓練や武器
供与などを含めて，大規模な軍事支援を実施しながら，ロシアとウクライナは
一進一退の戦闘を展開している．さらに国連では，ロシアを非難し，即時撤退
を求める決議が採択され，国連人権理事会のロシアの理事国の資格も停止され
た．

　このロシア侵攻は，ウクライナの脅威認識をさらに強化させることになった．

開戦後のウクライナでは，戒厳令が敷かれた上に，国民総動員令が施行されるなど，動員体制が強化されていった[28]．さらに，ゼレンスキー政権は外国人兵士を積極的に呼び込んでおり，領土防衛隊の外国人部隊なども設置された．

　また軍事侵攻に伴って，ロシアに対する脅威認識は，ウクライナ国内で浸透した．開戦直後に，一時的に和平の機運は高まったが，ブチャの惨劇が明るみになると，その機運は下がった．国内では，野党ブロック系の政党をはじめとして，「親露派」と見なされた政党の活動が禁止され，宗教やメディアの分野などでも，ロシアの軍事侵攻を正当化する情報は厳しく統制されている．その一例としては，「メディア法」が挙げられる[29]．この法律は，メディア分野における表現の自由，情報の発信や受領の自由について，ロシアのウクライナへの軍事侵攻が正当化されると判断された場合などに，その情報が制限されるというものである．

　この法律によると，例えばウクライナにおいて，ロシアによる侵攻や戦争を「内戦」と呼んだ場合，その媒体は法律の規制の対象になる．なかでも国民評議会は，メディアの情報をチェックし，その法律の履行を監督するという点で重要である．この国民評議会の委員は，大統領と議会によって任命されるが，例えばその大統領枠では，委員の候補者選びや日程なども，大統領府がリストを作成する．現行のウクライナ政治では，大統領と議会の多数派が一致している．そのため，メディアをはじめとした言論における「表現」といっても，さまざまな解釈が存在する場合，大統領の意向に従って，それを決めることが出来る制度になっている．

　このような脅威認識は，本章執筆時において，和平をめぐるゼレンスキー政権の立場にも反映されている．その一例としては，中国の和平案が挙げられる．中国は，ロシアとウクライナの双方と戦略的パートナーシップを構築していることを生かして，2023年2月には12項目からなる和平案が提示された．そこでは，すべての国の主権尊重，軍事行動や制裁の停止などが記載されていた．だが，ゼレンスキー政権は，ウクライナの安全保障を問題視し，この和平案を一蹴した．これまで見てきたように，ウクライナは，国際的な対露包囲網を構築し，さまざまな国から軍事支援を得て，軍事的にロシア侵攻を阻止することを実施しており，このゼレンスキー政権の方針には，ロシア侵攻に対するウクライナ内部のアクターの脅威認識が共有されていることが読み取れる．

お わ り に

　本章では，主に規範文書や政府の公式文書などを使用し，国際社会の仲介によって和平合意が成立したにも係わらず，その後ロシアとの全面戦争が勃発したウクライナを対象とし，ミンスク合意後のウクライナの脅威認識とその持続を分析した．まずは，ここまでの議論をまとめたい．2014年以前のウクライナは，非同盟・非核保有国であり，明確な国内や対外的な軍事脅威に直面したわけではなかった．だが，2013年から2014年にかけて，マイダン政変が勃発したあと，ロシアはクリミアを併合した上に，ドンバスでは，ウクライナ側と，ロシアから支援を得た反政府勢力のあいだで，戦闘が発生した．これに対して，OSCE やドイツ，フランスなどが仲介して，ミンスク議定書やミンスク合意は成立したものの，その履行は遵守されなかった．

　このようななかで，ウクライナでは，軍事ドクトリンや国家安全保障戦略が改訂され，そこでは，ロシアが同国にとっての「軍事的な敵対者」と規定されるようになった．その脅威認識は，結果的にポロシェンコからゼレンスキーへと引き継がれる．さらに，2022年2月のロシアのウクライナ侵攻によって，ドンバス紛争はロシア・ウクライナ戦争へと，その紛争の性質が変わった．このロシア侵攻は，ロシアに対するウクライナの脅威認識を高めることになり，その認識は，ウクライナ（政府）内のアクターのあいだで，共有されている．メディア法に見られるように，それは外交・安全保障政策だけでなく，ウクライナ国内における宗教や文化的側面にまで，浸透していると言える．では，なぜミンスク合意はウクライナの脅威認識を弱めなかったのか．

　外部アクターの仲介と内部アクターの一体性という観点から見た場合，それは，ミンスク合意の履行を調整する国際的なメカニズムが欠如していたためであると考えられる．前述のように，2014年のドンバス紛争において，ロシアの軍事介入は明白だったが，ミンスク合意で定められた，ウクライナからの外国軍の除去は履行されなかった．他方で，ドンバスの脱集権化に関する議論も，ウクライナ国内で進んだわけではなかった．ゼレンスキー政権が樹立したあとに，ミンスク合意の履行を高めるために，シュタインマイヤー方式が提案されたものの，それは主にドンバスの地方選挙を巡るものであり，その他の争点はあまり重視されていなかった．つまり，ミンスク合意では，ドンバスからのロ

シア軍の撤退とドンバスの脱集権化が定められたものの，その履行を調整するメカニズムが欠如していたのである．

　こんにちのロシア・ウクライナ戦争において，ゼレンスキー政権はロシア侵攻に徹底抗戦している．そして，和平交渉が話題になるたびに，ゼレンスキーはウクライナの安全保障の必要性を訴える．このことは，国際社会の仲介によって和平がもたらされても，その履行を調整するメカニズムが不在であり，また紛争当事者の脅威認識が変わらなければ，「紛争」は構造的に持続することを示唆している．ミンスク合意の破綻は，まさにこのことを示していると言えよう．

注
1 ） Закон України, "Про основи національної безпеки України," 19 червня 2006 р, No. 39.〔https://zakon.rada.gov.ua/laws/show/964-15#Text〕．2023年 5 月19日閲覧，以下同じ．
2 ） Указ Президента України, "Про Воєнну доктрину України," 15 червня 2004 р, No. 39.〔https://www.president.gov.ua/documents/5552015-19443〕．
3 ） 本節の⑴と⑶の一部は，松嵜［2021］と重なっている．
4 ） 「反テロ作戦」の名称は，のちに「ドネツィクとルハンシクにおける国家安全保障と防衛，ロシアの軍事進攻の撃退と阻止に関する統合軍の作戦」と変更された．
5 ） *Українська Правда*, 20 лютого 2015 р.
6 ） OSCE, "Протокол по Итогам Консультаций Трёхсторонней Контактной Группы относительно Совместных Шагов, Направленных на Имплементацию Мирного плана Президента Украины Петра Порошенко и инициатив Президента России Владимира Путина," 01 сентября 2014 г.〔https://www.osce.org/files/f/documents/a/a/123258.pdf〕．
7 ） OSCE, "Меморандум об исполнении положений Протокола по итогам консультаций Трехсторонней контактной группы относительно шагов, направленных на имплементацию Мирного плана Президента Украины П. Порошенко и инициатив Президента России В. Путина," 19 сентября 2014г.〔https://www.osce.org/files/f/documents/a/1/123807.pdf〕．OSCE, "Комплекс мер по выполнению Минских соглашений," 15 февраля 2015 г.〔https://www.osce.org/files/f/documents/5/b/140221.pdf〕．
8 ） ラズムコフセンターの世論調査〔https://razumkov.org.ua/〕．
9 ） Верховна Рада України НР.〔https://iportal.rada.gov.ua/news/Povidomlennya/99733.html〕．
10） *Українська Правда* 02 вересня 2015 р.
11） Указ Президента України, "Про нову редакцію Воєнної доктрини України," 24

червня 2015 р, No. 555.（https://zakon.rada.gov.ua/laws/show/555/2015#Text）.

12）Верховна Рада України HP.（https://iportal.rada.gov.ua/news/Plenarni_zasidannya/102596.html）.

13）*Українська Правда*, 10 травня 2018 р.

14）Рада Національної Безпеки і Оборони України Ршення, "Про Стратегію Національної Безпеки України," 26 травня 2015 р, No. 287.（https://zakon.rada.gov.ua/laws/show/n0008525-15）.

15）より具体的には，NATO 基準に従って，偵察部隊やロケット部隊，陸軍の装備，空軍のインフラ，偵察部隊などを発達させ，隊員の社会保障を向上させながら，軍の規律と秩序を強化させる．

16）Mission of Ukraine to the North Atlantic Treaty Organization, "NATO-Ukraine Cooperation in the Field of Defense and Security",（https://nato.mfa.gov.ua/en/ukraine-and-nato/nato-ukraine-cooperation-field-defence-and-security）.

17）North Atlantic Treaty Organization, "NATO-Ukraine Trust Funds,"（https://www.nato.int/cps/en/natolive/topics_153288.htm）.

18）本節は，松嵜 [2022] と重なっている箇所がある．

19）*Українська Правда*, 29 жовтня 2019 р.

20）*Українська Правда*, 02 жовтня 2019 р.

21）*Українська Правда*, 11 жовтня 2019 р.

22）*Українська Правда*, 06 листопада 2020 р.

23）*Українська Правда*, 10 квітня 2021 р.

24）Указ Президента України, "Про рішення Ради національної безпеки і оборони України від 25 березня 2021 року «Про Стратегію воєнної безпеки України»", 25 березня 2021 р, No. 121.（https://zakon.rada.gov.ua/laws/show/121/2021#Text）.

25）Закон України, "Про основи національного спротиву, Відомості Верховної Ради（ВВР）", 16 липня 2021 р, No. 1702-IX（https://zakon.rada.gov.ua/laws/show/1702-20#Text）.

26）Указ Президента України, "Про рішення Ради національної безпеки і оборони України від 30 липня 2021 року «Про Стратегію зовнішньополітичної діяльності України»", 26 серпня 2021 р, No. 448.（https://zakon.rada.gov.ua/laws/show/448/2021#Text）.

27）Президент России, "Статья Владимира Путина «Об историческом единстве русских и украинцев»", 12 июля 2021 г.（http://kremlin.ru/events/president/news/66181）.

28）Указ Президента України, "Про введення воєнного стану в Україні", No. 2102-IX, 24 лютого 2022 р（https://www.president.gov.ua/documents/642022-41397）.

29）Закон України, "Про медіа", No. 2849-IX, 13 грудня 2022 р.（https://zakon.rada.gov.ua/laws/show/2849-20#Text）.

第9章

チェチェン紛争

和平交渉プロセスの再検討と受諾・拒否のメカニズム

富樫 耕介

写真：1996年の和平合意に基づき OSCE の監視下でチェチェンで実施された大統領
　　　選挙・議会選挙の際の集会
　　　鍋元トミヨ氏（OSCE 選挙監視団に参加）提供.

は じ め に

　紛争当事者は，なぜ時に和平の仲介を受け入れ，交渉を妥結・履行すること
ができ，なぜ時に交渉，あるいはその仲介すらも拒み，紛争を継続するのであ
ろうか．本書では，この疑問を解きほぐすために，第4章で紛争当事者の内部
アクターの一体度に注目した仲介成否のモデルを示した．本章では，このモデ
ルに依拠しつつチェチェン紛争を事例に内部アクターの一体度が和平交渉の受
諾・拒否にどのような影響を与えたのかを明らかにする．

　本章の作業課題は，第4章で提起された紛争当事者内部の一体度の増減が和
平合意の妥結・拒否といかなる関係性があるのかをチェチェン紛争の和平交渉
プロセスを例に検討することである．これは，厳密には4つの作業に分けられ
る．第一に，和平合意の妥結に大きな影響を及ぼし得ると考えられる紛争当事
者内部における「交渉者と承認者の一体度」がどのような状況であったのかを
確認し，これが和平合意の妥結，あるいは失敗（拒否）といかなる関係があっ
たのかを考察することである．第二に，和平合意の履行に大きな影響を及ぼす
と思われる紛争当事者内部における「交渉者と合意履行者の一体度」について
も確認し，和平の履行や破綻との関係を考察することである．第三に，これら
紛争当事者の一体度の組み合わせがいかなるものであり，第4章で提起された
帰結に至っているのかを確認することである．第四に，以上のように紛争当事
者内部の一体度が増減する中でどのような仲介が効果的なのか，第4章で提起
されている仲介が成功しやすくなる条件を実際の仲介を分析することで検証す
ることである．

　以下では，チェチェン紛争を例に仲介の成否を論じる意味となぜ先行研究に
おいてチェチェン紛争をめぐる交渉が十分に考察されて来なかったのかを明ら
かにする．その上で，本章の分析対象と分析の範囲について整理する．続いて，
第一次と第二次に分けてチェチェン紛争の交渉のプロセスとその帰結について
事実関係を整理する．まずそれぞれの紛争について簡単に説明した後に，紛争
当事者の内部アクターとして，それぞれいかなるアクターが想定可能であり，
紛争開始時の当該アクター間の関係を理解する上で踏まえておくべき情報をま
とめる．次に，交渉プロセスがいかに展開され，それと紛争当事者内部のアク
ターの一体度とはどのような関係があったのか，特に一体度の変化に注目して

図 9-1 チェチェン地図
出所：筆者作成.

明らかにする．以上，明らかにした事実関係について，改めて第 4 章で提示されている一体度の類型にあてはめ，チェチェン紛争（第一次・第二次）がどのタイプに分類できるのか，またモデルが想定する帰結に至っているのかを明らかにする．最後に，本事例に対して行われた外部アクターにおける仲介の試みについて整理し，仲介が成功しやすいと言われる条件を満たしていたのかを検討する．

第1節　本章で扱う事例と分析範囲

（1）検討事例の意義と先行研究の課題

　チェチェン紛争とは，ロシア連邦からの分離独立を掲げるチェチェン独立派とロシア連邦政府の間で発生した紛争である．1994年に開始された第一次チェチェン紛争は，1996年に停戦，翌年に平和条約締結へと至った．だが，1999年に和平は破綻し，第二次チェチェン紛争が発生した．紛争発生後，ロシア政府は独立派との交渉を拒否し，戦闘を継続しつつ，一方的な政策を導入した．そして2002年までにチェチェン紛争の軍事的段階の終了を宣言し，チェチェンの支配を事実上回復した．チェチェン紛争は，和平の受諾と拒否のメカニズムを検証する上で重要な特徴を有している．

　第一に，チェチェン紛争は大国ロシアの内戦であるが，第一次チェチェン紛争（1994-96年）では，国際社会は仲介による和平に成功している．よって，チェチェン紛争の交渉プロセスを問い直すことは，どのような条件であれば大国の抱える内戦に対して国際社会が有効な仲介をすることができるのかという点で示唆を提示できる可能性がある．第二に，チェチェン紛争は再発し，ロシア側の軍事的勝利で終結した．すなわち，一度和平に至った紛争がなぜ再発してしまったのか，なぜ以前のように仲介が実を結ばなかったのか，第二次チェチェン紛争（1999-2002年）の交渉プロセスを問い直すことで理解することができる．

　このような特徴がありながらもチェチェン紛争の和平交渉や仲介に関する研究は，決して十分に取り組まれて来なかった．第一次チェチェン紛争の交渉プロセスについては，OSCE（欧州安全保障協力機構）が仲介役を果たしたが，同支援グループの代表者によるレポートが数点あるだけで［Guldimann 1997；Skagestad 1999；2000；2008］，研究はほとんどない．例外的に兵頭［2005］が第一次・第二次ともに交渉プロセスと結果を考察している．兵頭は，チェチェン紛争で交渉が破綻したことの理由を「非対称なアクター間の交渉」だったことに見出す．そして，第一次紛争の合意は「問題の先送り」に過ぎず，何ら合意は成立していなかったと指摘する．兵頭のように第二次紛争が発生したことで，第一次紛争の和平合意をロシア政府とチェチェン独立派の間の「妥協の産物」，「失敗」とみなす見方は，欧米でもロシアでも支配的である［Shedd 2008；Осмаев

188 第Ⅱ部 紛争の力学と紛争への国際関与

2012a：2012b］．これは，両者の法的・政治的地位，いわば紛争の争点に対する具体的な回答を含まない合意であったためである．

　しかし，「非対称なアクター間の交渉」であるのは，第一次紛争も第二次紛争も同じはずで，であるならば，なぜ第一次紛争は「問題の先送り」であれ「妥協の産物」であれ，合意に至ることができ，なぜ第二次紛争は合意以前に交渉すらほとんど実施されなかったのか．紛争当事者は，交渉や紛争の継続に対して一枚岩だったのか，それとも内部に対立を抱えていたのだろうか，そしてそのことは和平の妥結や拒否に影響を与えたのだろうか．チェチェンの事例を単に和平交渉の失敗例と見なさず，その交渉プロセスを問い直し，紛争当事者内部の動向に目を向けることは，冒頭の問い（和平の仲介による合意が時になぜ受諾され，時になぜ拒否されるのかという）を考察する上で，極めて重要であると考える．

（2）分析対象と範囲

　本章では，チェチェン紛争の交渉プロセスとその帰結を分析する．ここで言う交渉プロセスとは，紛争当事者間での和平交渉の取り組みを指し，第三者による仲介の取り組みも含む．交渉の帰結とは，和平合意の受諾（履行），もしくは拒否（破綻）を指す．和平合意は，「和平プロセス合意」，「部分的合意」，「完全な合意」の3類型があるが，本章で分析するチェチェン紛争の合意は，武力の不行使を約束し，双方の政治的・法的地位については5年間のうちに解決すると表明した合意（ハサヴュルト協定：96年8月）であるため，「和平プロセス合意」に該当する（なお，97年5月に締結された平和条約も同様に武力の不行使と交渉について定めていたので「和平プロセス合意」に該当する）．

　和平合意のうち，紛争の争点の解決を合意した「完全な合意」を除くと，交渉プロセスは継続するので，「どこまで」を分析の範囲に含めるのか，「どこ」を和平交渉の帰結と捉えるのかは論争を生む．例えば，チェチェン紛争は再発しているので，厳密な意味においては，和平合意は破綻していることになる．他方で，一度発生した武力紛争が和平に至り，その後，一定の期間（数年）を経て再発した場合，再発した結果を最初の武力紛争に対する交渉プロセスの帰結と見なすのは論証上問題がある．

　つまり，和平合意の受諾・拒否のメカニズムを考察するためには，① 最初の和平合意がなぜ受諾されたのかを考察したのちに，② なぜこれが一定期間遵守

されていたのにもかかわらず破綻したのか，そして③再発した紛争はいかに帰結したのかを考察する必要がある．そこで，本章では，第一次紛争の和平交渉を「紛争発生から和平合意の受諾」まで（1994-96年）と捉え，第二次紛争の和平交渉を「紛争の再発から和平合意の拒否」まで（1999-2002年）と捉える[3]．当然，紛争再発においては，第一次紛争の和平交渉の帰結（停戦合意は妥結し履行されていた）が，なぜ破綻したのかについても言及・検討することとなる．

　以下では，第一次・第二次という2つのチェチェン紛争の和平プロセスを紛争当事者内部のアクターの動向に注目しつつ再検討し，なぜ和平合意が受諾・拒否されたのかを明らかにしていく．

第2節　第一次チェチェン紛争の和平交渉プロセスとその帰結

（1）第一次チェチェン紛争の説明[4]

　チェチェン紛争とは，ロシア連邦の南部（ジョージア〔グルジア〕との国境）に位置するチェチェン共和国がロシア連邦からの独立を主張することで1994年に発生した紛争である．紛争当事者は，ロシア政府とチェチェン独立派であり，紛争の争点はチェチェンの分離独立であった．なお，チェチェンにおける独立派は，1991年10月に大統領に選出されたドゥダーエフを中心とする政治勢力を指す．紛争発生までにチェチェン内部ではロシアとの交渉をめぐって大統領と首相・議会が対立した．ロシア政府は，紛争の発生過程で後者を親露派として支援し，彼らがチェチェンの正統な権威の担い手だと主張した．こうした政策は，紛争発生後も継続したが，泥沼化する紛争と世論の反発などを背景として，次第に独立派との交渉に積極的になった．こうして1996年5月にOSCEの仲介を受けて，ロシア政府とチェチェン独立派の間で停戦合意が締結され，同8月に「両者の法的・政治的地位については5年間で決着を得る」としたハサヴユルト協定も署名され，第一次紛争は終結した．

（2）紛争当事者の内部アクターについて

　ここではまず紛争当事者であるロシアとチェチェン双方の内部アクターについて踏まえておくべき情報を整理する．

写真9-1　山岳地域の塔の遺跡（戦後に修繕）
注：チェチェンの山岳地域は独立派の拠点となり，ロシアに抵抗を続けた．山岳地域の塔の遺跡は，チェチェン民族が外部からの侵略から守るための警備塔として古来に建設され，その後も一部保存されていたが，1990年代の戦争でロシア軍によって破壊された．現在の塔は戦後に修繕されたものである．
出所：筆者撮影．

①ロシアの内部アクター

　ロシアでは，交渉妥結に至る過程での内部アクターとして，交渉者としてのロシア政府，承認者としての議会があげられる．実際には，停戦合意は議会では必ずしも承認されないので，ここで言う承認者とは「現に交渉しているアクターと彼らが望む政策が異なる場合，それを変更させたり，阻止したりするために圧力や影響力を行使可能なアクター」として捉える．つまり抵抗がなければ，それは政策に対する評価が近似しており，黙認（承認）したものと見なすことができる．議会は，政府の政策を監視し，時に説明を求め，是正を要求することが可能で，政策に対する評価が政府（交渉者）と異なっている場合，政策変更のための圧力行使が可能である．

　第一次チェチェン紛争時のロシア議会（下院）は，1993年に行われた選挙結果に基づき，エリツィン大統領を支持する「ロシアの選択」は65議席（全議席450議席）と少数与党であった．政権の議会における基盤はそもそも弱く，チェチェン紛争に限らず，急進的な経済移行を推進したエリツィン政権の政策に対して議会からの批判の声が強かった．またエリツィン政権内部でもチェチェン紛争開戦に当たって，積極的に支持する勢力（シャフライ副首相，グラチョフ国防

相，コズィレフ外相など）と，消極的な立場をとった勢力（プリマコフ対外情報長長官，カルムィコフ司法相など）がいた［塩川 2007：221］．ただ，これが政府内部で激しい対立を生み出したり，軍部が開戦に強く反対したりしている状況ではなかった．

② チェチェンの内部アクター

チェチェンでは，交渉妥結に至る過程での内部アクターとして独立派勢力と親露派勢力が挙げられる．紛争発生前の1992-93年にかけてチェチェン独立派政権内部では，ロシアとの交渉の進め方やその主導権をめぐって大統領と首相・議会が対立した［富樫・毛利 2018］．結果として，開戦までには，交渉を主導していた勢力は親露派政治勢力としてロシアの軍事的・経済的支援を受けるようになった．ロシア政府は，親露派の政権をチェチェン内部に樹立し，独立派の権威を否定し，彼らの武装蜂起も支援していた．

当然，交渉主体が親露派であれ独立派であれ，ロシア政府との間で合意の妥結を目指すのであれば，ロシア政府と合意した内容を他方の政治勢力にも認めさせる必要がある．従って，いずれも交渉者，あるいは承認者たり得る．なお理論的には，独立派・親露派いずれも，形式的には政府と議会を有したので，その政治勢力内部で，さらなる合意形成が必要な場合も生じ得る．ただし，少なくとも独立派について付言すれば，紛争前に大統領直轄統治が導入されており，立法的措置も大統領令導入により可能であった．さて，政府と軍の関係について独立派は，その大統領がソ連軍元少将のドゥダーエフ（指導者が軍人）であったこともあり，政府が軍を統制していた．またチェチェン独立派は，開戦前にチェチェンに駐留していた旧ソ連軍から武器の大部分を引き継いでいた．

（3）交渉の進展と「一体度」の変化

紛争開始当初，ロシア政府内では，グラチョフ国防相を始め，チェチェンの首都グローズヌィは直ぐに陥落するとの見方があった．これは独立派の軍事力や政治基盤を過小評価していたことが背景にあった．既にチェチェン国内に親露派勢力を形成していたロシア政府は，独立派を排除し，親露派との合意を形成するか，独立派がその政治的要求を取り下げれば紛争の終結（そのための交渉）も可能であった．

開戦当初に，チェルノムイルディン首相が「独立派が武装解除（降伏）する

192 　第Ⅱ部　紛争の力学と紛争への国際関与

表9-1　ロシアとチェチェンの交渉プロセスと「一体度」に関わる出来事

	交渉プロセス・出来事	チェチェンの「一体度」 にかかわる出来事	ロシアの「一体度」 にかかわる出来事
1994	12/11 ロシア軍チェチェンへ進軍（紛争開始） 12/16 チェルノムイルディン首相「武装解除するならドゥダーエフと交渉」と発言	11/23 ロシア政府が親露派の民族復興政府の頭領にハッジエフ元石油大臣を任命 11/27 親露派勢力による首都（独立派掌握）への攻撃	
1995	1/17 チェルノムイルディン首相とチェチェン代表団が交渉 1/27 OSCE代表団チェチェン訪問 2/13 クリコフ露内相とマスハドフ参謀総長が交渉（破綻） 3/2 首都グローズヌィ陥落 3/30 第二都市グデルメス陥落 4/11 OSCEが始動 5/12 連邦軍合同部隊トロシェフ副司令官とマスハドフの交渉 5/25 OSCE仲介で代表団交渉 6/19 両代表団交渉（7月まで） 10/8 戦闘再開（10/17交渉再開）	3/27 ロシアが親露派の民族復興政府がチェチェンの正統な権威の担い手と承認 4/8 サマーシキ村におけるロシアの掃討戦によって民間人103人死亡 10/24 親露派政府の首長にザヴガエフ元チェチェン最高会議議長をロシアが任命 12/17 親露派首長の信任投票をロシアがチェチェンで実施	6/14 独立派によるスタヴロポリ地方病院占拠事件（ロシア軍撤退を要求し人質をとる） 7/31 連邦憲法裁判所が大統領令によるチェチェンへの進軍決定は「合憲」と判断 12/17 ロシア下院選挙．野党のロシア連邦共産党が第一党に．
1996	4/21 ロシアがドゥダーエフ独立派大統領の暗殺に成功 5/27 エリツィン大統領とヤンダルビエフ・チェチェン大統領代行がモスクワで交渉 8/22 レーベジ露安全保障会議書記とマスハドフ参謀総長がハサヴュルト協定に署名	4/18 ザヴガエフを除く親露派と独立派が結集（政党・運動調整評議会） 5/28 ロシア政府が親露派と調整してきた権限区分条約を公表 7/12 ロシア政府が親露派民族復興会議の機能を停止	1/9 独立派によるダゲスタンの病院占拠事件 5/28 エリツィン大統領がチェチェン首都を電撃訪問 6/16 大統領選挙第一回投票 6/18 グラチョフ国防相解任．レーベジ安保書記任命 7/3 大統領選挙決戦投票

出所：富樫［2015］，Музаев［1999］，Еременко и Новиков［1997］，Milyukov［2020］を参照し作成．

のであれば交渉する」という立場を表明した（表9-1）のは，この文脈で理解することができる．しかし，12月から1月にかけての首都グローズヌィへの猛攻に独立派は持ち堪えた．民間人を含む多大な犠牲を払ったのちに首都が陥落したのは，開戦の3カ月後である．首都陥落後の独立派のゲリラ戦術によってロシア兵には多数の犠牲が出続け，兵士や司令官たちの厭戦気分も高まった．また民間人を犠牲にする作戦に対する国内外からの批判が高まった．特にサマーシキ村における虐殺事件は，人権団体から激しく非難された．世論は当初

から戦争反対であり［Pain 2005］，野党の批判にも晒され，政府は対応を迫られた．

ロシア政府は，95年1月から独立派のチェチェン代表団との接触を試みていたが，OSCEの本格的活動がスタートするのは，95年4月になる．95月6月にバサーエフ司令官を中心とした独立派野戦軍がスタヴロポリ地方の病院を占拠し人質をとると，ロシア政府は対応を迫られる．これまでの交渉は主に停戦の合意が主たる問題であったが，バサーエフらはロシア軍のチェチェンからの撤退も要求していたからである．エリツィン政権は，以後も一方で親露派の政治的・法的基盤を強化し，彼らとの合意によって紛争を解決しようと画策しながら，他方で独立派との交渉に取り組むという二律背反する政策に進めることになる［富樫 2015：142-47］．

しかし，1994年12月の下院選挙で野党・ロシア連邦共産党が第一党になり，翌1月にダゲスタンで再び独立派司令官による病院占拠事件が起きると，このようなロシア政権のチェチェン政策は継続が困難になった．またチェチェンにおいても，ロシア政府による親露派首長の解任など過度の介入，あるいはロシアの遂行する紛争への反発から親露派勢力の多くが96年1月に独立派との政治的対話を加速させる．4月には，チェチェンの政治勢力が結集し，ロシア政府に対峙することで，独立派との交渉以外に和平合意による紛争の解決は困難になる．

6月の大統領選挙に向けて成果を求めるエリツィンは，ドゥダーエフ大統領の暗殺に成功すると，5月にヤンダルビエフ大統領代行と会談し，停戦合意に署名する．しかし，6月のロシア大統領選挙では，エリツィンは第一回投票で再選されることができず，得票差3％で2位のジュガーノフ・ロシア連邦共産党党首（議会第一党）と決選投票に臨むこととなった．エリツィンは，大統領選挙で14.5％の得票を得て3位に入り，政権のチェチェン政策を激しく批判していたレーベジ下院議員を入閣（安全保障会議書記）させ，チェチェン交渉に当たらせる．レーベジ支持票も獲得したエリツィンは，決選投票でジュガーノフの得票を13％上回り再選される．8月にレーベジ安全保障会議とチェチェンのマスハドフ参謀総長の間で独立問題は5年のうちに解決を得るとしたハサヴユルト協定に署名し，紛争は終結に至る．

194　第Ⅱ部　紛争の力学と紛争への国際関与

第3節　第二次チェチェン紛争の和平交渉プロセスとその帰結

（1）第二次チェチェン紛争の説明[9]

　1996年12月にロシア軍はチェチェン領内から撤退，1997年1月にチェチェンで大統領選挙・議会選挙が実施された．同5月にチェチェンのマスハドフ大統領とロシアのエリツィン大統領の間で平和条約が締結された．しかし，紛争後のチェチェンは山積する課題や対露交渉姿勢をめぐって政権と急進派・過激派が激しく対立した．またロシアも経済合意を履行しなかった．混沌とした状態の中で，99年8月にチェチェンの急進独立派・過激派がダゲスタンのイスラーム過激派勢力と共にダゲスタンで蜂起した．同9月にはモスクワにおいてアパート爆破事件が発生し，これをチェチェン人勢力による犯行と断定したプーチン首相（当時）は，チェチェンへの進軍を決定する．第一次紛争の反省を生かした作戦展開を実施したプーチン政権は，終始優位に軍事作戦を展開した．2000年6月には戦後統治を見据えてイスラーム宗教指導者のアフマト・カディロフを親露派のチェチェン行政官に任命する．その後も独立派と交渉せず，一方的政策を導入し，2002年にはプーチン大統領が年次教書において紛争の軍事的段階の終了を宣言する．

（2）紛争当事者の内部アクターについて
① ロシアの内部アクター

　第二次紛争では，実際にはチェチェン独立派との交渉は1回しか行われなかったが，交渉者（政策の実行者）にロシア政府，承認者（あるいは政策に説明を求めるアクター）に議会が入るのは，同じである．第二次チェチェン紛争開戦時の大統領はエリツィンであるが，既に政権末期で健康問題なども表面化していたエリツィンは政治的影響力を大きく失っていた．エリツィンの後継者をめぐる対立も生じ，中でもエリツィンと対立し辞任したプリマコフ元首相が議会や国民からも一定の支持を受けていた．議会においては，ロシア連邦共産党が第一党であり，エリツィン後継体制に利害関係を持つさまざまな政治勢力は99年12月に控える下院選挙をどのように迎えるのかが政治的イシューになっていた．

　しかし，99年8月にダゲスタンにおいてチェチェンとダゲスタンのイスラーム過激派が蜂起し緊張が高まると，事態は大きく変化する．解任されたステ

パーシン首相に代わり，ダゲスタン情勢に対処したプーチン首相は，9月にモスクワなどで相次いで発生したアパート爆破事件（220人が死亡）をチェチェン・テロリストによる犯罪だと断定した．テロに警戒するモスクワ市民は自警団を構成し，コーカサス系民族に尋問するなど有事のような緊張感に包まれていた．すなわち紛争前夜には，それ以前のようにさまざまな政治勢力が異なった思惑を抱え，エリツィンという病弱な指導者を取り囲んでいた状況から，テロという脅威の中でこれに屈しない強い指導者としてプーチン首相が登場したのである．

② チェチェンの内部アクター

第一次紛争後のチェチェンでは，ロシアとの交渉を前進させ，山積する政治・経済・社会問題に対処しようとするマスハドフ政権と，政権のこのような姿勢を激しく批判する急進派・過激派に政治勢力が大きく分裂していた．議会や宗務局などは，マスハドフ政権を支持していたが，議会外反対派としての急進派・過激派の動向を政権は無視することができなかった．それは急進派や過激派が軍閥化し，政権の政策を妨害していたからである．このようなチェチェンの内紛は，ロシアとの交渉そのものを破綻させ，またロシア側による合意不履行の理由とされた［富樫 2015：207-24, 288-301］．

紛争開始直前にチェチェンの政治勢力はさらなる分裂を招く．もはやチェチェンの内戦化やロシアとの紛争が避けられないと考える一部勢力は，マスハドフ大統領にバサーエフ司令官ら急進派指導者の軍事的排除を要求したのである．しかし，これらの要求は受け入れられず，ムフティー（イスラーム聖職者）のアフマト・カディロフらが政権から離反する．逆にロシア軍の進軍を前にして，それまでマスハドフ政権に対抗していた急進派・過激派も対露闘争への注力を目指したので，第二次紛争発生後のチェチェン内部のアクターは，独立派（マスハドフ政権）と，独立派から離反したカディロフらの勢力に分けられる．

（3）交渉の排除と「一体度」の変化

紛争開始後，ロシア政府は2001年11月にチェチェン独立派との交渉を一度実施したことを除けば，独立派とは一切交渉せず，彼らの軍事的な排除を目指して，一方的に政策を導入して行ったと言えよう．これは，紛争の「チェチェン化」（Чеченизация）と言われるもので，チェチェンの政治勢力を分断し，弱体化

196　第Ⅱ部　紛争の力学と紛争への国際関与

表 9 - 2　ロシアとチェチェンの交渉プロセスと「一体度」に関わる出来事

	交渉プロセス・出来事	チェチェンの「一体度」にかかわる出来事	ロシアの「一体度」にかかわる出来事
1999	9/6-22 ダゲスタンやモスクワでアパート爆破事件が発生 9/20 マスハドフがプーチン首相との交渉を呼びかけ 9/23 第二次紛争の開始 11/12 第二都市グデルメス陥落 11/19 アチホイ・マルタン陥落 12/7，8 アルグン，ウルス・マルタン陥落 12/14 グローズヌィ攻略戦開始	8/2 ダゲスタンでチェチェンとダゲスタン過激派が蜂起 10/10 マスハドフがカドィロフをムフティーから解任 10/15 チェチェンにおけるロシア連邦政府全権代表コシュマン将軍を任命 10/24 コシュマンが親露派行政府の指導者リストを作成 10/29-11/10 カドィロフらがグデルメスを無血開城	9/9，13 モスクワでアパート爆破事件（220名死亡） 9/22 リャザン事件（アパート爆破訓練？） 12/19 ロシア下院選挙（ロシア連邦共産党が第一党，与党は2位） 12/31 エリツィンがプーチン首相を大統領代行に任命
2000	1/5 ノジャイ・ユルト陥落 1/11 ヴェデノ陥落 2/6 グローズヌィ陥落 2/10 イトゥム・カレ陥落 5/9 マスハドフが交渉を要求	3/26 チェチェンでもロシア連邦大統領選挙を実施 6/12 ロシア政府がチェチェン行政府設置（独立派から離反したカドィロフ任命）	3/26 大統領選挙でプーチン大統領代行が当選 12/1 統一と祖国・全ロシアが与党・統一ロシアを結党
2001	1/23 ロシア政府がロシア軍部隊の部分的撤退と北コーカサス対テロ本部を設置 11/8 ロシア（カザンツェフ南部連邦管区全権代表）とチェチェン（ザカーエフ独立派副首相）会談		4/14 プーチン大統領のチェチェン訪問 9/11 アメリカ同時多発テロの発生
2002	4/18 プーチン大統領が紛争の軍事的段階の終了を宣言		

出所：兵頭［2005］，富樫［2015］，Осмаев［2012a］，Milyukov［2020］を参照し作成.

させ内紛（本章で言うところ「一体度」を低下させること）によって紛争の終結を目指すものである.

　第一次紛争の反省を生かしたロシア軍は，緒戦は徹底した空爆を行った．報道ベースで見ると［Milyukov 2020］，9月23日の開戦から首都グローズヌィ攻略を目指す12月まで，最低でも59日間複数地点に空爆をしている．12月に地上部隊を本格的に展開させるようになってからは，占領した地域では，第一次紛争で苦しんだゲリラ戦を想定し，戦闘員やテロリストを選別し殺害する掃討作戦（Зачистка）を実施した.

　空爆と掃討作戦は，一般市民に多大な犠牲者を生んだが，「テロとの闘い」

写真 9-2　戦後に復興した首都グローズヌィ
注：戦争によって街が廃墟と化し，グリャーズヌィ（「汚い」の意）とまで形容されたチェチェンの首都グローズヌィは，第二次紛争後，ロシアと親露派政権の手によって再建された．
出所：筆者撮影．

という紛争の争点が前面に出されることで，第一次紛争時のような反戦運動の盛り上がりは見られず，世論もチェチェン紛争を支持した．99年12月に行われたロシア下院選挙では，ロシア連邦共産党が第一党をとったものの，エリツィン後継体制を望む与党系政党「統一」も第二党につけた．12月31日にはエリツィン大統領がプーチン首相を大統領代行に任命し，翌年3月の大統領選挙ではチェチェン紛争によって一躍有名になったプーチンは，第一回投票で勝利した．

　以後，プーチン政権が実施していくのは，第一次チェチェン紛争でエリツィン政権が模索した解決策，すなわち親露派チェチェン勢力の政治的・法的基盤形成と彼らとの合意による紛争の終結である．ロシア政府は，1999年10月に既にコシュマン特別代表を任命し，戦後の統治に協力可能なチェチェン人人材をリストアップしていたとされる［Осмаев 2012a：329］．その有力な候補としてチェチェンの主要都市グデルメスを連邦軍に無血開城し，犠牲を最小限に抑えたカディロフが挙げられた．

　プーチン大統領は，カディロフを2000年6月にチェチェン行政府の長官に任命すると，以後，2002年4月の年次教書演説で紛争の軍事的段階の終了を宣言するまで，多大な犠牲を生み出しながらも軍事作戦を完遂する．この間，独立派のマスハドフ大統領は，ロシア政府に交渉を打診したが，ロシア政府がこれ

198　第Ⅱ部　紛争の力学と紛争への国際関与

表9-3　チェチェン紛争の内部アクターの一体度

アクター	第一次紛争（1994-1996）		第二次紛争（1999-2002）	
	ロシア	チェチェン	ロシア	チェチェン
レベル2（内部ア クターの一体度）	タイプⅢ→Ⅳ→Ⅰ	タイプⅣ→Ⅲ→Ⅰ	タイプⅠ	タイプⅣ
レベル1 （政府・リーダー）	当初は主戦論→交渉 路線	主戦論（徹底抗戦） も交渉排除せず.	最後まで主戦論	交渉路線

出所：筆者作成.「タイプ」については**図4-3**を参照されたい.

に応じることはなかった. 唯一の例外は，2001年11月のカザンツェフ南部連邦
管区大統領特別代表とチェチェン独立派ザカーエフ副首相の会談である. これ
は既にロシア側の軍事的勝利が見えつつある中で（ロシア軍部隊は一部チェチェン
から撤退し，プーチン大統領も訪問するなど），交渉というよりも投降（武装解除）を
要求するものであった.

第4節　モデルを通した説明と解釈

（1）紛争当事者内部の一体度モデル

　以下では，以上検討してきたチェチェン紛争の和平プロセスとその帰結につ
いて，第4章で示した紛争当事者の内部アクターの一体度の類型に当てはめ，
モデルの検証を行う.

　第4章では，紛争当事者（対立する行為主体間）間の交渉に対して2レベル・
ゲームを用いて分析している. 本章に当てはめるとレベル1（交渉主体）には，
チェチェン紛争ではロシア政府とチェチェン独立派政府が入る. レベル2（内
部アクター）は，合意形成段階では，原則としてその政府と議会（あるいは主要な
政治指導者と政治勢力），合意履行段階では，その政府と軍（あるいは主要な政治指
導者と武装勢力やその司令官）が入る. これらアクターの武力紛争の継続（または
和平合意の受諾）に対する評価の一致度が交渉の成否に大きな影響を与えると第
4章では考え，内部アクターの一体度を類型化している.

　以上の類型に当てはめてチェチェン紛争（第一次・第二次）における内部アク
ターの一体度を示したものが**表9-3**になる.

① 第一次チェチェン紛争

　第一次チェチェン紛争においては内部アクターの一体度は，紛争過程で変化しているので，まず紛争開始時の一体度について説明する．

　ロシア側内部アクターの一体度についてだが，紛争開始時，政府は武力によるチェチェンの平定に積極的（主戦論）であったが，議会では与党は安定的基盤を持たず，野党は政府の政策を支持していなかった．このため，政府と議会の一体度は低かったと理解できる．他方で，開戦時は，グラチョフ国防相など軍指導部は武力行使に積極的であったため，政府と軍の一体度は高かったと見なせる．よって，タイプⅢに該当する．

　チェチェン側では，紛争開始時には，チェチェンにおいて正統な政治的権威を主張するアクターとして首都グローズヌィと大部分のチェチェンを支配していた独立派政権と，北部平野部と一部地域を支配下においていた親露派勢力が存在した．彼らの争点の１つは対露交渉のあり方（武力抵抗をしても独立的地位を得ることを要求するか）にあったので，交渉者と承認者（主要な政治指導者と政治勢力）に相当する一体度は低かった．また双方とも準軍事組織を有し衝突していたので，武装勢力の一体度も低かった．よってチェチェンはタイプⅣに該当する．

　この一体度が紛争の進行過程で変化する．まずロシアでは，軍事作戦の展開で軍内部や前線での不満が拡大する．軍は，ロシアの経済移行期の混乱冷めやらぬ状況下で，武器や装備が十分に提供されていなかったり，徴兵され訓練も十分に受けていない若い兵士が次々と死傷したりした．チェチェン側の抵抗は激しく，無計画な司令部の作戦にも前線の不満は高まった．レーベジ将軍のようにチェチェン紛争を激しく批判する軍出身者も現れていた．よって，政府と軍の一体度は低下し，ロシア側の内部アクターはタイプⅣに移行する．軍内部で紛争の継続に疑問を抱く勢力がいることは，ロシア軍の作戦遂行に否定的な影響を与えた．

　チェチェン側では，紛争開始によってチェチェン内部における武装勢力の一体度の問題は改善された．親露派勢力は，開戦前はロシアの支援を受けて独立派に武力抵抗していたが，開戦後は，武力紛争に直接的な関与はしていなかった．また開戦によってチェチェンの住民の多くも自衛のために武器を取り，独立派の司令官の下に団結，激しく抵抗した．よって，チェチェン側の一体度はタイプⅢに移行した．

チェチェン側の激しい抵抗や軍部の反発，野党や世論からの批判を前にしてもロシア政府は，親露派政治勢力との合意形成と独立派の軍事的排除という政策を遂行しようとした．この結果，親露派への政治的統制を強めたが，以上のようなロシアの政策に親露派政治勢力の多くが離反した．この結果，チェチェン内部の政治勢力が結集し，紛争の政治的解決を強く求める機運が高まった．独立派は，開戦直後からロシアとの交渉（政治対話）を必ずしも排除していなかったので，これでチェチェン内部の一体度はタイプⅠに移行した．

チェチェン側の一体度がタイプⅠに移行することで，ロシア政府の政策（独立派の軍事的排除，親露派との合意による紛争終結）は不可能になった．また大統領選挙を控え，独立派との交渉は避けられないとエリツィンが判断したことで，ロシア政府も交渉路線へ強く移行し，ロシア側の内部アクターの一体度もタイプⅠへ移行した．

② 第二次チェチェン紛争

第二次チェチェン紛争においては，ロシア側もチェチェン側も内部アクターの一体度は変化していない．ロシア側においては，紛争開始時にはエリツィン政権末期で政府と議会の関係は悪く，政府は議会に安定的基盤を持たなかった．これは与党「統一」が僅差で第二党になった1999年12月の下院選挙後においても同様である．しかし，第二次紛争の開戦と以後の「対テロ作戦」は，大多数の政党，そして世論の強い支持を得えていた．プーチン（開戦時は首相，後に大統領代行，大統領）の支持も紛争発生後に非常に高まった．また軍部からもこの紛争に反対する動きは開戦後にも見られなかった．その意味で，ロシア内部においては一体度は極めて高く，タイプⅠに該当していた．武力紛争を継続する上での障害はほとんどなかったのである．

チェチェン側の内部アクターについて，開戦前には，マスハドフ政権と独立派内部の急進派・過激派の対立が激しく，彼らにはそれぞれ配下にあった武装勢力も存在していたので，一体度は極めて低く，タイプⅣに該当した．第二次紛争開戦後もタイプⅣに該当したが，構成する内部アクターには変化が生じた．開戦に伴い，独立派内部の急進派と過激派も対露闘争に専心するため，それまで否定していたマスハドフ政権の政治的正統性を認めた．逆に，かつてマスハドフ政権を支えていた勢力の中から急進派や過激派を排除せず，ロシアとの紛争へと進む政権から離反する勢力（カディロフなど）が現れた．彼らは，ロシア

表9-4　紛争当事者間の一体度の組み合わせと合意の妥結・履行

| | | 紛争当事者B：分離主義地域 | | | | | | | |
| | | タイプI | | タイプII | | タイプIII | | タイプIV | |
		妥結	履行	妥結	履行	妥結	履行	妥結	履行
紛争当事者：A中央政府	タイプI	○	○	○	B×	B△	○	×	×
		チェチェン(1)						**チェチェン(2)**	
	タイプII	○	A×	○	×	B△	A×	×	×
	タイプIII	A△	○	A△	B×	AB△	○	×	×
		チェチェン(1)*³						**チェチェン(1)***¹	
	タイプIV	×	×	×	×	×	×	×	×
						チェチェン(1)*²			

注：(1)は第一次紛争，(2)は第二次紛争を指す．太字は最終的な帰結．「*」は最終的な帰結（変化）に至る
　　前の状態．複数ある場合は変化の順序を示している．
出所：筆者作成．

と協力し，親露派政治勢力として独立派と対峙することになった．ロシア政府の「チェチェン化」政策においては，親露派勢力による独立派勢力の軍事的排除を進めたので，親露派も「対テロ作戦」に関与した．よってチェチェン内部の政治勢力・武装勢力は，独立派と親露派で分断された．これが開戦後もタイプIVに該当する理由である．

（2）一体度の組み合わせと帰結

チェチェン紛争について紛争当事者の内部アクターの一体度の組み合わせに当てはめたものが表9-4である．

第一次チェチェン紛争では，紛争当事者であるロシア・チェチェン双方において紛争の継続，あるいは和平交渉に対して内部アクターの一体度が低かったため，交渉そのものも合意に至らず，一時的に合意した停戦についても違反が繰り返された．これがまずチェチェン側で改善され（タイプIVからIII，Iへの移行），ロシア側では軍からも戦争継続に疑問の声があがった（タイプIIIへ移行）．依然としてエリツィン政権は，独立派との交渉と，彼らを排除し親露派と交渉するという政策をとっており，ロシアの内部アクターの中では和平交渉に消極的なアクターであった．ただ，この時点で，第一次チェチェン紛争は，仮説モデルが想定するようにエリツィン政権の交渉姿勢を改善する働きかけができれば合意は妥結も履行される状態（タイプIIIとタイプIの組み合わせ）へと移行して

いた.

　その後，大統領選挙で再選を目指すエリツィンは，チェチェン政策を激しく批判し，大統領選挙の第一回投票で３位につけていたレーベジ元将軍を安全保障会議書記に任命し，チェチェン和平交渉にあたらせた（開戦時のグラチョフ国防相は解任）．よって，ロシア側もタイプⅠに移行し，紛争当事者双方ともタイプⅠ，すなわち合意は妥結し，履行される状態に至ったのである．このようにして第一次チェチェン紛争の和平は妥結した.

　第二次チェチェン紛争は，ロシア側の内部アクターの一体度は高く，紛争継続という戦略を取り続けた．またロシア政府のチェチェン政策によってチェチェン側の内部アクターの一体度は低下したまま，紛争が展開された．親露派はロシア政府と交渉し，独立派との交渉は完全に排除された．よって，独立派勢力との合意は妥結も履行もされない状態（タイプⅠとタイプⅣの組み合わせ）が維持された．このような状況下では，和平は妥結も履行も極めて困難であるが，実際に第二次チェチェン紛争では，交渉そのものがほとんど行われなかった．その結果として，軍事力で優位であるロシア軍の勝利で紛争は終結した.

（3）仲介者の役割

　最後に仲介者の役割について考察する．第４章では，一義的には和平合意は紛争当事者内部の一体度の変化によって，その受諾や拒否が読み取れると主張したが，合わせて外部アクターが５つの条件（情報の平等な提供，交渉の中立性，合意を保証する枠組みを構築，解決策の準備，賞罰の提供）を満たした上で仲介を行っているかも重要だと提起した．これは，紛争当事者やその内部アクターが和平交渉に向かうことを後押しする役割を果たすからである.

　第一次チェチェン紛争では，OSCE の仲介は５つの条件のうち多くの項目を満たしていた．すなわち OSCE チェチェン支援グループは，発足当初からロシア政府とチェチェン独立派の信頼情勢に努め，双方に情報を提供した[10]．交渉の中立性については，OSCE の活動は「ロシア連邦の領土的一体性および OSCE の諸原則に則る」と記載されていたので，ロシア側の反発も少なかった．また「チェチェンの安定化と平和を促進する為のラウンドテーブル等の設置を通した対話と交渉への従事」という活動内容は，双方が合意を保証する枠組みを担保し，紛争の解決策を模索する「手続き的仲介」[11]であったと評価できる.

　OSCE は，ロシアに対して賞罰を提供することで合意を遵守させる枠組みを

有していなかったが，欧米諸国が OSCE の仲介を受け入れるよう間接的な圧力を行使したことで，これは補填されたと言えよう．具体的には欧州評議会加盟手続きの凍結や EU のロシアとの貿易協定の凍結などを通して OSCE の仲介を受入れるように圧力をかけた［Mihalka 1996；Kuzio 1996；吉川 1997；Bowker 2005］．これは軍事的戦略を取り続けるエリツィン政権を交渉戦略へと移行させることを後押しした．このような OSCE の仲介を受け入れた背景に，ロシア側が当時 OSCE に対する期待感があったことも肯定的に作用したとの見方もある[12]．

　しかし，97年にロシアとチェチェンが平和条約締結に至ると，第二次紛争発生へと至る過程で，このような OSCE の仲介は無効化されるようになる．チェチェン側では，ヤンダルビエフ大統領代行が退任直前に OSCE 代表の発言が看過できないとして彼を国外退去させた[13]．ただ，これは大統領選挙に敗北した彼のパフォーマンスに過ぎず，マスハドフ新大統領が就任すると，すぐに OSCE 代表は呼び戻され，活動も再開した［Guldimann 1997］．だが，ロシア側の対応はより深刻な問題を生み出した．ロシア政府は，平和条約締結が現実味を帯びた97年 3 月に「OSCE の仲介業務の役割は果たされ，今後その必要性はない」とする声明を OSCE 常任理事会の場で出したのである［Skagestad 1999］．これを契機として，以後，OSCE は交渉からは排除され，その活動は人道支援などに限定される事になる．こうしたロシア政府の姿勢は，第二次チェチェン紛争発生後も変わらず，ロシア政府はあらゆる仲介を拒否することになる[14]．

　以上のように本章の事例を見る限り，仲介者が整備可能な条件をより多く満たし，仲介を継続していれば，仮に大国の内戦であっても，仲介の成功する可能性が高まることを示唆している．第一次チェチェン紛争の交渉プロセスで見た通り，紛争当事者が和平に向かう姿勢には紆余曲折があるが，それは紛争当事者内部のアクターの動向が影響を与えているからである．

おわりに

　本章は，紛争当事者がなぜ時に和平の仲介を受け入れ，交渉を妥結・履行することができ，なぜ時に交渉，あるいはその仲介すらも拒み，軍事的な戦略を継続するのかという疑問に対して，チェチェン紛争を事例に考察した．そして，紛争当事者がどのような状況のときに和平合意が受諾・拒否されたのかを，第

一次・第二次チェチェン紛争の事例を通して明らかにした．以上の知見をまとめ，紛争当事者内部のアクターの一体度に注目する4章のモデルを用いてチェチェン紛争に対する仲介を再考し，モデルの有効性も検討した．

　チェチェン紛争の和平プロセスを検証した結果，紛争当事者内部のアクターの一体度が紛争のダイナミクスに影響を与えていることが確認できた．内部アクターが和平交渉という戦略に対して高い一致度をとる場合，和平合意は受諾され履行されやすいことが事例面からも確認された．問題は，どのようにして，そのような状況に移行するのかという点である．紛争当事者の内部で和平の受諾・紛争の継続に対する異論があり，アクターがまとまっていない場合，当該紛争当事者は武力紛争に注力できないので，戦況が悪化する．すると，次第に泥沼化する紛争を継続しようとする内部アクターへの批判が強まる．本章では，このような状況が継続することで，それまで紛争の継続という戦略をとっていたアクターが和平交渉に傾くことが事例面から確認できた（第一次チェチェン紛争）．こうして一時的に一体度が低下した状況下で，外部アクターが効果的な仲介（介入研究が指摘する仲介が成功しやすくなる条件を満たした仲介）を提供できれば，和平合意が受諾・履行される可能性は高まる．

　他方で，紛争当事者の内部アクターにおいて紛争継続という戦略で極めて高い一体度が観察できたケースでは，和平の仲介は全く受け入れられず，紛争は一方の軍事的勝利にて終結した事実が確認できた（第二次チェチェン紛争）．本章の検討からは，大国（中央政府側）の内部アクターが紛争継続という方向性で一枚岩になっていると，和平は拒否され，悲観的な結末に向かわざるを得ないことが示唆された．

注

1）和平合意は，通常，紛争解決のためのプロセスを開始することに合意する「和平プロセス合意」，紛争の争点の一部を解決することに合意した「部分的合意」，紛争の争点の解決を合意した「完全な合意」の3つに分類可能である［UCDP Peace Agreement Dataset Codebook Version 19.1: https://ucdp.uu.se/downloads/peace/ucdp-codebook-peace-agreements-191.pdf，2024年6月20日閲覧］．

2）小規模な衝突はありつつも停戦合意は機能し続けた（合意が遵守されていたか，合意の枠組みは破綻していなかった）ためである．チェチェンの場合は停戦合意（1996年）から再発（1999年）の約3年間，部分的違反があっても全面的再発は回避していた．

3）「対テロ作戦」の終了は2009年だが，ロシア政府はチェチェン独立派との交渉は原則

として行わず，2002年に紛争の軍事的段階の終了を宣言している．以後もチェチェン独立派は武力闘争を継続するものの，交渉プロセスとしては2002年に完全に破綻（合意の妥結に至らず終了）したと見なせる．

4）第一次チェチェン紛争については，富樫［2015；2021：84-112］などを参照されたい．

5）なお院内会派・グループで見ると76議席，全体の17％の議席を占めた［皆川 2002：50］．

6）明確に反対したのはカルムィコフ司法相で，その直後に辞表を提出している．

7）なお親露派は，形式上は，立法機関としての暫定評議会と執政機関としての民族復興政府から構成されていた．また親露派は開戦前には武装勢力を有したが，実際に紛争が発生すると親露派勢力は軍事作戦において大きな役割を果たさなかった［富樫 2015：137-38, 412-13］．従って，親露派は紛争当事者ではなく，チェチェン内部のアクターとして扱うことが妥当だろう．

8）1995年4月の第16回 OSCE 評議会で OSCE チェチェン支援グループ（The OSCE Assistance Group to Chechnya）設立が決まった．主な活動内容は，① 人権や基本的自由への配慮の促進と民主主義制度・プロセスの発展援助，選挙監視等を含む可能な法的合意の準備支援，② NGO を通した紛争被害者への人道支援，③ IDP（国内避難民）や難民の早期帰還の為のロシア連邦当局と国際組織に対する支援提供，④ ロシア連邦の領土的一体性および OSCE の諸原則に則り，チェチェンの安定化と平和を促進する為のラウンドテーブル等の設置を通した対話と交渉への従事などである［OSCE PC. DEC/35, 11 April 1995］．

9）第一次紛争後のチェチェンについては富樫［2015：127-353］，第二次紛争発生後の展開までを含むものとしては Осмаев［2012a］を参照のこと．

10）OSCE のグリディマン代表は，モスクワとグローズヌィの間で「シャトル外交」を展開した．彼の報告書［Guldimann 1997］によれば，96年1月から97年3月までの間，30回も往復し，ほぼ毎日双方の間の連絡をとりもち，信頼醸成に努めたという．これはハサヴユルト協定や97年5月の平和条約へ結実する．

11）仲介の分類と定義については，4章1節（3）を参照のこと．

12）ロシア政府には当時，OSCE が冷戦後の欧州地域の安全保障組織として反ロシア的，軍事的色彩の濃い NATO を代替していくとの期待感があり，また同時に CIS 諸国の紛争への介入を正当化する際に OSCE を活用したいという思惑もあったと指摘されている［Mihalka 1996；吉川 1997；中野 2005］．

13）*Коммерсантъ*, 06 февраля 1997 г.

14）OSCE はチェチェン側に求められる形で99年に精力的にロシア側に働きかけたようであるが，この時もロシア側の反応は「OSCE の仲介業務の役割は果たされた」というものだった［Skagestad 2008］．

終　章

事例の比較理解と理論への知見

富樫　耕介

終　章　事例の比較理解と理論への知見　*209*

　本書の目的は，紛争の激化防止のために行われる和平交渉の仲介がどのような条件下で成功しやすくなるのかを明らかにすることにあった．本書ではその目的を達成するために第Ⅰ部では，仲介の歴史と思想，冷戦後の平和政策を振り返り，仲介の意義を確認した上で仲介がどのような条件で成功しやすくなるのかを検討してきた．仲介研究の理論的知見を整理し，仲介の成否を考察するモデルを提示した．続いて第Ⅱ部において旧ソ連地域の紛争事例を検討し，いかなる状況下において交渉は妥結（もしくは破綻）し，仲介は成功（失敗）してきたのかを，紛争当事者内部のアクターに注目しつつ明らかにしてきた．以上の考察をまとめ，比較することで旧ソ連地域の紛争事例から，冒頭に示した目的にどのような知見が得られるのかを示すことが終章の一義的な目的である．その上で，事例の比較を通して得られた知見は第Ⅰ部の国際関係論の理論研究に対して，どのようなフィードバックが可能なのかを考えたい．

第1節　各事例の持つ意味の再検討

　それぞれの事例がどのような特徴を持っているのかを示すために，改めて序章で提示した表（**表終-1**）を示したい．

　まずロシアという地域大国が仲介者の役割を担っている紛争としては，カラバフとタジキスタンの事例が挙げられるが，タジキスタンの場合は和平合意の妥結に至っている．その意味で，大国の仲介が国際関係論者の捉えるように「恣意的で，時に有害なもの」であるのかを再考することのできる事例でもある．本書で明らかにしたのは，ロシアの仲介は，確かにロシアの自己利益を背後に忍ばせていたが，そのことが，本来まとまりを欠き，合意形成を困難だった紛争当事者間の交渉を促進した側面があることである．

　さて，大国が仲介者であるものの，紛争当事者でもある（あった）ケースは，沿ドニエストルとロシア・ウクライナ戦争の事例が該当する．大国が当事者として紛争と仲介に関与することがどのような問題を生み出すのかを考える上で，両事例は示唆を提供できる可能性がある．この点について，本書では沿ドニエストルの事例は，ロシアの利益が担保されるかぎり，ロシアは仲介者を装い現状維持を模索することが示されている．逆に，ウクライナの事例は，ロシアが

表終-1　旧ソ連地域の紛争事例の分類

	i 交渉による解決	ii 交渉による現状維持	iii 交渉の破綻と再発	iv 一方の軍事的勝利
(1)大国が仲介者	タジキスタン内戦（6章）		カラバフ紛争（5章）	
(2)大国が仲介者装うも当事者		沿ドニエストル紛争（7章）	ロシア・ウクライナ戦争（8章）	
(3)大国が当事者	第一次チェチェン紛争（9章）			第二次チェチェン紛争（9章）

出所：筆者作成.

仲介者を装えないほどに全面的な介入を行い，紛争当事者になり得ることを示している（ウクライナ側はそうした理解をしていたため，ロシアを脅威として強く認識したのである）.

　最後に大国が当事者である紛争は，チェチェンの事例が当てはまる．チェチェンの事例は，第一次紛争は和平合意の締結に至り，第二次紛争はロシア側の一方的な勝利で終結している．これは，大国自身が当事者である紛争に対して，国際社会がどのような仲介が可能なのかという問題を考えることにつながる――なお2022年以降のロシア・ウクライナ戦争もここに該当する．チェチェンの事例では，残念ながら大国が紛争当事者の場合，国際社会が取り得る選択肢はやはり極めて限定的であることが示された．ただし，第一次紛争のように紛争当事者が交渉に傾く環境を整備し，その際に仲介へと乗り出せば，和平交渉の妥結に至ることも示された．

　さて，和平交渉や仲介の成否という観点から，これらの事例を考える時に，交渉による解決へと至ったのは，タジキスタン内戦と第一次チェチェン紛争である．当然，両事例においては，なぜ和平合意が受諾されたのか，あるいは仲介は成功したのかが問われることになる．それに対して，一度停戦合意に至ったものの，紛争の解決を見るような和平合意に至っていない事例としては，沿ドニエストル紛争が挙げられる．この事例においては，なぜ紛争当事者の間で和平合意が締結されないのか，なぜ外部アクターによる仲介は成功していないのかを考察することができる．

　交渉が破綻し，紛争が再発に至った事例としては，カラバフ紛争，ロシア・ウクライナ戦争（2014-2022年），第二次チェチェン紛争があげられる．このうち，チェチェン紛争は，一方の軍事的勝利で紛争は終結した．ロシア・ウクライナ

戦争については現在も進行中である．カラバフ紛争は2020年に再発し，アゼル
バイジャンがアルメニアの実効支配していたカラバフの大部分を奪還すること
には成功したものの，本書が分析している2022年までの段階では紛争の全面的
解決には至っていなかった．本書が分析していない2022年以降の展開について
触れれば，23年9月にアゼルバイジャンが軍事作戦を実施し，カラバフの奪還
に成功した．このため，カラバフの事例もチェチェンの事例と同様に一方の軍
事的勝利で紛争は終結した．

　いずれの事例も，停戦合意，あるいは，その後の和平交渉の方針を定めた和
平プロセス合意が破綻した事例であり，ここではなぜ和平交渉は破綻し，履行
されなかったのかを考察する上で有用な知見を提供する可能性がある．以上に
ついては，各章で明らかになったことを以下でまとめていきたい．

第2節　紛争当事者の内部アクターに着目した理解

　本書では，和平仲介の成否は，単に国際的な働きかけのみならず，紛争当事
者内部の動向——本書で言うところの内部アクターの一体度——が重要である
という理解を理論研究から導き出し，事例研究においても（各章，注目する観点
に若干の相違はあっても），紛争当事者内部の動向が和平交渉の妥結や破綻にど
ういう影響を与えたのか，を考察することを課題とした．以下では，各事例から
明らかになったことを整理したい．

　タジキスタンの事例からは，紛争発生の過程でエリートの分裂と地域閥によ
る動員によって戦闘が行われていたので，政府側も反体制側もその内部では，
必ずしも十分なまとまりがあったわけではない．紛争の過程で，まず反体制側
が「タジク反対派連合」に糾合されることで団結することになった．ラフモノ
フ政権側は，マフィア関係者や軍閥によって形成され，まとまりを欠いており，
しかも軍事面でも反体制派に劣っていた．このように政府側は，団結する反対
派に対して不利であり，1996年から97年には首都ドゥシャンベに迫れる状況に
あった．和平交渉に傾いていたが，一枚岩ではなく，軍事力でも劣っていたラ
フモノフ政権が軍事的に敗北せず，和平交渉を優位に展開することができたの
は，ロシアの存在が大きかった．ロシアは，アフガニスタン情勢もあり，タジ
キスタンにおけるイスラーム勢力の政権樹立を望まず，ラフモノフ政権の継続
と安定を期待し，仲介を行った．つまり，タジキスタンの事例は，紛争当事者

のうち政府側の一体度は低かったが，大国ロシアの仲介によって和平交渉の妥結を見たと言える．

　カラバフの事例は，第一次カラバフ紛争（1989-1994年）後のアルメニア・アゼルバイジャン双方の内部アクターの一体度が反転していることが興味深い．具体的には，もともとアルメニア本国とカラバフの間では，比較的初期からカラバフ問題をめぐる意見の不一致があったが，第一次カラバフ紛争で勝利したため，この認識の相違は当初は，大きな問題にはならなかった．しかし，紛争後に経済問題や国際的な孤立を抱えたアルメニア本国は，カラバフ問題の解決の模索をし，その後もカラバフが必ずしも最優先ではないことを示す対応をとってきた．特に2018年のパシニャン政権誕生後，こうした傾向は顕著になった．つまり，2020年の第二次カラバフ紛争までにアルメニアとカラバフの間では不協和音が生じていたのである．逆にアゼルバイジャンでは，第一次カラバフ紛争時，政変などで政権や軍部は混沌とした状態であったが，紛争の停戦合意後，第二次カラバフ紛争に至るまでに強固な権威主義体制下が構築され，政権と議会，軍部のカラバフ紛争に対する団結は極めて強いものになっていた．もともとアルメニア・アゼルバイジャン両国の間には，軍事力の格差もあったが，このような内部アクターの一体度の違いも，第二次カラバフ紛争でアルメニア側を大いに不利にしたと言えるだろう．これは，2023年9月のアゼルバイジャンによるカラバフ奪還の呼び水となった．

　沿ドニエストルの事例は，双方の内部アクターの間で大きな意見の相違がなく，その意味で紛争当事者は一枚岩であるが，一枚岩になっている背景要因が全く異なっている．つまり，モルドヴァでは，沿ドニエストル紛争に対する世論の関心はそもそも低く，議会もこれまでに提案された仲介案に関心を示しておらず，大統領や欧州統合省，大統領顧問など一部のアクターしか政策決定に関与していない．この意味でモルドヴァの沿ドニエストル紛争に対する意見は比較的まとまっている．しかし，それは国際社会が仲介する解決案は受諾できないという点で一致しているということである．同じく沿ドニエストル側も内部アクターの間での意見の相違が問題になっていない．沿ドニエストルでは，経済の大部分を支えるコングリマリット（複合企業）と政府が癒着しており，企業と政府は共に現状で得られる利益の最大化に努めている．したがって，和平交渉に乗ることは，むしろ利益を損なうと見なしている．したがって，沿ドニエストルの事例では内部アクターの評価が紛争解決ではなく，現状維持にお

いて強い一体度を保持していると言える.

　ウクライナの事例は，2014年のミンスク合意締結によってドンバス紛争の停戦に至ったが，この紛争の経験と履行されない合意を通してウクライナ内部でロシアに対する脅威認識が形成させてきた．つまり，一度合意形成に至ったものの，それが機能しなかったことが，次なる紛争に備え，ウクライナ内部を団結させた側面があることが明らかになる．具体的にはポロシェンコ政権下で軍事ドクトリンや国家安全保障戦略でロシアを脅威認定するなど，政府・軍部共に和平交渉の推進よりも，ロシアの脅威に備えるという点で団結させていった．ゼレンスキー政権の誕生後，一時的にゼレンスキーが交渉に積極的な姿勢を見せたが，これは世論の反発を招き，コロナ政策などの失敗から支持率低下を招くと，彼はポロシェンコ政権と同様の政策に回帰した．こうして，ロシアに対するウクライナ側の脅威認識が形成され，維持されたことで，2022年2月にロシアによる侵攻が始まった際のウクライナ側の徹底抗戦と団結を可能にした側面があることを見て取れる.

　チェチェン紛争の事例からは，紛争当事者の内部アクターの団結やまとまりが和平の妥結にも破綻にも作用することが理解できる．具体的には第一次チェチェン紛争の発生過程では，ロシア側もチェチェン側も内部アクターの一体度が低かった．特にチェチェン側は，ロシアからの分離独立をめぐり独立派と親露派が対立し，正統な政府はどちらかを争い，武力衝突も発生していた．対して，ロシア側はエリツィン政権が議会に安定的基盤を持たず，チェチェン紛争の開戦は野党からも世論からも批判されていたので政府と議会の一体度は低かったが，軍部は開戦を支持した．これが紛争の泥沼化，犠牲者増などを受けてチェチェン・ロシア双方において停戦や和平を望む内部アクターが増えていった．チェチェン側では，親露派の大部分と独立派が合流し，和平交渉に向かう環境が整備された．ロシア側ではエリツィンは交渉に消極的だったが，国内外の圧力の高まりと大統領選挙再選のためにチェチェン和平へと舵を切った．このような環境下で外部アクターも仲介機能を果たした．しかし，第二次チェチェン紛争では，「テロとの戦い」の名の下にロシアは一致団結し，プーチン政権の高い支持率もあり，チェチェン問題の武力による解決路線が批判されることはなかった．独立派は，親露派と再び分裂し，影響力のあるアクターではなくなり，政治・軍事的に排除され，紛争は終結した.

　以上，個別の事例から得られた理解を踏まえつつ，改めて4章で提示したモ

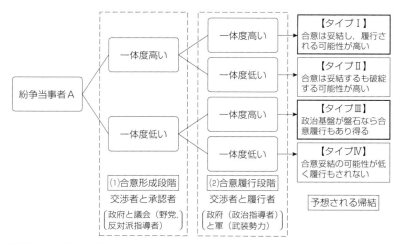

図終-1　紛争の停止・和平交渉戦略をめぐる紛争当事者内部アクターの一体度の組み合わせ

出所：筆者作成．

デルを個々の紛争事例に当てはめて検証してみたい．

第3節　仮説モデルの検証

　本書は，第4章に和平合意の受諾・拒否（あるいは履行・破綻）のメカニズムは，紛争当事者の内部アクターの一体度に規定されるという仮説に基づいたモデルを構築した．具体的には，合意形成においては，紛争当事者内部において政治指導者間（政府や議会，野党や反対派），合理履行においては，同政治指導者と軍や武装勢力の間の一体度が高くなければならない．一体度とは，特定の政策に対する内部アクターの評価が近づいている（一致する部分が多くなっている）と観察できる状態を指すものである．よって，合意（停戦や和平）形成や履行において重要なことは，交渉を行うこと，それを履行することに対して高い一体度を持っている必要がある．当然，一体度が高くても，それが紛争継続に対する一体度であれば，合意は妥結も履行もされなくなる．したがって，政治指導者間，政治指導者と軍や武装勢力が一枚岩で，なおかつ交渉を望んでいる時，和平は受諾され，履行されるというのが正確な表現だろう．

　以上のように内部アクターの一体度を図示的に分類したものが，第4章で示

終　章　事例の比較理解と理論への知見　*215*

表終-2　紛争当事者間の一体度の組み合わせと合意の妥結・履行

| | | 紛争当事者B：分離主義地域 | | | | | | | |
| | | タイプI | | タイプII | | タイプIII | | タイプIV | |
		妥結	履行	妥結	履行	妥結	履行	妥結	履行
紛争当事者A：中央政府	タイプI	○ **第一次チェチェン紛争** **沿ドニエストル紛争** **ロシア・ウクライナ戦争**	○	○	B×	B△	○	× 第二次チェチェン紛争 カラバフ紛争	×
	タイプII	○ **タジキスタン内戦**	A×	○	×	B△	A×	×	×
	タイプIII	A△	○	A△	B×	AB△	○	×	×
	タイプIV	×	×	×	×	×	×	×	×

出所：筆者作成.

した**図終-1**の図である．ここでは，複数いる紛争当事者の一方（便宜的に紛争当事者Aと形容）のみを示しているが，もう一方の紛争当事者（便宜的に紛争当事者Bと形容）についても同様に一体度に対して評価を下し，タイプに分けることができる．

　以上のモデルを用いて，本書の5つの紛争事例（ただし，チェチェンについては第一次・第二次）で明らかにしてきた内部アクターの一体度の組み合わせを示したものが**表終-2**になる．ここでは，一体度の過渡的変化までは十分にフォローしていない．各章で一体度が大きく変化した事例と，さほど変化しなかった事例，変化はしていたようだが，その軌跡を十分に追跡できない事例があるためである．また表では，横に中央政府，縦に分離主義地域を紛争当事者としてセットしている．カラバフ紛争，ロシア・ウクライナ戦争では，それぞれ中央政府の部分にアゼルバイジャンとウクライナ，分離主義地域の部分にアルメニアおよびカラバフ，ロシアおよび自称「ルガンスク人民共和国」と「ドネツク人民共和国」が入るものと想定されたい．合意が妥結した事例は，太字で示している．

　紛争当事者の一方のみ一体度が高く，他方が一体度が低いと，一方の側を不利な状況へと追い込み，合意は妥結も履行もされない．これはカラバフ紛争と第二次チェチェン紛争で当てはまる．

　カラバフの事例は，第一次カラバフ紛争終了後，徐々にアルメニアとカラバ

フの間でカラバフ問題の重要性に対する認識の溝が発生し始め，それはアルメニア政府のカラバフ交渉をめぐる姿勢にも見え始めた．さらにパシニャン政権になると前政権との連続性が損なわれ，これはアルメニアとカラバフの一体度を低下させていった（タイプⅣ）．軍部とパシニャン政権の間に溝が生じたことも知られているところである［富樫 2021：336］．逆にアゼルバイジャン側では，政治指導者間でカラバフの奪還を目指すという点で極めて高い一体度があり，また政治指導者と軍部の間のカラバフ問題に関する意見の不一致も表立って観察されていない（タイプⅠ）．これが2020年の紛争再発後にかねてからの軍事力の格差に加え，アゼルバイジャン側に紛争を優位に進めさせた．2023年には，ついにアゼルバイジャンはカラバフ全土を奪還したのである．

　第二次チェチェン紛争では，一貫してロシア政府が交渉を排除し，このようなチェチェン政策も「テロとの戦い」で正当化され，プーチンの高い支持率によって異論もほとんど出てこなかった．第一次チェチェン紛争で政権を苦しめた強い野党，政府に批判的なメディア，市民運動，政権に異を唱える軍人などを押さえ込むことができる状況にあったためである（タイプⅠ）——これは2000年代以降，プーチン体制の権威主義化で強化され，ロシア・ウクライナ戦争を迎えることになる．チェチェン側は，独立派と親露派に分裂し，交戦したため（タイプⅣ），紛争はロシアによる一方的な軍事的勝利で終結した．

　紛争当事者双方の一体度が高ければ，合意形成も履行も可能になる．ただし，当然のことながら，紛争当事者が合意に対する選好を有していなければならない．一体度が高くても，それが紛争継続へと向かうのであれば，合意は形成されない．

　第一次チェチェン紛争では，ロシア・チェチェン双方の一体度は，紛争の展開と共に大きく変化した．紛争発生当初は，チェチェン側では政治指導者が独立派と親露派に分断し，正統な政府を争っていたので一体度が低かったが，親露派は部隊としては独立派と交戦しなかったため，政治指導者と軍や武装勢力の一体度は低くなかった（タイプⅢ）．ロシアでは政治指導者間では意見の不一致が見られたが，軍部は表立って政権の政策を批判していなかった（タイプⅢ）．これが紛争過程で，チェチェンでは政治勢力が和平のために団結し（タイプⅠ），ロシアでは議会（野党が多数派）も軍部も世論からも戦争反対が表明され，エリツィン政権が紛争継続を断念し，和平交渉に応じざるを得なくなった（タイプⅠ）．

終 章 事例の比較理解と理論への知見　*217*

　沿ドニエストル紛争とロシア・ウクライナ紛争は，紛争当事者の内部アクターの一体度が高いが，前者ではそれは現状を維持するという意味での一致であり，後者では，ウクライナ側についてはロシアを敵対的な脅威国と認識し，一致団結しているということである．当然，このような一体度は，紛争そのものの解決にはつながらない．沿ドニエストル紛争では，モルドヴァ側も沿ドニエストル側も仲介による和平案を受け入れることを利益とみなしておらず，このような交渉者の立場に内部から大きな異論が表明されることもない．ロシアのような仲介者も現状を変更することを利益と見なしていない．ただし，ロシア・ウクライナ戦争の発生によって，現状維持が困難になる可能性も7章では指摘された．

　ロシア・ウクライナ戦争については，本書では，主にウクライナ側がロシアに対する脅威認識を極めて強めていったことが，ウクライナ側の一体度を高める効果を持ったことを明らかにしている．本書では明らかにされていないが，ロシアも少なくともミンスク合意から2022年2月のウクライナ侵攻まで政治指導者間，政治指導者と軍部ともに一体度が高く，これが戦争遂行を可能にしている．第一次チェチェン紛争時に見られたような強い野党，自由なメディア，活発な市民運動と組織，さらに政府に異論を唱える軍事指導者は，ほとんどおらず，反対する人々がいてもその影響力が社会に拡散できない状況にある．このことが多大な犠牲を生み，国際的な非難の中でもロシアに戦争を継続させることを可能にしている．

　タジキスタン内戦では，反対派側が比較的一枚岩で（タイプⅠ），ラフモノフ政権側は，政治指導者間でも政治指導者と軍や武装勢力の間でもまとまりを欠いていた（タイプⅣ）．ただラフモノフは94年の選挙で大統領に選出され，95年の議会選挙もラフモノフ支持の共産党が政党としては第1党を獲得する（ただし独立候補が2倍の議席を占有）など，中央政府側の政治指導者間の一体度は以前より高まっていた（タイプⅡへ移行？）．ラフモノフ側が反対派に対してまとまりを欠く状況であったことは，同政権側を戦況面で不利にするなど，徐々に追い込んで行った．他方で，ラフモノフ政権側の不利な状況は，仲介者のロシア側も望むものではなく，仲介を強化し，和平合意妥結に至った．タジキスタンの事例では，中央政府側の一体度の低さが，むしろ仲介を加速させた側面があるだろう．

　以上のように4章のモデルが示した紛争当事者の内部アクターに注目するこ

とで，和平合意の受諾・拒否（あるいは履行・破綻）のメカニズムはある程度説明できると思われる．

第4節　理論研究へのフィードバック

　本書は，紛争当事者の内部アクターの一体度に注目することなくして，外部アクター（仲介者）の働きかけのみでは，交渉や仲介の成功は困難であることを示した．他方で，紛争当事者が交渉に積極的になれない状況下において，外部アクターが賞罰を提供することによって利得構造を変化させることは可能であると考える．現にロシア・ウクライナ戦争において欧米諸国はこうした効果を期待して働きかけを行っていると言えよう．

　以下では，外部アクターが仲介による和平合意妥結に成功したタジキスタンと第一次チェチェン紛争を事例にして，外部アクターがどのような働きかけをしたのか，第3章や4章の議論に意識がおきながら，理論研究において求められていた条件を仲介アクターは満たしていたのかを考えることとしたい．なお，第一次チェチェン紛争については既に9章で検討されているので，ここでは主にタジキスタン内戦についてチェチェンとも比較しつつ記述し，得られる知見についてまとめたい．

　タジキスタンでは，紛争当事者が対話のテーブルにつくまでの間，ロシアが多くの役割を果たしたと言われる．ロシアの仲介は，合意事項から明らかなように中央政府（ラフモノフ側）に配慮している．しかし，これは第一次チェチェン紛争ではOSCEがロシアの領土的一体性を尊重し，交渉を仲介したように中央政府に仲介を認めさせる上では必要とされる要素でもある．タジキスタンの場合，交渉ラウンドは8回におよび，双方に情報を提供し，信頼醸成をはかる努力も行われた．ロシアの仲介は，紛争当事者が特定の解決策へと至るように促す指示的仲介で，具体的には政府が閣僚の割り当てポストを反対派に提供するよう求めるものであった．これは，OSCEがチェチェン紛争において紛争の争点に関する話し合いの方針しか合意させることしかできなかったのと対照的である．

　指示的仲介は，特定の解決策を紛争当事者に飲ませるものであるため，仲介アクターが紛争当事者に賞罰を提供し，圧力を行使できなければ，実現困難である．この点で言えば，OSCEがチェチェン紛争においてロシアに直接的な圧

表終-3 外部アクターが仲介に際して整備する必要のある要素

	タジキスタン内戦	第一次チェチェン紛争
仲介者	ロシア	OSCE
(1)情報の提供	○	○
(2)交渉の中立性	△中央政府に配慮	△中央政府に配慮
(3)第三者による安全の保証（合意保証の枠組み構築）	○	○履行段階で問題直面
(4)解決策の準備	○指示的仲介	△手続的仲介
(5)賞罰（飴と鞭）の提供	○	△

出所：筆者作成.

力を行使することが困難であったのに対し，ロシアはタジキスタン政府や反対派に圧力を行使できる状況であったことも理由であろう．チェチェンでは，OSCE は合意を保証するためにラウンドテーブルを設置したが，タジキスタン内戦では，ロシアは CIS 平和維持部隊の派遣によって交渉を保証し，監視する役割を果した．OSCE のチェチェン交渉のラウンドテーブルも合意形成段階では，紛争当事者間だけでは困難な信頼の醸成や合意の保証において十分な役割を果したが，合意の履行段階では機能を果たせず，ロシアによって OSCE の関与そのものも拒否されてしまった．

　他方で，ロシアのタジキスタン内戦への仲介は，アフガニスタン情勢とのリンケージやイスラーム過激派への警戒感など自国の利害を背後に忍ばせたものであり，旧ソ連圏における自らの影響力の行使のための仲介でもあった．同じように自国の利害を反映した仲介は，沿ドニエストルにも見られるが，ここでは理論研究で指摘されるように自国に不利になる状況では，合意の締結に消極的になり，紛争を長引かせていると言えよう．

　以上の事例からわかる仲介研究へのフィードバックとしては，3 点ほど挙げられる．第一に，確かに和平合意の妥結に至っている 2 事例では，仲介研究が指摘している外部アクターが仲介に際して整備する必要のある要素（役割）の多くを満たしているものである．第二に，大国の内戦でも第一次チェチェン紛争に見られたように仲介に求められる役割を十分に整備すれば，仲介は成功する可能性がある．第三に，ロシアなどに大国による仲介は，恣意的な非自由主義的な介入などと見なされがちだが，少なくともタジキスタンでは和平合意の妥結に大きな貢献をしている．以上のような理解の一方で，第二次チェチェン紛争では，大国の内戦に国際社会は無力であることが示され，またタジキスタ

ン内戦では和平後の合意はなし崩し的に破られ，反対派は排除されていったが，ロシアは十分な対応を取らなかったことも事実である．こうした問題も別途検討する必要があるだろう．

あ と が き

　本書の研究プロジェクトに取り組み始めたときには，ロシアによるウクライナ侵攻も，イスラエルによるガザへの大規模攻撃も行われていなかった。たった数年のうちに状況は大きく変化した。

　我々はこの間，毎日，紛争についてニュースで見聞きする日々を過ごしてきた。都度，憤りや不快感，悲しみやショックを感じながらも，紛争は終わることなく継続した。次第に，「終わらない紛争」は日常化してくる。日常に入り込んだ紛争は，当たり前のように存在しようとする。メディアでは扱われ方も変わり，情報量も以前より減り，我々，受け手の側も知らず知らずに鈍感になる。次に別の悲惨な紛争が発生すると，我々は再び右往左往し，ショックを受ける。こうしたことは，これまでも繰り返されており，そうして積み上げられてきた紛争は，本書が分析している事例にも含まれている。

　大学で授業を教えていて，「どうすればウクライナ戦争は終わるのですか」との質問を幾度となく受けた。現在は，これに加えて，イスラエルによるガザ攻撃も質問される。ロシア・ウクライナ戦争開始時に小学校 1 年生だった娘から「パパは大学の先生でしょ？　プーチンさんに戦争をやめさせてと言って」と真顔でお願いされたことがある。あとで知ったが，本書の執筆者の多くが同じような経験をしていたとのことだった。

　既述のように本書は，直接的には，これらの疑問に応えることを目的として取り組まれてきた研究ではない。しかし，このような現実の問題関心から生まれた「ストレートな質問」に我々研究者は向き合わなければならないとも思う。そして，過去の事例からどのような知見や教訓が得られるのかを示すことが我々の責務の 1 つではないかとも思う。その意味で言えば，本書は，今まさに進行している紛争に対する仲介を考える上でも有用な知見を提供するものだと信じている。危機の時代のなかにいる今だからこそ，仲介を研究した本書が広く読まれることを望んでいる。

　本書のもととなる研究は，当初，中村，松嵜，毛利，富樫の 4 人で野村財団研究助成「紛争のエスカレーション防止における非軍事的関与の効果に関する

学際的研究」（2020年4月から2022年3月）として取り組まれた。その後，五十嵐，中束，立花，齋藤，佐藤の5人を加え，村田学術財団研究助成「激化する紛争を制御するための国際関与の研究」（2022年7月から23年6月）へと発展した。代表者の富樫が無理を言い，最初の研究プロジェクトでは1カ月に1回，次のプロジェクトでも2-3カ月に1回，研究会を開催し，中間発表や最終報告会なども企画した。本プロジェクトでは，ロシア側の視点が欠けていることもあり，研究会でロシア政治を専門とする長谷川雄之氏に報告を依頼し，議論を深めた。

編者は，当初から本書の刊行を密かな目的とし，研究メンバーには原稿を書き上げることを依頼していた。上記各プロジェクトの最終報告会では，提出した原稿や発表に対して，久保田徳仁，宝崎隆祐，兵頭慎治，月村太郎の各氏にコメントを依頼した。建設的かつ鋭いコメントを頂いたことに改めて感謝したい。報告会においてフロア（参加者）から頂いた重要なご指摘や質問，意見とあわせて本書の各論がコメントを十分に反映できていることを祈るのみである。

本書は，幸いなことに，令和6（2024）年度科学研究費補助金・研究成果公開促進費（学術図書）の交付（課題番号24HP5097）を受けて刊行が実現することとなった。本書の刊行とそのもととなる研究に助成してくださった関係機関に改めて感謝したい。また共同研究から原稿へのコメントまで，やや強権的なリーダーシップを発揮し，迷惑をかけた執筆陣にもお礼を伝えたい。晃洋書房の担当の丸井さん，福地さんには，最終稿の入稿やその後の対応などさまざまな点でご迷惑をおかけした。

実は，若手研究者の頃から，将来，共同研究としてやりたいことが2つあった。1つは，理論研究と事例研究を接合することで，もう1つは，旧ソ連地域の紛争の比較である。本書は，いわば，その2つを一緒にやってしまったということになる。編者の力量不足から，不十分な点があるかもしれないが，若き日の自分のやりたかった研究であったためか，かなりの熱量で取り組めたようにも思う。時間はあっという間に過ぎていくもので，編者も既に中堅研究者，平凡な「中年のおじさん」である。雑事で時間も限られ，気力や体力も若手の時のようにはいかないが，それでも熱い気持ちだけは持ち続けて，研究に向き合いたいものである。

　執筆者を代表して

　　　　　　　　　　　　　　　　　　　　　　富 樫 耕 介

参考文献一覧

日本語文献

秋野豊［2000］『ユーラシアの世紀——民族の争乱と新たな国際システムの出現——』日本経済新聞社.

五十嵐元道［2016］『支配する人道主義——植民地統治から平和構築まで——』岩波書店.

石田淳［2011］「弱者の保護と強者の処罰——《保護する責任》と《移行期の正義》が語られる時代——」『年報政治学』2011-1号，113-32頁.

伊地徹朗［2005］「タジキスタン内戦の和平交渉——パワー・シェアリング合意を中心に——」『国際安全保障』33(1)，9-27頁.

伊東孝之監修［2013］『平和構築へのアプローチ——ユーラシア紛争研究の最前線——』吉田書店.

伊藤雅之［2019］『第一次マケドニア戦争とローマ・ヘレニズム諸国の外交』山川出版社.

宇山智彦［2012］「タジキスタン内戦と和平」，帯谷知可・北川誠一・相馬秀廣編『中央アジア（朝倉世界地理講座5）』朝倉書店，285-96頁.

乾一宇［2011］『力の信奉者ロシア——その思想と戦略——』JCA出版.

落合雄彦編［2011］『アフリカの紛争解決と平和構築——シエラレオネの経験——』昭和堂.

帯谷知可［2004］「宗教と政治——イスラーム復興と世俗主義の調和を求めて——」，岩崎一郎・宇山智彦・小松久男編『現代中央アジア論：変貌する政治・経済の深層』日本評論社，103-28頁.

————［2005］「タジキスタン内戦」，小松久男ほか編『中央ユーラシアを知る事典』平凡社，317-18頁.

吉川元［1997］「OSCE予防外交と共通の安全保障」『修道法学』19(2)，55-92頁.

木下和也［2021］「インド「非同盟外交」の瀬戸際——ソ連との条約締結への躊躇——」『防衛大学校紀要（社会科学分冊）』第121・122輯，229-64頁.

小泉悠［2019］『「帝国」ロシアの地政学——「勢力圏」で読むユーラシア戦略——』東京堂出版.

————［2022］「古くて新しいロシア・ウクライナ戦争」，池内恵・宇山智彦・川島真・小泉悠・鈴木一人・鶴岡路人・森聡『ウクライナ戦争と世界のゆくえ』東京大学出版会，19-29頁.

合六強［2020］「長期化するウクライナ危機と米欧の対応」『国際安全保障』48(3)，32-50頁.

佐藤圭史［2023］「『ウクライナ特別軍事作戦』に対する沿ドニエストル共和国政府の施策——沿ドニエストル共和国は『特別軍事作戦』に同調する『親ロ派』勢力か？——」『ロシア・ユーラシアの社会』1-2月号，No. 1066，3-18頁.

塩川伸明［2007］『ロシアの連邦制と民族問題』岩波書店.

————［2021］『国家の解体——ペレストロイカとソ連の最期——』東京大学出版会.

篠田英朗［2017］「アフリカ諸国による国際刑事裁判所（International Criminal Court:

ICC）脱退の動きの国際秩序論の視点からの検討」『国際関係論叢』6(2)，25-45頁.

杉原高嶺・水上千之・臼杵知史・吉井淳・加藤信行・高田映［2012］『現代国際法講義　第5版』有斐閣.

土佐弘之［2003］『安全保障という逆説』青土社.

───［2017］「R2Pのメルトダウン── UNSC1973前後の『責任のあり方』をめぐる政治──」『国際協力論集』24(2)，115-29頁.

土肥恒之［1992］『ピョートル大帝とその時代──サンクト・ペテルブルグ誕生──』中央公論社.

ダウトオウル，アフメト［2020］『文明の交差点の地政学──トルコ革新外交のグランドプラン──』（中田孝監訳），書肆心水.

立花優［2020a］「アップデートされた紛争──ナゴルノ・カラバフ紛争再燃──」『imidasオピニオン』（https://imidas.jp/jijikaitai/d-40-147-20-10-g528, 2024年8月19日閲覧）.

───［2020b］「ナゴルノ・カラバフ紛争をめぐるアゼルバイジャンの内情──難民・敗北の責任・人事交代──」，北海道大学スラブ・ユーラシア研究センター「研究員の仕事の前線」（https://src-h.slav.hokudai.ac.jp/center/essay/20201110.pdf, 2024年8月19日閲覧）.

───［2020c］「第二次ナゴルノ・カラバフ紛争──凍結された紛争の再燃──」『ロシアNIS調査月報』66(1)，26-32頁.

富樫耕介［2015］『チェチェン　平和定着の挫折と紛争再発の複合的メカニズム』明石書店.

───［2018］「難民と避難民──アゼルバイジャン政府の矛盾と苦悩──」，廣瀬陽子編『アゼルバイジャンを知るための67章』明石書店，159-64頁.

───［2021］『コーカサスの紛争　ゆれ動く国家と民族』東洋書店新社.

富樫耕介・毛利裕昭［2018］「分離主義地域をめぐるコミットメント問題生成のメカニズム」『東海大学紀要教養学部』48，75-105頁.

中野潤也［2005］「ロシアのOSCE政策の変遷とその要因」『外務省調査月報』3，35-57頁.

中村長史［2014］「人道主義のパラドックス──冷戦終結後の人道危機対策再考──」『平和研究』43，109-25頁.

───［2021］「新しい戦争からの出口の条件──二層ゲーム論の発展による撤退決定過程の解明──」『年報政治学』2021-Ⅱ号，234-56頁.

───［2022a］「保護する責任は死んだのか──未解決の論点と未開拓の論点──」『ワセダアジアレビュー』23，78-83頁.

───［2022b］「人道危機の二十年によみがえるE・H・カー──現実主義的側面の肯定的再検討──」，佐藤史郎・三牧聖子・清水耕介編『E・H・カーを読む』ナカニシヤ出版，157-79頁.

納家政嗣［2013］「新興国の台頭と国際システムの変容」『国際問題』618，5-16頁.

藤原帰一［2000］「内戦と戦争の間──国内政治と国際政治の境界について──」『年報政治学』51，97-119頁.

藤重博美・上杉勇司・古澤嘉朗編［2019］『ハイブリッドな国家建設──自由主義と現地重視の狭間で──』ナカニシヤ出版.

兵頭慎治［2005］「2つのチェチェン紛争をめぐる交渉プロセス」『国際安全保障』33(1)，

29-49頁.

廣瀬陽子［2005］『旧ソ連地域と紛争——石油・民族・テロをめぐる地政学——』慶応大学出版会.

プリマコフ，エヴゲニー［2002］『クレムリンの5000日——プリマコフ政治外交秘録——』（鈴木康雄訳），NTT出版.

松嵜英也［2019］「オレンジ革命後のウクライナにおける半大統領制の機能不全——執政部門内の紛争の発生過程の解明——」『ロシア・東欧研究』47，117-30頁.

————［2021］「ウクライナにおける政軍関係の構造的変容——紛争後の国軍改革と自警団の台頭——」『日本比較政治学会年報』23，139-57頁.

————［2022］「2014年以降のウクライナの安全保障認識」『UP』11，25-31頁.

松里公孝［2021］『ポスト社会主義の政治——ポーランド，リトアニア，アルメニア，ウクライナ，モルドヴァの準大統領制——』筑摩書房（ちくま新書）.

皆川修吾［2002］『ロシア連邦議会——制度化の検証——』渓水社.

湯浅剛［2005］「中央アジアにおけるイスラーム過激主義とテロ——主要勢力の動向と地域テロ対策を中心に——」『国際安全保障』32(4)，53-71頁.

————［2015］『現代中央アジアの国際政治——ロシア・米欧・中国の介入と新独立国の自立——』明石書店.

横手慎二［2005］『日露戦争史——20世紀最初の大国間戦争——』中央公論新社.

吉村貴之［2013］「連邦解体から地域紛争へ——ナゴルノ・カラバフ紛争を事例として——」，月村太郎編『地域紛争の構図』晃洋書房，183-211頁.

吉村貴之［2022］「アルメニア共和国」，松本弘編『中東・イスラーム諸国　政治変動ハンドブック2021』，人間文化研究機構地域研究推進事業「現代中東地域研究」東京外国語大学アジア・アフリカ言語文化研究所拠点.

和仁健太郎［2005］「伝統的中立制度の成立——18世紀末〜20世紀初頭の中立——」『国際関係論研究』24，29-57頁.

英語文献

Abbenhuis, M.［2018］*The Hague Conferences and International Politics, 1898-1915*, London: Bloomsbury Academic.

Akiner, S.［2001］*Tajikistan : Disintegration or Reconciliation*, Brookings Institute Press.

Aliyev, H.［2020］"Pro-Regime Militias and Civil War Duration," *Terrorism and Political Violence*, 32(3), pp. 630-50.

Allison, G.［2018］"The Myth of the Liberal Order: From Historical Accident to Conventional Wisdom," *Foreign Affairs*, 97(4), pp. 124-33.

Altstadt, A. L.［1997］"Azerbaijan's Struggle toward Democracy," in Dawisha, K. and Parrott, B. eds., *Conflict, Cleavage, and Change in Central Asia and the Caucasus*, Cambridge: Cambridge University Press, pp. 110-55.

————［2017］*Frustrated Democracy in Post-Soviet Azerbaijan*, New York: Columbia University Press.

Annan, K.［2012］*Interventions : A Life in War and Peace*, New York: Penguin Books.

Aslanli, A. [2022] "The Politics of Ceasefire and the Occupation," in Yavuz, M. H. and Gunter, M. M. eds., *The Nagorno-Karabakh Conflict : Historical and Political Perspectives*, London: Routledge, pp. 150-67.

Bapat, N. [2005] "Insurgency and the Opening of Peace Processes," *Journal of Peace Research*, 42(6), pp. 699-717.

Beardsley, K. [2008] "Agreement without Peace? International Mediation and Time Inconsistency Problems," *American Journal of Political Science*, 52(4), pp. 723-40.

———— [2009] "Intervention without Leverage: Explaining the Prevalence of Weak Mediators," *International Interactions*, 35(3), pp. 272-97.

———— [2010] "Pain, Pressure and Political Cover: Explaining Mediation Incidence," *Journal of Peace Research*, 47(4), pp. 395-406.

———— [2011] *The Mediation Dilemma*, NY: Cornell University Press.

Bellamy, A. J. and Williams, P. D. [2012] "On the Limits of Moral Hazard: The 'Responsibility to Protect', Armed Conflict and Mass Atrocities," *European Journal of International Relations*, 18(3), pp. 539-71.

Bellamy, A. [2005] "Responsibility to Protect or Trojan Horse?: The Crisis in Darfur and Humanitarian Intervention after Iraq," *Ethics and International Affairs*, 19(2), pp. 31-54.

Berg, E. and Kursani, S. [2021] *De Facto States and Land-for-Peace Agreements : Territory and Recognition at Odds?* London: Routledge.

Beyer, J. and Wolff, S. [2016] "Linkage and Leverage Effects on Moldova's Transnistria Problem," *East European Politics*, 32(3), pp. 335-54.

Black, J. [1999] *From Louis XIV to Napoleon : The Fate of a Great Power*, London: UCL Press.

Blair, T. [2010] *A Journey : My Political Life*, New York: Random House.

Bowker, M. [2005] "Western View of the Chechen Conflict," *Chechnya*, London, Anthem Press.

Broers, L. [2020] "Cartographies of Consensus and Grievance: Visualising the Territory of Azerbaijan," *Europe-Asia Studies*, 72(9), pp. 1468-97.

Broers, L. and Mahmudlu, C. [2023] "Civic Dominion: Nation-Building in Post-Soviet Azerbaijan over 25 Years of Independence," *Nationalities Papers*, 51(1), pp. 47-63.

Brown, A. B. [1997] "The Civil War in Tajikistan," in Djalili, M. and Akiner, S. eds., *Tajikistan : The Trials of Independence*, London and New York: Routledge, pp. 86-96.

Brubaker, R. [1996] *Nationalism Reframed : Nationhood and the National Question in the New Europe*, Cambridge: Cambridge University Press.

Bruchis, M. [1997] *The Republic of Moldavia : From the Collapse of the Soviet Empire to the Restoration of the Russian Empire*, Boulder: East European Monographs.

Caspersen, N. [2008] "Between Puppets and Independent Actors: Kin-state Involvement in the Conflicts in Bosnia, Croatia and Nagorno Karabakh," *Ethnopolitics*, 7 (4), pp. 357-72.

Cavanaugh, C. [2016] "OSCE and the Nagorno-Karabakh Peace Process," *Security and Human Rights*, 27(3-4), pp. 422-41.

Ceadel, M. [2001] *Semi-Detached Idealists : The British Peace Movement and International Relations, 1854-1945*, New York: Oxford University Press.

Chakma, A. [2023] "Leadership Changes and Civil War Peace Agreements: Does Who Comes to Power Influence the Implementation?" *International Peacekeeping*, 30(1), pp. 24-52.

Chandler, D. [2015] "The R2P is Dead, Long Live the R2P: The Successful Separation of Military Intervention from the Responsibility to Protect," *International Peacekeeping*, 22(1), pp. 1-5.

Charap, S. and Colton, T. [2017] *Everyone Loses : The Ukraine Crisis and the Ruinous Contest for Post-Soviet Eurasia*, London: IISS.

Clayton, G. and Dorussen, H. [2022] "The Effectiveness of Mediation and Peacekeeping for Ending Conflict," *Journal of Peace Research*, 59(2), pp. 150-65.

Colbey, R. [2022] *The Status and Recognition of Post-1992 Transnistria : An Investigation of the Case for de Jure Independence*, London: Legend Press.

Colton, T. J. [1979] *Commissars, Commanders, and Civilian Authority : The Structure of Soviet Military Politics*, Massachusetts: Harvard University Press.

Cornell, S. E. [2011] *Azerbaijan since Independence*, Armonk: M. E. Sharpe.

Cottey, A., Edmunds, T. and Forster, A. [2003] *Democratic Control of the Military in Post-Communist Europe : Guarding the Guards*, Hampshire: Palgrave Macmillan.

Crocker, C. A., Hampson, F. O. and Aall, P. [1999] *Herding Cats : Multiparty Mediation in a Complex World*, Washington, DC: United States Institute of Peace Press.

D'Anieri, P. J. [2019] *Ukraine and Russia : From Civilized Divorce to Uncivil War*, New York: Cambridge University Press.

De Coning, C., Muto, A. and Saraiva, R. eds. [2022] *Adaptive Mediation and Conflict Resolution : Peace-Making in Colombia, Mozambique, the Philippines, and Syria*, London: Palgrave Macmillan.

De Vattel, E. [1758] *Le droit des gens ou Principes de la loi naturelle appliqués à la conduite et aux affaires des nations et des souverains*.

De Waal, T. [2003] *Black Garden : Armenia and Azerbaijan through Peace and War*, NY: New York University Press.

DeRouen, K., Bercovitch, J. and Pospieszna, P. [2011] "Introducing the Civil Wars Mediation (CMW) Dataset," *Journal of Peace Research*, 48(5), pp. 663-72.

Diehl, P., Owsiak, A. P. and Goertz, G. [2021] "Managing International-Civil Militarized Conflicts (I-CMC): Empirical Patterns," *Civil Wars*, 23(3), 343-70.

Djalili, M. and Grare, F. [1997] "Regional Ambitions and Interests in Tajikistan: The Role of Afghanistan, Pakistan and Iran," in Djalili, M., Grare, M. and Akiner, S. eds., *Tajikistan : The Trials of Independence*, London and New York: Routledge, pp. 119-31.

Dragneva, R. and Wolczuk, K. [2015] *Ukraine between the EU and Russia,* New York: Palgrave Macmillan.

Driscoll, J. [2012] "Commitment Problems or Bidding Wars? Rebel Fragmentation as Peace Building," *The Journal of Conflict Resolution,* 56(1), pp. 118-49.

——— [2015] *Warlords and Coalition Politics in Post-Soviet States,* New York: Cambridge University Press.

Dungaciu, D. [2014] "Geopolitics and Security by the Black Sea: The Strategic Options of Romania and Republic of Moldova," in Vaduva, S. and Thomas, A. R. eds., *Geopolitics, Development, and National Security : Romania and Moldova at the Crossroads,* Cham, Heidelberg, New York, Dordrecht, London: Springer, pp. 23-51.

Duursma, A. [2014] "A Current Literature Review of International Mediation," *International Journal of Conflict Management,* 25(1), pp. 81-98.

Dyer, D. L. [1996] *Studies in Moldovan : The History, Culture, Language and Contemporary Politics of the People of Moldova,* East European Monographs, Boulder: Boulder.

Eckstein, A. M. [2002] 'Macedonian War, 209-205 B. C.,' *Historia : Zeitschrift für Alte Geschichte,* Bd. 51, H. 3, 3rd Qtr., pp. 268-97.

Epkenhans, T. [2016] *The Origin of Civil War in Tajikistan : Nationalism, Islamism, and Violent Conflict in Post-Soviet Space,* Lanham, Boulder, New York, London: Lexington Books.

Esthus, R. A. [1988] *Double Eagle and Rising Sun : the Russians and Japanese at Portsmouth in 1905,* Durham: Duke University Press.

Fearon, J. [1995] "Rationalist Explanations for War," *International Organization,* 49 (3), pp. 379-414.

——— [1998] "Commitment Problems and the Spread of Ethnic Conflict," *International Spread of Ethnic Conflict,* Princeton: Princeton University Press, pp. 107-26.

——— [2017] "Civil War & the Current International System," *Dædalus,* 146(4), pp. 18-32.

Fearon, J. D. and Laitin, D. [2004] "Neotrusteeship and the Problem of Weak States," *International Security,* 29(4), pp. 5-43.

Feklyunina, V. and Romanova, V. [2018] "Ukraine and Triangular Diplomacy: Kyiv's Legitimacy Dilemmas in the Midst of the Crisis," in Birchfield, V. and Young, A. eds., *Triangular Diplomacy among the United States, the European Union, and the Russian Federation,* Cham: Palgrave Macmillan, pp. 143-67.

Ferretti, M. J. [1990] "The Iran-Iraq War: United Nations Resolution of Armed Conflict," *Villanova Law Review,* 35(1), pp. 197-252.

Figes, O. [2011] *Crimea : The Last Crusade,* London: Penguin (染谷徹訳『クリミア戦争』白水社、2015年).

Finnemore, M. [2003] *The Purpose of Intervention : Changing Beliefs about the Use of Force,* Ithaca, N. Y.: Cornell University Press.

Florea, A. [2017] "De Facto States: Survival and Disappearance (1945-2011)," *International Studies Quarterly,* 61, pp. 337-51.

Fuller, L. [2000] "How the 'Goble Plan' was Born …," *Caucasus Report,* 3(23) (https://www.rferl.org/a/1341946.html, 2024年8月16日閲覧).

Gafarli, O. [2022] "Russia's Role in the Karabakh Conflict," in Yavuz, M. H. and Gunter, M. M. eds., *The Nagorno-Karabakh Conflict : Historical and Political Perspectives,* London: Routledge, pp. 341-65.

Galeotti, M. [2019] *Armies of Russia's War in Ukraine,* Oxford: Osprey Publishing.

Gartner, S. S. [2014] "Influence of Directive Strategies on Settlement Duration," *International Negotiation,* 19(2), pp. 201-20.

Gartner, S. S. and Bercovitch, J. [2006] "Overcoming Obstacles to Peace: The Contribution of Mediation to Short-Lived Conflict Settlements," *International Studies Quarterly,* 50(4), pp. 819-40.

Gershkovich, E. [2021] "In Separatist Transnistria, Sheriff Calls the Shots," *Tiraspol. AP/TASS,* 27.09.

Goldenberg, S. [1994] *Pride of Small Nations : The Caucasus and Post-Soviet Disorder,* London: Zed Books.

Goldsmith, J. and Krasner, S. D. [2003] "The Limits of Idealism," *Daedalus,* 132(1), pp. 47-63.

Goltz, T. [1998] *Azerbaijan Diary : A Rogue Reporter's Adventures in an Oil-Rich, War-Torn, Post-Soviet Republic,* Armonk: M. E. Shape.

Goyushov, A. [2021] "The Azerbaijani Government's Islamic Rhetoric during the Six-Week War in Karabakh, Baku Research Institute," (https://bakuresearchinstitute.org/en/the-azerbaijani-governments-islamic-rhetoric-during-the-six-week-war-in-karabakh/, 2021年10月10日閲覧).

Greig, M. [2005] "Stepping into the Fray: When Do Mediators Mediate ?" *American Journal of Political Science,* 49(2), pp. 249-66.

Greig, M. and Diehl, P. [2005] "The Peacekeeping-Peacemaking Dilemma," *International Studies Quarterly,* 49(4), pp. 621-45.

——— [2012] *International Mediation,* Cambridge: Polity Press.

Grigoryan, A. ed. [2018] *Armenia's Future, Relations with Turkey, and the Karabagh Conflict,* Cham: Palgrave Macmillan.

Guéhenno, J.-M. [2015] *The Fog of Peace : A Memoir of International Peacekeeping in the 21ˢᵗ Century,* Brookings Institution Press.

Guldimann, T. [1997] "Supporting the Doves against the Hawks," *OSCE Yearbook* 1997, pp. 135-43.

Gurses, M., Rost, N. and McLeod, P. [2008] "Mediating Civil War Settlements and the Duration of Peace," *International Interactions,* 34(2), pp. 129-55.

Haass, R. N. [1999] *Intervention : The Use of American Military Force in the Post-Cold War World, Revised Edition,* New York: Brookings Institution Press.

Hakobyan, T. [2010] *Karabakh Diary : Green and Black-Neither War nor Peace*, Lebanon: Antelias.

Hellman, J. [2012] "The Occurrence of Mediation: A Critical Evaluation of the Current Debate," *International Studies Review*, 14(4), pp. 591-603.

Higashi, D. [2015] *Challenges of Constructing Legitimacy in Peacebuilding : Afghanistan, Iraq, Sierra Leone and East Timor*, New York: Routledge.

Hill, F., Kirişci, K. and Moffatt, A. [2015] "Armenia and Turkey: From Normalization to Reconciliation," *Turkish Policy Quarterly*, 13(3), pp. 127-38.

Hill, W. H. [2013] "The OSCE and the Moldova-Transdniestria Conflict: Lessons in Mediation and Conflict Management," *Security and Human Rights*, 24, pp. 287-97.

Hinsley, F. H. [1963] *Power and the Pursuit of Peace : Theory and Practice in the History of Relations between States*, New York: Cambridge University Press (佐藤恭三訳『権力と平和の模索——国際関係史の理論と現実——』勁草書房, 2015年).

Hirblinger, A. T. [2022] "When Mediators Need Machines (and Vice Versa): Towards a Research Agenda on Hybrid Peacemaking Intelligence," *International Negotiation*, 28(1), pp. 94-125.

Högbladh, S. [2022] "UCDP Peace Agreement Dataset Codebook v 22.1," (https://ucdp.uu.se/downloads/, 2024年8月21日閲覧).

Horsman, S. [1999] "Uzbekistan's Involvement in the Tajik Civil War 1992-97: Domestic Considerations," *Central Asia Affairs*, 18(1), pp. 37-48.

Hurewitz, J. C. [1953] "The United Nations Conciliation Commission for Palestine: Establishment and Definition of Functions," *International Organization*, 7(4), pp. 482-97.

ICISS (International Commission of Intervention and State Sovereignty) [2001] *The Responsibility to Protect*, International Development Research Centre.

Ignatieff, M. [1997] *The Warrior's Honor : Ethnic War and the Modern Conscience*, Chatto & Windus.

Iji, T. [2020] *Multiparty Mediation in Violent Conflict : Peacemaking Diplomacy in the Tajikistan Civil War*, London and New York: Routledge.

Ikenberry, G. J. [2014] "The Illusion of Geopolitics: The Enduring Power of the Liberal Order," *Foreign Affairs*, 93(3), pp. 80-90.

Jacob, F. [2018] *The Russo-Japanese War and its Shaping of the Twentieth Century*, Abingdon: Routledge.

Johnston, P. [2007] "Negotiated Settlements and Government Strategy in Civil War: Evidence from Darfur," *Civil Wars*, 9(4), pp. 359-77.

Kaldor, M. [2007] *Human Security : Reflections on Globalization and Intervention*, Cambridge: Polity Press.

Keels, E. and Greig, M. [2019] "Reputation and the Occurrence and Success of Mediation in Civil Wars," *Journal of Peace Research*, 56(3), pp. 410-24.

Kennedy, D. [2004] *The Dark Sides of Virtue : Reassessing International Humanitarian-*

ism, Princeton: Princeton University Press.

Kenny, P. [2010] "Structural Integrity and Cohesion in Insurgent Organizations: Evidence from Protracted Conflicts in Ireland and Burma," *International Studies Review*, 12(4), pp. 533-55.

Kilcullen, D. [2009/2017] *The Accidental Guerrilla : Fighting Small Wars in the Midst of a Big One*, London: Hurst.

King, C. [1999] *The Moldovans : Romania, Russia, and the Politics of Culture*, Stanford: Hoover Instute Press.

Klimentov, V. [2023] "The Tajiks Civil War and Russia's Islamist Moment," *Central Asian Survey*, 42(2), pp. 341-58.

Korbel, J. [1953] "The Kashmir Dispute after Six Years," *International Organization*, 7 (4), pp. 498-510.

Kosienkowski, M. [2019] "The Patron-Client Relationship between Russia and Transnistria," in Hoch, T. and Kopečekeds, V. eds., *De Facto States in Eurasia*, London: Routledge.

Kreutz, J. [2010] "How and When Armed Conflicts End: Introducing the UCDP Conflict Termination dataset," *Journal of Peace Research*, 47(2), pp. 243-50.

Kreutz, J., & Cárdenas, M. L. [2024] "The Women and Men that Make Peace: Introducing the Mediating Individuals (M-IND) Dataset," *Journal of Peace Research*, Online First.

Kucera, J. [2019] "Azerbaijan Escalates Punctuation War with Armenia," Eurasianet (https://eurasianet.org/azerbaijan-escalates-punctuation-war-with-armenia, 2024 年 8 月16日閲覧).

Küchler, F. [2008] *Role of the European Union in Moldova's Transnistria Conflict* (Soviet and Post-Soviet Politics and Society vol. 78), Stuttgart: ibidem.

Kuhrt, N. [2015] "Russia, the Responsibility to Protect and Intervention," in Flott, D. and Koops, J. eds., *The Responsibility to Protect and the Third Pillar : Legitimacy and Operationalization*, New York: Palgrave, pp. 97-114.

Kuperman, A. J. [2008] "The Moral Hazard of Humanitarian Intervention: Lessons from the Balkans," *International Studies Quarterly*, 52(1), pp. 49-80.

Kuzio, T. [1995] "Civil-Military Relations in Ukraine, 1989-1991," *Armed Forces and Societies*, 22(1), pp. 25-48.

———— [1996] "International Reaction to the Chechen Crisis," *Central Asian Survey*, 15(1), pp. 97-109.

———— [2007] *Ukraine-Crimea-Russia*, Stuttgart: ibidem.

Kydd, A. [2003] "Which Side are You on ? Bias, Credibility, and Mediation," *American Journal of Political Science*, 47(4), pp. 597-611.

———— [2010] "Rationalist Approaches to Conflict Prevention and Resolution," *Annual Review of Political Science*, 13, pp. 101-21.

Lake, D. [2016] *The Statebuilder's Dilemma : On the Limits of Foreign Intervention*,

Ithaca: Cornell University Press.

Lesaffer, R. [2017] 'Peace through Law: The Hague Peace Conference and the Rise of the *Jus Contra Bellum*,' in Abbenhuis, M., Barber, C. E. and Higgins, A. R. eds., *War, Peace and International Order ? : The Legacies of the Hague Conferences of 1899 and 1907*, London: Routledge, pp. 31-51.

Loizides, N., Psaltis, C., Morgan-Jones, E., Sudulich, L., Popp R. and Baykiz, T. [2022] "Citizens and Peace Mediations in Divided Societies: Identifying Zones of Agreement through a Conjoint Survey Experiment," *Journal of Conflict Resolution*, 66 (9), pp. 1619-49.

Löwenhardt, J. [2004] "The OSCE, Moldova and Russian Diplomacy in 2003," *Journal of Foreign Policy of Moldova*, 4, pp. 103-12.

Luard, E. [1992] *The Balance of Power : The System of International Relations, 1648-1815*, London: Palgrave Macmillan.

Lynch, D. [2000] *Russian Peacekeeping Strategies in the CIS : The Cases of Moldova, Georgia and Tajikistan*, London: Palgrave.

Malkasian, M. [1996] *"Gha-ra-bagh !" : The Emergence of the National Democratic Movement in Armenia*, Detroit: Wayne State University Press.

Marshall, M. C. and Ishiyama, J. [2016] "Does Political Inclusion of Rebel Parties Promote Peace after Civil Conflict ?" *Democratization*, 23(6), pp. 1009-25.

Matsiyevsky, Y. V. (2018) "Revolution without Regime Change: The Evidence from the Post-Euromaidan Ukraine," *Communist and Post-Communist Studies*, 51(4), pp. 349-59.

Matsuzato, K. [2017] "The Donbass War: Outbreak and Deadlock," *Domocratizatsiya : The Journal of Post-Soviet Democratization*, 25(2), pp. 175-200.

McFarlane, A. [2021] 'The Holy See's Diplomacy: An Analysis of Papal Mediation in the Middle East,' *Florida journal of International Law*, 28(2), pp. 167-93.

Mead, W. R. [2014] "The Return of Geopolitics: The Revenge of the Revisionist Powers," *Foreign Affairs* 93(3), pp. 69-79.

Mehrl, M. and Böhmelt, T. [2020] "How Mediator Leadership Transitions Influence Mediation Effectiveness," *Peace Science Society*, 38(1), pp. 45-62.

Melin, M. M. and Svensson, I. [2009] "Incentives for Talking: Accepting Mediation in International and Civil Wars," *International Interactions*, 35(3), pp. 249-71.

Mihalka, M. [1996] "A Marriage of Convenience," *Helsinki Monitor*, 7(2), pp. 13-28,.

Milyukov, I. [2020] *Chronicles of the First and Second Chechen Wars*, Washington: Academica Press.

Moore, R. [2017] "The Purpose of NATO Partnership: Sustaining Liberal Order beyond the Ukraine Crisis," in Moore, R. and Coletta, D. eds., *NATO's Return to Europe : Engaging Ukraine, Russia and Beyond*. Washington: Georgetown University Press, pp. 167-92.

Mosse, W. E. [1963], *The Rise and Fall of the Crimean System 1855-71*, London: Macmillan.

Moulton, J. R. [2005] *Peter the Great and the Russian Military Campaigns during the Final Years of the Great Northern War, 1719-1721*, Lanham: University Press of America.

Necsutu, M. [2021] "Quarter of Moldovans Now Have Romanian Passports," *Balkan Insight*, 27.05.2021. (https://balkaninsight.com/2021/05/27/quarter-of-moldovans-now-have-romanian-passports/, 2024年8月19日閲覧).

Nilsson, D. [2008] "Partial Peace: Groups inside and outside of Civil War Settlements," *Journal of Peace Research*, 45(4), pp. 479-95.

Oppenheim, L. [1912] *International Law : Treatise (2nd Edition)*, London: Longmans, Green and Co.

Orchard, P. and Rae, H. [2020] "Russia and the R2P: Norm Entrepreneur, Anti-Preneur, or Violator?" in Hunt, C. T. and Orchard, P. eds., *Constructing the Responsibility to Protect : Contestation and Consolidation*, New York: Routledge, pp. 168-86.

Orr, M. [1997] "The Russian Army and the War in Tajikistan," in Djalili, M., Grare, M. and Akiner, S. eds., *Tajikistan : The Trials of Independence*, London and New York: Routledge, pp. 151-60.

Oudenaren, J. [2004] "Unipolar Versus Unilateral," *Policy Review*, 124, pp. 63-74.

Özkan, B. [2008] "Who Gains from the 'No War No Peace' Situation? A Critical Analysis of the Nagorno-Karabakh Conflict," *Geopolitics*, 13, pp. 572-99.

Pain, E. [2005] "The Chechen War in the Context of Contemporary Russian Politics," *Chechnya : From Past to Future*, London: Anthem Press.

Paris, R. [2004] *At War's End : Building Peace after Civil Conflict*, Cambridge: Cambridge University Press.

Pechenkina, A. and Thomas, J. [2020] "Battle Stalemates and Rebel Negotiation Attempts in Civil Wars," *Security Studies*, 29(1), pp. 64-91.

Popescu, N. and Litra, L. [2012] "Transnistria: A Bottom-up Solution," *ECFR*, 63, pp. 1-15.

Popsecu, N. [2005] "The EU and Transnistria: From Deadlock to Sustainable Settlement," IPF Policy Brief.

Posen, B. [1984] *The Sources of Military Doctrine : France, Britain, and Germany between the World Wars*, Ithaca: Cornell University Press.

Potapkina, V. [2020] *Nation Building in Contested States : Comparative Insights from Kosovo, Transnistria, and Northern Cyprus*, Stuttgart: ibidem.

Poujol, C. [1997] "Some Reflections on Russian Involvement in the Tajik Conflict, 1992-1993," in Djalili, M., Grare, M. and Akiner, S. eds., *Tajikistan : The Trials of Independence*, London and New York: Routledge, pp. 99-118.

Power, S. [2002] *A Problem from Hell : America and the Age of Genocide*, New York: Harper Perennial.

Powers, M. [2015] "Responsibility to Protect: Dead, Dying, or Thriving?" *The Interna-

tional Journal of Human Rights 19(8), pp. 1257-78.

Princen, T. [1992a] *Intermediaries in International Conflict,* Princeton: Princeton University Press.

———— [1992b] "Mediation by a Transnational Organization: The Case of the Vatican," in Bercovitch, J. and Rubin, J. Z. eds., *Mediation in International Relations : Multiple Approaches to Conflict Management,* Hampshire: Macmillan Press, pp. 149-75.

Pring, J. [2023] "The Other Side of Resistance: Challenges to Inclusivity within Civil Society and the Limits of International Peace Mediation," *Cooperation and Conflict,* 58(2), pp. 194-210.

Protsyk, O. [2009] "Representation and Democracy in Eurasia's Unrecognized States: The Case of Transnistria," *Post-Soviet Affairs,* 25(3), pp. 257-81.

Putnam, R. [1988] "Diplomacy and Domestic Policy," *International Organization,* 42(3), pp. 427-60.

Qarmout, T. [2024] "Predictable in Their Failure: An Analysis of Mediation Efforts to End the Palestinian Split," *International Peacekeeping,* 31(3), pp. 283-308.

Ramm, A. and Nikolsky, A. [2015] "Reorganization under Crisis: Development of Ukraine's Defense and Security," in Colby, H. and Pukhov, R. eds., *Brothers Armed : Military Aspects of the Crisis in Ukraine Second Edition,* Minneapolis: East View Press, pp. 250-75.

Ramsbotham, O., Woodhouse, T. and Miall, H. [2005] *Contemporary Conflict Resolution : The Prevention, Management and Transformation of Deadly Conflicts,* Cambridge: Polity（宮本貴世訳『現代世界の紛争解決学——予防・介入・平和構築の理論と実践——』明石書店, 2009年）.

———— [2016] *Contemporary Conflict Resolution : The Prevention, Management and Transformation of Deadly Conflicts,* 4th edition, Cambridge: Polity.

Rashid, A. [2002] *Jihad : The Rise of Militant in Central Asia,* New Haven: Yale University Press.

Rauf, S. [2023] "The Paradoxical Role of Mediators in the Armenia-Azerbaijan Conflict: Prospects and Concerns," *Insight Turkey,* 25(4), pp. 163-80.

Reiter, A. [2015] "Does Spoiling Work ? Assessing the Impact of Spoilers on Civil War Peace Agreements," *Civil War,* 17(1), pp. 89-111.

RezaeeDaryakenari, B. and Thies, C. G. [2018] "Secrecy and Self-Interest: When Mediators Act Deceitfully," *International Interactions,* 44(4), pp. 603-30.

Richardson, J. L. [1994] *Crisis Diplomacy : The Great Powers since the Mid-Nineteenth Century,* New York: Cambridge University Press.

Richmond, O. [1998] "Devious Objectives and the Disputants' View of International Mediation: A Theoretical Framework," *Journal of Peace Research,* 35(6), pp. 707-22.

Rieff, D. [2011] "R2P, R. I. P.," *New York Times,* November 7.

Rogstad, A. [2018] "The Next Crimea? Getting Russia's Transnistria Policy Right," *Problems of Post-Communism*, 65(1), pp. 49-64.

Rosa, V. [2021] "The Transnistrian Conflict: 30 years Searching for a Settlement," *SCEEUS Reports on Human Rights and Security in Eastern Europe*, 4, pp. 1-18.

Rotaru, V. [2019] "'Mimicking' the West? Russia's Legitimation Discourse from Georgia War to the Annexation of Crimea," *Communist and Post-Communist Studies*, 52 (4), pp. 311-21.

Rovine, A. W. [1970] *The Fifty Years : The Secretary-General in World Politics 1920-1970,* Leyden : Sijthoff.

Ruhe, C. [2020] "Impeding Fatal Violence through Third-Party Diplomacy: The effect of Mediation on Conflict Intensity," *Journal of Peace Research*, 58(4), pp. 687-701.

Sargsyan, S., Muradyan, A., Gevorgyan, A. and Manoogian, V. [2023] "The Role of the Minsk Group in the Nagorno-Karabakh Conflict: Current Crisis and the Importance of Preserving the Existing Mediation Format," *Bulletin of Yerevan University D : International Relations and Political Sciences,* 14(3), pp. 44-59.

Sato, K. [2009] "Mobilization of Non-titular Ethnicities during the Last Years of the Soviet Union: Gagauzia, Transnistria, and the Lithuanian Poles," *Acta Slavica Iaponica* 26, pp. 141-57.

————— [2022] "Educational Policy of Higher Educational Institutions in the Self-Proclaimed State of Russian "Near Abroad": The Case Study of the Pridnestrovian Moldavian Republic (Transnistria)," *Annales UMCS sectio N Educatio Nova,* 7, pp. 41-55.

Satow, E. [1922] *A Guide to Diplomatic Practice (2nd Edition),* London: Longmans, Green and Co.

Saul, N. E. [2005] "The Kittery Peace," *The Russo-Japanese War in Global Perspective : World War Zero,* 1, Leiden: Brill, pp. 485-507.

Savun, B. [2008] "Information, Bias, and Mediation Success," *International Studies Quarterly,* 52(1) pp. 25-47.

Schroeder, P. W. [1972] *Austria, Great Britain, and the Crimean War : The Destruction of the European Concert,* Ithaca: Cornell University Press.

Seybolt, T. B. [2007] *Humanitarian Military Intervention : The Conditions for Success and Failure,* Oxford: Oxford University Press.

Shedd, J. [2008] "When Peace Agreements Create Spoilers," *Civil War,* 10(2), pp. 93-105.

Shirazi, H. [1997] "Political Forces and Their Structures in Tajikistan," *Central Asia Affairs,* (16)4, pp. 611-22.

Simpson, G. [2001] "Two Liberalisms" *European Journal of International Law,* 12(3), pp. 537-71.

Sisk, T. [2009] *International Mediation in Civil Wars : Bargaining with Bullets,* London: Routledge.

Skagestad, O. [1999] "Keeping Hope Alive," *OSCE Yearbook 1999*, pp. 211-23.

———— [2000] "How Can the International Community Contribute to Peace and Stability in and around Chechnya," *Chechnya*, Stockholm, The Swedish Institute of International Affairs.

———— [2008] "Chechnia," *Central Asia and the Caucasus*, 5(53), pp. 160-72.

Skjelsbæk, K. [1991] "The UN Secretary-General and the Mediation of International Disputes," *Journal of Peace Research*, 28(1), pp. 99-115.

Smith, A. and Stam, A. [2003] "Mediation and Peacekeeping in a Random Walk Model of Civil and Interstate War," *International Studies Review*, 5(4), pp. 115-35.

Snyder, J. and Vinjamuri, L. [2004] "Trials and Errors: Principle and Pragmatism of International Justice," *International Security*, 28(3), pp. 5-44.

Stedman, J. [1997] "Spoiler Problems in Peace Processes," *International Security*, 22(2), pp. 5-53.

Sterescu, A.-B. [2018] "The Crimean "Precedent" and Unrecognized States in the Post-Soviet Space," *E-International Relations*, 05.05.

Svensson, I. [2007] "Bargaining, Bias and Peace Brokers: How Rebels Commit to Peace," *Journal of Peace Research*, 44(2), pp. 177-94.

———— [2009] "Guaranteeing Peace: The Credibility of Third-Party Mediators in Civil Wars," in Bercovitch, J. and Gartner, S. S. eds., *International Conflict Mediation : New Approaches and Findings*, London: Routledge, pp. 115-34.

Temperley, H. [1932] "The Treaty of Paris of 1856 and Its Execution,' *The Journal of Modern History*," 4(3), pp. 387-414.

Touval, S. and Zartman, I. W. [1985] *International Mediation in Theory and Practice*, Boulder, CO.: Westview Press.

Tovy, T. and Halevi, S. [2007] "America's First Cold War: Emergence of A New Rivalry," in Kowner, R. ed., *The Impact of the Russo-Japanese War*, Abingdon: Routledge.

Tseluyko, V. O. [2015] "Rebuilding and Refocusing the Force: Reform and Modernization of the Ukrainian Armed Forces," in Colby, H. and Pukhov, R. eds., *Brothers Armed : Military Aspects of the Crisis in Ukraine Second Edition*, Minneapolis: East View Press, pp. 276-96.

Tsing, A. L. [2004] *Friction : An Ethnography of Global Connection*, Princeton: Prinston University Press.

Turner, C. and Wählisch, M. [2021] "Rethinking Peace Mediation: Trends and Challenges," in Turner, C. and Wählisch, M. eds., *Rethinking Peace Mediation: Challenges of Contemporary Peacemaking Practice*, Bristol: Bristol University Press, pp. 1-14.

United Nations [2012] *The United Nations Guidance for Effective Mediation*.

Vacaru, C. [2006] "Resolution Mechanisms of the Transnistrian Conflict," *Studia Politica : Romanian Political Science Review*, 6(4), pp. 905-21.

Vahl, M. and Emerson, M. [2004] "Moldova and the Transnistrian conflict," *JEMIE-*

Journal on Ethnopolitics and Minority Issues in Europe, 1, pp. 1-29.

Wallensteen, P. and Svensson, I. [2014] "Talking Peace: International Mediation in Armed Conflicts," *Journal of Peace Research*, 51(2), pp. 315-27.

Walter, B. F. [2002] *Committing to Peace : The Successful Settlement of Civil War*, Princeton: Princeton University Press.

——— [2009] "Bargaining Failures and Civil War," *Annual Review of Political Science*, 12, pp. 243-61.

Wawro, G. [2000] *Warfare and Society in Europe, 1792-1914*, Abingdon: Routledge.

Wertheim, S. [2012] 'The League of Nations: A Retreat from International Law ?' *Journal of Global History*, 7, pp. 210-32.

White, J. A. [1969] "Portsmouth 1905: Peace or Truce ?" *Journal of Peace Research*, 6 (4), pp. 359-66.

Wolff, A. T. [2017] "NATO Enlargement Policy to Ukraine and Beyond: Prospects and Options," in Moore, R. and Coletta, D. eds., *NATO's Return to Europe : Engaging Ukraine, Russia and Beyond*, Washington: Georgetown University Press.

Wolff, S. [2012] The Transnistrian Issue: Moving beyond the Status-quo, Directorate-general for External Policies of the Union, Directorate B Policy Department, European Parliament.

Zartman, I. W. and Touval, S. [1985] "International mediation: Conflict Resolution and Power Politics," *Journal of Social Issues*, 41(2), pp. 27-45.

Zartman, I. W. [2001] "The Timing of Peace Initiative," *The Global Review of Ethnopolitics*, 1(1), pp. 8-18.

Zollmann, J. [2020] "Interstate Mediation and Arbitration: Concepts, Cases and Actors of Third Party Dispute Resolution (Seventeenth to Nineteenth Century)," in Härter, K. and Hillemanns, C. F. eds., *On Mediation : Historical, Legal, Anthropological and International Perspectives*, New York: Berghahn Books, pp. 153-83.

ロシア語文献

Государственный Комитет Статистики Республики Таджикистан [2008] *Внешнеэкономическая Деятельность Республики Таджикистан-Статистический Сборник.*

Еременко, И. и Новиков, Ю. [1997] *Россия и Чечня (1990-1997 годы): Документы Свидетельствуют*, Москва: РАУ-Университет.

Искандаров, К. [2005] Афганские Беженцы в Республике Таджикистан (1990е-2005гг.), Князев, А. А. *Афганистан и Безопасность Центральной Азии*, 2, Бишкек: ИЛИМ, 11-31.

——— [2008] Таджикско-Афганские Отношения и Перспективы их Развития, *Центральная Азия и Кавказ*, 55(1), С. 154-56.

Капитан, М. [2018] Военный Бюджет Украины, *Зарубежное Военное Обозрение*, 5, С. 23-26.

Князев, А. А. [2001] *Афганский Конфликт и Радикальный Ислам в Центральной Азии*,

Бишкек: ИЛИМ.

Месамед, В. И. [2010] *Иран в Центральной Азии: Два Десятилетия Диалога*, Москва: Институт Ближнего Востока.

Музаев, Т. [1999] *Чеченская Республика Ичкерия: Политический Мониторинг*, Международный Институт Гуманитарно-Политических Исследований.

Ниязи, А. [1999] Возрождение Ислама в Таджикистане: Традиция и Политика, *Центральная Азия и Кавказ*, 6(5), С. 153-64.

Осмаев, А. [2012a] *Чеченская Республика 1996-2005 гг.*, Saarbrücken, Lampbert.

————— [2012b] К Вопросу о Хасавюртовских Соглашениях, *Вестник Академии Наук ЧР*, 2(17), С. 174-78.

Пирумшоев, Х. и Маликов, М. [2009] *Россия-Таджикистан: История Взаимоотношений*, Душаебе: Российско-Таджикский Университет.

Притчин, С. А. [2022] "Большая Игра 2.0" в Центральной Азии на Современном Этапе, *Мировая Экономика и Международные Отношения*, 66(6), С. 112-23.

Усмонов, И. К. [2006] *Миростроительство в Таджикистане*, Душанбе: Деваштич.

Филин, Н. А., Раванди-Фадаи, Л. М. и Бурова, А. Н. [2016] Российско-Иранское Отношение на Современном Этапе, *Вестник РУДН*, 16(4), С. 677-87.

アゼルバイジャン語文献

Həsənov, Ə. re Mirzəzadə, A. [2002] *Yeni Azərbaycan Partiyası: Yaranması, Formala. ması və Əsəs Fəaliyyət İstiqamətləri*, Azərbaycan Nəşriyyatı: Bakı.

人 名 索 引

〈ア 行〉

秋野豊　127

アリエフ，イルハム（Aliyev, Ilham）　113

アリエフ，ヘイダル（Aliyev, Heydar）　96,
103, 110, 112

エリツィン，ボリス（Yeltsin, Boris）　128,
132, 148, 159, 190, 193, 194, 197, 200, 201

〈カ 行〉

カディロフ，アフマト（Kadyrov, Akhmad）
194, 195, 197, 200

カリモフ，イスラーム（Karimov, Islam）
132

グラチョフ，パーヴェル（Grachev, Pavel）
191, 199

ケンジャエフ，サファラリ（Kenjayev,
Safarali）　125

コズィレフ，アンドレイ（Kozyrev, Andrei）
129

ゴルバチョフ，ミハイル（Gorbachev,
Mikhail）　123

〈サ 行〉

サファロフ，サンガク（Safarov, Sangak）
125, 135

サルキシャン，セルジ（Sargsyan, Serzh）
105, 106, 108

サンドゥ，マイア（Sandu, Maia）　157, 158

スミルノフ，イーゴル（Smirnov, Igor）
154, 155

ゼレンスキー，ヴォロディミイル（Zelenskyy,
Volodymyr）　168, 175, 178

〈タ・ナ行〉

テル＝ペトロシャン，レヴォン（Ter-
Petrosyan, Levon）　104, 105

ドゥダーエフ，ジョハル（Dudayev,

Dzhokhar）　189, 191, 193

トゥラジョンゾダ，アクバル（Turajanzade,
Akbar）　128, 131, 132

ドドン，イゴール（Dodon, Igor）　157, 158

ナビエフ，ラフモン（Nabiyev, Rahmon）
124, 125, 130

ヌリ，アブドゥッラー（Nuri, Abdulloh）
126, 129, 134

〈ハ 行〉

バサーエフ，シャミール（Shamil, Basayev）
193, 195

パシニャン，ニコル（Pashinyan, Nikol）
108, 110, 113, 115

プーチン，ウラジーミル（Putin, Vladimir）
147, 159, 194, 197, 200

フドナザーロフ，ダウラト（Khudonazarov,
Davlat）　124

プリマコフ，エヴゲニー（Primakov,
Yevgeny）　129, 191, 194

ポロシェンコ，ペトロ（Poroshenko, Petro）
170, 172, 175

〈マ 行〉

マスード，アフメド（Massoud, Ahmed）
130

マスハドフ，アスラン（Maskhadov, Aslan）
193-195, 197, 200, 203

マフカモフ，カハル（Mahkamov, Qahhor）
124

〈ヤ・ラ行〉

ヤヌコーヴィチ，ヴィクトル（Yanukovych,
Viktor）　170

ラッバーニ，ブルハーヌッディーン（Rabbani,
Burhanuddin）　130, 135

ラフモノフ，エモマリ（Rahmonov, Emomali）
121, 125, 132, 134

事 項 索 引

〈アルファベット〉

CIS 平和維持軍　128, 138
EU　147, 149, 157, 160, 169, 171, 173
EUBAM　153
land-for-peace（平和のための土地）　100
　　──方式　111
NATO　149, 159, 169, 173, 175, 177

〈ア 行〉

アゼルバイジャン　97, 102
　　──主義　111, 114, 115
アフガニスタン　129
アメリカ　25-29, 38, 46, 62, 147, 157, 160, 171,
　　173
アルメニア　97, 102
　　──全国民運動（ANM）　104
イギリス　18, 21-23, 27, 28, 38, 40
イスラーム過激派　130
イスラーム復興　123
一体度　69, 76, 77, 79-81, 83, 101, 114, 115,
　　121, 134, 138, 191, 192, 195, 196, 198, 200,
　　201, 211, 214
イラン　130
ウクライナ　3, 44, 147, 152, 160, 167
　　──戦争　145, 151, 160, 161, 176
ウズベキスタン　131
欧州安全保障会議（CSCE）　93, 98
欧州安全保障機構（OSCE）　93, 97, 147, 150,
　　157, 172, 187, 189, 192, 193, 202, 203
欧州統合　172
親国家　97

〈カ 行〉

外部アクター　41, 69, 71, 121, 128, 134, 135,
　　138, 147, 154, 161, 202, 218
革新党　155
仮説モデル　70, 83, 214, 201
カラバフ　95, 97, 102, 108
　　──紛争　93
完全な合意　60, 64, 87, 188

脅威認識　168, 172, 176, 178
共産党　123, 124, 128
共同国家アプローチ　99
クーデター未遂　124
クリミア　176
クロブ闇　125, 135-138
合意形成段階　70, 78, 79, 82, 198
合意履行段階　69, 70, 78, 79, 82, 198
交渉の中立性　72
膠着状態　80
国際刑事裁判所（ICC）　38, 45
　　──のディレンマ　41, 45
国連安保理　52
コザクメモランダム　156, 157, 159, 160
国家和解委員会　133
コミットメント問題　58, 71, 76

〈サ 行〉

シェリフ　149, 154, 155, 159
自警団　171
指示的仲介　72
周旋　18, 19, 25
集団安全保障機構（CSTO）　108
賞罰（飴と鞭）　59, 63, 72
情報の不確実性　57, 70
新アゼルバイジャン党（YAP）　103, 112, 114,
　　115
人道的介入　3, 36
　　──のモラルハザード　42
人民戦線　96, 110, 112, 125, 135
スポイラー　60, 74, 76
選択肢過少パターン　35, 40, 43, 44, 46
選択肢過剰パターン　35, 40, 41, 43
戦略　61
ソ連　17, 29

〈タ 行〉

第三者による安全の保証　58, 59, 72
大西洋主義　129
タジキスタン　44, 64
　　──・イスラーム復興運動　126

事項索引　*241*

――・イスラーム復興党　124
――内戦の和平交渉　132
タジク反対派連合（UTO）　126, 128, 136
タリバーン　130, 136
地域主義　123, 125
地域閥　123
チェチェン　44, 145
――紛争　128
仲介
過小な――　54, 55, 63
過剰な――　54, 55, 63
コミュニケーション的――　72
――研究　51
――者　5, 19, 27, 29, 51, 71, 85, 147, 202, 209, 218
――の成功　69
――のディレンマ　53, 54, 63
――プロセス　53
手続き的――　72
仲裁裁判　19, 24, 25, 27, 28, 52
中立　57, 58
――国　19
調停　19, 28
２レベル・ゲーム　69, 74
ドイツ　25, 27
特別軍事作戦　145, 178
ドンバス紛争　167, 170, 173, 175, 178

〈ナ　行〉

内部アクター　62, 78, 147, 154, 190, 194, 199-201, 211, 214
ナゴルノ・カラバフ　63, 145
――自治州　93
――紛争　93
二段階アプローチ　99, 105
日本　25-27

〈ハ　行〉

バイアス　57, 58, 61
ハサヴュルト協定　189, 193
パッケージプラン　99
パトロン・クライアント　135
パトロン国家　97, 101

パレスチナ　22, 29
ビシュケク合意　97
非承認国家　101
評価関数　76, 77
ブダペスト覚書　169
部分的合意　64, 87, 188
フランス　21-23, 27, 28
紛争管理　145
――手段　51, 52, 63, 64
分離主義勢力　97
平和維持　52
平和活動　17
平和政策　35, 46
ペレストロイカ　123
保護する責任（R2P）　3, 36, 37, 39, 45

〈マ　行〉

マイダン政変　167, 171, 173
マドリード原則　99
ミンスク会議　98
ミンスク議定書　167, 171
ミンスクグループ　98
ミンスク合意　167, 172
モルドヴァ　145, 149-151, 153, 156

〈ヤ　行〉

ユーラシア主義　129
邪な目的　55, 63
予防外交　36
予防行動　36

〈ラ・ワ行〉

リベラル国際秩序　46
リンケージ　148, 161
ルーマニア　147, 151
レニナバード閥　123, 125, 132, 135
レバレッジ　55, 59, 61, 148, 154, 159, 161
ロシア　3, 21-27, 43, 62, 97, 99, 128, 147, 148, 150, 158, 168, 172, 173, 176, 178, 190, 194, 209
ロシア連邦共産党　193, 194
和平プロセス合意　64, 87, 188
湾岸戦争　37

《執筆者紹介》（執筆順，＊は編著者）

＊富樫耕介（とがし　こうすけ）［序章，第4章，第9章，終章］

奥付参照.

五十嵐元道（いがらし　もとみち）［第1章］

サセックス大学国際関係学部博士課程修了. Ph. D（国際関係論）. 現在，関西大学政策創造学部教授.

主要業績

『支配する人道主義――植民地統治から平和構築まで――』岩波書店，2016年. 『批判的安全保障論』（共著），法律文化社，2022年. 『戦争とデータ――死者はいかに数値となったか――』中央公論新社，2023年.

中村長史（なかむら　ながふみ）［第2章］

東京大学大学院総合文化研究科博士課程単位取得退学. 博士（学術）. 現在，東京大学大学院総合文化研究科特任講師.

主要業績

『地域から読み解く「保護する責任」』（共編著），聖学院大学出版会，2023年. 『ウクライナ戦争とグローバル・ガバナンス』（共編著），芦書房，2024年. 「対外政策終了と非難回避の政治過程」『年報政治学』2024-Ⅰ号，2024年.

中東友幸（なかつか　ともゆき）［第3章］

スウェーデン・ウプサラ大学平和紛争研究学部修士課程修了. 東京大学大学院総合文化研究科修士課程修了. 現在，新潟県立大学国際地域学部助教.

主要業績

「国際調停におけるバイアスを解く――サーベイ実験を用いて――」『平和研究』61，2024年.

毛利裕昭（もうり　ひろあき）［第4章］

東京工業大学（現 東京科学大学）大学院理工学研究科博士課程修了. 博士（工学）. 現在，早稲田大学商学部教授.

主要業績

"Catastrophic Failure and Cumulative Damage Models Involving Two Types of Extended Exponential Distributions"（共著），*International Journal of Reliability Quality and Safety Engineering,* 29(4)，2022. "Graph Reliability Evaluation via random K-out-of-N systems"（共著），*Communications in Statistics-Theory and Methods,* 53(3)，2024.

立花優（たちばな　ゆう）［第5章］

北海道大学大学院文学研究科博士後期課程単位取得退学. 博士（学術）. 現在，北海道大学大学院教育推進機構高等教育研修センター特任講師.

主要業績

「第2次ナゴルノ・カラバフ紛争――凍結された紛争の再燃――」『ロシアNIS調査月報』66(1)，2020年. 『権威主義体制にとって選挙とは何か――独裁者のジレンマと試行錯誤――』（共著），ミネルヴァ書房，2024年.

齋藤　竜太（さいとう　りょうた）［第6章］

　筑波大学大学院人文社会科学研究科博士後期課程修了．博士（学術）．現在，一般社団法人 ROTO-BO ロシア NIS 経済研究所嘱託研究員．

主要業績

　『日本の国際協力　アジア編——経済成長から「持続可能な社会」の実現へ——』（項目執筆），ミネルヴァ書房，2021年．「中央アジア各国の対アフガン外交——各国独立後の歩みと現在地——」『ロシア・ユーラシアの社会』1062，2022年．「中央アジアにおける水資源とエネルギー——歴史と現状，展望——」『ロシア NIS 調査月報』69（7），2024年．

佐藤　圭史（さとう　けいじ）［第7章］

　九州大学大学院比較社会文化学府博士後期課程修了．博士（学術）．現在，北海道医療大学歯学部准教授．

主要業績

　"Mobilization of Non-titular Ethnicities during the Last Years of the Soviet Union: Gagauzia, Transnistria, and the Lithuanian Poles," *Acta Slavica Iaponica,* 26, 2009. 「プリドニエストル共和国における『ロシア型』愛国主義教育プログラム」『ロシア東欧研究』50，2021年．「『ウクライナ特別軍事作戦』に対する沿ドニエストル共和国政府の施策——沿ドニエストル共和国は『特別軍事作戦』に同調する『親ロ派』勢力か？——」『ロシア・ユーラシアの社会』1066，2023年．

松嵜　英也（まつざき　ひでや）［第8章］

　上智大学大学院グローバル・スタディーズ研究科博士後期課程単位取得満期退学．博士（国際関係論）．現在，津田塾大学学芸学部国際関係学科准教授．

主要業績

　『民族自決運動の比較政治史——クリミアと沿ドニエストル——』晃洋書房，2021年．「ウクライナにおける政軍関係の構造的変容——紛争後の国軍改革と自警団の台頭——」『日本比較政治学会年報』23，2021年．「クリミアのロシア統合のナラティブを巡る計量テキスト分析——アクショノフ共和国首長の議事録の出現頻度——」『ユーラシア研究』68，2024年．

《編著者紹介》

富樫耕介（とがし　こうすけ）

　東京大学大学院総合文化研究科博士課程修了．博士（学術）．
　現在，同志社大学政策学部准教授．

主要業績

『チェチェン 平和定着の挫折と紛争再発の複合的メカニズム』明石書店，
　2015年．
『コーカサスの紛争──ゆれ動く国家と民族──』東洋書店新社，2021年．
『紛争地域における信頼のゆくえ』（イスラームからつなぐシリーズ７）（共
著），東京大学出版会，2025年．

激化する紛争への国際関与
　　──仲介の理論と旧ソ連地域の事例からの考察──

2025年2月28日　初版第1刷発行		＊定価はカバーに 表示してあります

編著者　　富　樫　耕　介ⓒ

発行者　　萩　原　淳　平

印刷者　　江　戸　孝　典

発行所　株式会社　晃　洋　書　房

〒615-0026　京都市右京区西院北矢掛町7番地
電話　075（312）0788番代
振替口座　01040-6-32280

装丁　尾崎閑也　　　　　印刷・製本　共同印刷工業㈱

ISBN978-4-7710-3903-2

|JCOPY|〈（社）出版者著作権管理機構　委託出版物〉

本書の無断複写は著作権法上での例外を除き禁じられています．
複写される場合は，そのつど事前に，（社）出版者著作権管理機構
（電話 03-5244-5088，FAX 03-5244-5089，e-mail: info@jcopy.or.jp）
の許諾を得てください．